आचार्य शिवपूजन सहाय

आचार्य शिवपूजन सहाय का जन्म 9 अगस्त, 1893 को शाहाबाद, बिहार के उनवाँस गाँव में हुआ था।

प्रारम्भिक शिक्षा देहाती पाठशाला में। इंट्रेंस के पहले तक उर्दू-फ़ारसी के विद्यार्थी थे। इंट्रेंस के समय उर्दू-फ़ारसी छोड़कर हिन्दी का अध्ययन शुरू किया। पारिवारिक परिस्थितियों के कारण कॉलेज की शिक्षा से वंचित रहे। 1913 में बनारस की अदालती-कचहरी में हिन्दी नक़लनवीस की नौकरी की। 1914 में विभिन्न संस्थाओं में हिन्दी शिक्षक रहे। साथ ही स्थानीय सेवा-समिति के संयुक्त मंत्री तथा नागरीप्रचारिणी सभा के सहकारी मंत्री भी रहे। 1923 में 'मर्वाला' मंडल की स्थापना हुई और वे उसमें चले आए। 1939 से 1949 तक राजेंद्र कॉलेज, छपरा में प्राध्यापक रहे।

उनकी प्रमुख कृतियाँ हैं— 'देहाती दुनिया' (उपन्यास); 'विभूति' (कहानी-संग्रह); 'वे दिन वे लोग', 'बिम्ब : प्रतिबिम्ब' (संस्मरण); 'शिवपूजन रचनावली' (4 खंड); 'राजेन्द्र अभिनन्द ग्रन्थ' (सम्पादन)। उन्होंने 'माधुरी', 'समन्वय', 'बालक', 'गंगा', 'हिमालय', 'साहित्य' आदि पत्र-पत्रिकाओं का भी सम्पादन किया।

1960 में उन्हें 'पद्मभूषण' की उपाधि से अलंकृत किया गया। 1962 में भागलपुर विश्वविद्यालय से डी.लिट्. की मानद उपाधि मिली।

निधन : 21 जनवरी, 1963

देहाती दुनिया

शिवपूजन सहाय

राजकमल पेपरबैक्स

आचार्य शिवपूजन सहाय जन्मशती सुलभ संस्करण

पहला पुस्तकालय संस्करण
पुस्तक भंडार, लहेरियासराय द्वारा
1962 में प्रकाशित

राजकमल पेपरबैक्स में
पहला संस्करण : 1994
नौवाँ संस्करण : 2025

राजकमल पेपरबैक्स : उत्कृष्ट साहित्य के जनसुलभ संस्करण

राजकमल प्रकाशन प्रा. लि.
1-बी, नेताजी सुभाष मार्ग, दरियागंज
नई दिल्ली-110 002
द्वारा प्रकाशित

शाखाएँ : अशोक राजपथ, साइंस कॉलेज के सामने, पटना-800 006
पहली मंजिल, दरबारी बिल्डिंग, महात्मा गांधी मार्ग, प्रयागराज-211 001
1, अनमोल सोराबजी संतुक लेन, धोबी तलाव, मरीन लाइंस, मुम्बई-400 002

वेबसाइट : www.rajkamalprakashan.com
ई-मेल : info@rajkamalprakashan.com

बी.के. ऑफसेट
नवीन शाहदरा, दिल्ली-110 032
द्वारा मुद्रित

मूल्य : ₹199

DEHATI DUNIYA
Novel by Shivpujan Sahai

ISBN : 978-81-267-0259-6

हिंदी के गद्य-कवि
राजा राधिकारमण प्रसाद सिंह
की सेवा में सादर समर्पित

प्रथम संस्करण की भूमिका से

इस पुस्तक के जीवन के साथ एक छोटा-सा इतिहास लगा हुआ है।

बात ऐसी हुई कि मैंने आज तक जितनी पुस्तकें लिखीं, उनकी भाषा अत्यन्त कृत्रिम, जटिल, आडम्बरपूर्ण, अस्वाभाविक और अलंकारयुक्त हो गई। उनसे मेरे शिक्षित मित्रों को तो सन्तोष हुआ, पर मेरे देहाती मित्रों का मनोरंजन कुछ भी न हुआ। देहाती मित्रों ने यह उलाहना दिया कि तुम्हारी एक भी पुस्तक हमलोगों की समझ में नहीं आती–क्या तुम कोई ऐसी पुस्तक नहीं लिख सकते, जिसके पढ़ने में हमलोगों का दिल लगे ?

मैंने उसी समय अपने मन में यह बात ठान ली कि ठेठ देहाती मित्रों के लिए एक पुस्तक अवश्य लिखूँगा। यह पुस्तक उसी का परिणाम है !

मुझे यह स्वीकार करने में तनिक भी संकोच नहीं है कि उपन्यास लिखने की शैली से मैं बिल्कुल अनभिज्ञ हूँ। फिर भी मैंने जान-बूझकर इतना बड़ा अपराध कर ही डाला; इसलिए क्षमा-प्रार्थना करने का साहस तो बिल्कुल न रहा–जो दण्ड मिलेगा, सिर चढ़ाऊँगा; क्योंकि इस पुस्तक के लिखते समय मैंने साहित्य-हितैषी सहृदय समालोचकों के आतंक को जबरदस्ती ताक पर रख दिया था। यदि मैं ऐसा न करता, तो अपनी ही अयोग्यता के आतंक से इतना त्रस्त हो जाता कि इस रूप में यह पुस्तक कभी नहीं लिख सकता।

जो सज्जन इस पुस्तक में किसी प्रकार का आदर्श चरित्र-चित्रण अथवा गम्भीर विचार ढूँढ़ेंगे वे सर्वथा हताश होंगे, और मेरी अनधिकार

चेष्टा पर तिरस्कार की हँसी भी हँसेंगे; पर मैं इस पुस्तक के लिखने का उद्देश्य पहले ही बता चुका हूँ।

मैं ऐसी ठेठ देहात का रहनेवाला हूँ, जहाँ इस युग की नई सभ्यता का बहुत ही धुँधला प्रकाश पहुँचा है। वहाँ केवल दो ही चीजें प्रत्यक्ष देखने में आती हैं–अज्ञानता का घोर अन्धकार और दरिद्रता का ताण्डव नृत्य ! वहीं पर मैंने स्वयं जो कुछ देखा-सुना है, उसे यथाशक्ति ज्यों-का-त्यों इसमें अंकित कर दिया है। इसका एक शब्द भी मेरे दिमाग की खास उपज या मेरी मौलिक कल्पना नहीं है। यहाँ तक कि भाषा का प्रवाह भी मैंने ठीक वैसा ही रखा है, जैसा ठेठ देहातियों के मुख से सुना है। अपने व्यक्तिगत अनुभव के बल पर मैं इतना निस्संकोच कह सकता हूँ कि देहाती लोग आपस की बातचीत में जितने मुहावरों और कहावतों का प्रयोग करते हैं, उतने तो क्या, उसका चतुर्थांश भी हम पढ़े-लिखे लोग नहीं करते। इस पुस्तक के किसी-किसी प्रकरण से यह बात स्पष्ट मालूम हो जायगी।

इस उपन्यास के जीवन के साथ लगे हुए उपर्युक्त इतिहास का उत्तरार्द्ध अभी बाकी है। पहले इसका कुछ अंश कलकत्ते के एक विद्वान् प्रकाशक के यहाँ छप चुका था। उसके बाद ही सुप्रसिद्ध 'मतवाला' निकलने लगा। फिर मुझे अवकाश ही नहीं मिला कि आगे लिखूँ। जब मैं वहाँ से लखनऊ के 'माधुरी'-कार्यालय में गया, तब अवकाश के समय लिखने लगा। पर वहाँ जो कुछ लिखा, सब वहीं के दंगे में खो दिया। इस प्रकार आधा से अधिक और इसका सबसे अच्छा अंश हाथ से निकल गया। यदि वह अंश भी छप गया होता तो इससे दुगुने आकार की पुस्तक होती, और पाठकों को भी कुछ मजा मिलता। खैर, लखनऊ के दंगे के बाद जब मैं कलकत्ते गया, तब फिर 'मतवाले' के नशे में चूर हो गया, और इसी बीच में उक्त प्रकाशक ने भी अपना काम-धाम बन्द कर दिया ! मैं हताश और हतोत्साह हो गया। तब तक ईश्वर की शुभ प्रेरणा से उसी निराशा के समय में अनायास मेरे प्रिय मित्र पं. रामवृक्ष शर्मा बेनीपुरी (बालक-सम्पादक) कलकत्ते पहुँच गये। उन्होंने ही इसका भी उद्धार करा दिया। फलतः मैं काशीश्वर विश्वनाथ की

शरण में आकर पहले के छपे हुए अंश के बाद का हिस्सा लिखने लगा, और शुरू से पुस्तक छपने लगी। पर दुबारा लिखते समय, न वह उत्साह रहा, न वह साहस, न वह धर्य्य—और सच पूछिए तो प्रतिभा निगोड़ी भी ठेल-गाड़ी बन गई। किसी तरह संक्षेप में ही रस्म को पूरा करना पड़ा। जो कुछ बन पड़ा—भला या बुरा—आपके सामने है—अपनाइए या ठुकराइए। मैंने यश या प्रोत्साहन प्राप्त करने के लिए यह पुस्तक नहीं लिखी है, लिखी है केवल 'स्वान्तः सुखाय'।

अन्त में महाकवि भवभूति के 'मालती-माधव' से यही एक उपयुक्त श्लोक उद्धृत करके अपना वक्तव्य समाप्त करता हूँ—

ये नाम केचिदिह न प्रथयंत्यवज्ञां
जानन्ति ते किमपि तान्प्रतिनैष यत्नः
उत्पत्स्यतेऽस्ति मम कोऽपि समानधर्मा
कालोह्ययं निरवधिर्विपुला च पृथ्वी।

उनवाँस, इटाढ़ी, शाहाबाद (बिहार) — **शिवपूजन सहाय**
श्री रामनवमी, वि. सं. 1983

1
माता का अंचल

जहाँ लड़कों का संग, तहाँ बाजे मृदंग
जहाँ बुड्ढों का संग, तहाँ खरचे का तंग।

हमारे पिता तड़के उठकर, निबट-नहाकर पूजा करने बैठ जाते थे। हम बचपन से ही उनके अंग लग गये थे। माता से केवल दूध पीने तक का नाता था। इसलिए पिता के साथ ही हम भी बाहर की बैठक में ही सोया करते। वह अपने साथ ही हमें भी उठाते और साथ ही नहला-धुलाकर पूजा पर बिठा लेते। हम भभूत का तिलक लगा देने के लिए उनको दिक करने लगते थे। कुछ हँसकर, कुछ झुंझलाकर और कुछ डाँटकर वह हमारे चौड़े लिलार में त्रिपुण्ड कर देते थे। हमारे लिलार में भभूत खूब खुलती थी। सिर में लम्बी-लम्बी जटाएँ थीं। भभूत रमाने से हम खासे 'बम-भोला' बन जाते थे।

पिताजी हमें बड़े प्यार से 'भोलानाथ' कहकर पुकारा करते। पर असल में हमारा नाम था 'तारकेश्वरनाथ'। हम भी उनको 'बाबूजी' कहकर पुकारा करते और माता को 'मइयाँ'।

जब बाबूजी रामायण का पाठ करते तब हम उनकी बगल में बैठे-बैठे आइने में अपना मुँह निहारा करते थे। जब वह हमारी ओर देखते तब हम कुछ लजाकर और मुस्कुराकर आइना नीचे रख देते थे। वह भी मुस्कुरा पड़ते थे।

पूजा-पाठ कर चुकने के बाद वह राम-नाम लिखने लगते। अपनी एक 'रामनामा बही' पर हजार राम-नाम लिखकर वह उसे पाठ करने

की पोथी के साथ बाँधकर रख देते। फिर पाँच सौ बार कागज के छोटे-छोटे टुकड़ों पर राम-नाम लिखकर आटे की गोलियों में लपेटते, और उन गोलियों को लेकर गंगाजी की ओर चल पड़ते थे।

उस समय भी हम उनके कन्धे पर विराजमान रहते थे। जब वह गंगा में एक-एक आटे की गोलियाँ फेंककर मछली को खिलाने लगते तब भी हम उनके कन्धे पर ही बैठे-बैठे हँसा करते थे। जब वह मछलियों को चारा देकर घर की ओर लौटने लगते तब बीच रास्ते में झुके हुए पेड़ों की डालों पर हमें बिठाकर झूला झुलाते थे।

कभी-कभी बाबूजी हमसे कुश्ती भी लड़ते। वह शिथिल होकर हमारे बल को बढ़ावा देते, और हम उनको पछाड़ देते थे। वह उतान पड़ जाते और हम उनकी छाती पर चढ़ जाते थे। जब हम उनकी लम्बी-लम्बी मूँछें उखाड़ने लगते तब वह हँसते-हँसते हमारे हाथों से मूँछों को छुड़ाकर उन्हें चूम लेते थे। फिर जब हमसे खट्टा और मीठा चुम्मा माँगते तब हम बारी-बारी कर अपना बायाँ और दाहिना गाल उनके मुँह की ओर फेर देते थे। बायें का खट्टा चुम्मा लेकर जब वह दाहिने का मीठा चुम्मा लेने लगते तब अपनी दाढ़ी या मूँछ हमारे कोमल गालों पर गड़ा देते थे। हम झुँझलाकर फिर उनकी मूँछें नोचने लग जाते थे। इस पर वह बनावटी रोना रोने लगते और हम अलग खड़े-खड़े खिल-खिलाकर हँसने लग जाते थे।

उनके साथ हँसते-खेलते जब हम घर आते तब उनके साथ ही हम भी चौके पर खाने बैठते थे। वह हमें अपने ही हाथ से, फूल के एक कटोरे में गोरस और भात सानकर खिलाते थे। जब हम खाकर अफर जाते तब मइयाँ थोड़ा और खिलाने के लिए हठ करती थी। वह बाबूजी से कहने लगती—आप तो चार-चार दाने के कौर बच्चे के मुँह में देते जाते हैं; इससे वह थोड़ा खाने पर भी समझ लेता है कि हम बहुत खा गए; आप खिलाने का ढंग नहीं जानते—बच्चे को भर-मुँह कौर खिलाना चाहिए।

जब खायेगा बड़े-बड़े कौर, तब पायेगा दुनिया में ठौर।

—देखिए, मैं खिलाती हूँ। मरदुए क्या जानें कि बच्चों को कैसे खिलाना

चाहिए, और महतारी के हाथ से खाने पर बच्चों का पेट भी भरता है।

यह कह वह थाली में दही-भात सानती और अलग-अलग तोता, मैना, कबूतर, हंस, मोर आदि में बनावटी नाम से कौर बनाकर यह कहते हुए खिलाती जाती कि जल्द खा लो, नहीं तो उड़ जायँगे; पर हम उन्हें इतनी जल्दी उड़ा जाते थे कि उन्हें उड़ने का मौका ही नहीं मिलता था।

जब हम सब बनावटी चिड़ियों को चट कर जाते थे तब बाबूजी कहने लगते—अच्छा, अब तुम 'राजा' हो गये, जाओ खेलो।

बस, हम उठकर उछलने-कूदने लगते थे। फिर रस्सी में बँधा हुआ काठ का घोड़ा लेकर नंग-धड़ंग बाहर गली में निकल जाते थे।

जब कभी मइयाँ हमें अचानक पकड़ पाती तब हमारे लाख छटपटाने पर भी एक चुल्लू कड़वा तेल हमारे सिर पर डाल ही देती थी। हम रोने लगते और बाबूजी उस पर बिगड़ खड़े होते; पर वह हमारे सिर में तेल बोथकर हमें उबटकर ही छोड़ती थी। फिर हमारी नाभी और लिलार में काजल की बिन्दी लगाकर चोटी गूँथती और उसमें फूलदार लट्टू बाँधकर रंगीन कुर्ता-टोपी पहना देती थी। हम खासे 'कन्हैया' बनकर बाबूजी की गोद में सिसकते-सिसकते बाहर आते थे।

बाहर आते ही हमारी बाट जोहनेवाला बालकों का एक झुंड मिल जाता था। हम उन खेल के साथियों को देखते ही, सिसकना भूलकर, बाबूजी की गोद से उतर पड़ते और अपने हमजोलियों के दल में मिलकर तमाशे करने लग जाते थे।

तमाशे भी ऐसे-वैसे नहीं, तरह-तरह के नाटक ! चबूतरे का एक कोना ही नाटक-घर बनता था। बाबूजी जिस छोटी चौकी पर बैठकर नहाते थे, वही रंगमंच बनती। उसी पर, सरकंडे के खम्भों पर कागज का चँदोआ तानकर, मिठाइयों की दूकान लगायी जाती। उसमें चिलम के खोञ्चे पर खपड़े के थालों में ढेले के लड्डू, पत्तों की पूरी-कचौरियाँ, गीली मिट्टी की जलेबियाँ, फूटे घड़े के टुकड़ों के बताशे आदि मिठाइयाँ सजायी जातीं। ठीकरों के बटखरे और जस्ते के छोटे-छोटे टुकड़ों के

पैसे बनते। हमीं लोग खरीदार और हमीं लोग दूकानदार ! बाबूजी भी दो-चार गोरखपुरिये पैसे खरीद लेते थे।

थोड़ी देर में मिठाई की दूकान बढ़ाकर हमलोग घरौंदा बनाते थे। धूल की मेंड़ दीवार बनती और तिनकों का छप्पर। दातून के खंभे, दियासलाई की पेटियों के किवाड़, घड़े के मुँहड़े की चूल्हा-चक्की, दीये की कड़ाही और बाबूजी की पूजावाली आचमनी की कलछी बनती थी। पानी के घी, धूल के पिसान और बालू की चीनी से हमलोग ज्योनार तैयार करते थे। हमीं लोग ज्योनार करते और हमीं लोगों की ज्योनार बैठती थी। जब पंगत बैठ जाती थी तब बाबूजी भी धीरे-से आकर, पाँत के अन्त में, जीमने के लिए बैठ जाते थे। उनको बैठते देखते ही हमलोग हँसकर और घरौंदा बिगाड़कर भाग चलते थे। वह भी हँसते-हँसते लोट-पोट हो जाते और कहने लगते–फिर कब भोज होगा भोलानाथ ?

कभी-कभी हमलोग बरात का भी जुलूस निकालते थे। कनस्तर का तम्बूरा बजता, अमोले को घिसकर शहनाई बजायी जाती। टूटी चूहेदानी की पालकी बनती, हम समधी बनकर बकरे पर चढ़ लेते, और चबूतरे के एक कोने से चलकर बरात दूसरे कोने में जाकर दरवाजे लगती थी। वहाँ काठ की पटरियों से घिरे, गोबर से लिपे, आम और केले की टहनियों से सजाये हुए छोटे आँगन में कुल्हिये का कलसा रक्खा रहता था। वहीं पहुँचकर बरात फिर लौट आती थी। लौटने के समय, खटोली पर लाल ओहार डालकर, उसमें दुलहिन को चढ़ा लिया जाता था। लौट आने पर बाबूजी ज्यों ही ओहार उघारकर दुलहिन का मुख निरखने लगते, त्यों ही हमलोग हँसकर भाग जाते।

थोड़ी देर के बाद फिर लड़कों की मंडली जुट जाती थी। इकट्ठा होते ही राय जमती कि खेती की जाय। बस, चबूतरे के छोर पर घिरनी गड़ जाती और उसके नीचे की गली कुआँ बन जाती थी। मूँज की बटी हुई पतली रस्सी में एक चुक्कड़ बाँध गराड़ी पर चढ़ाकर लटका दिया जाता, और दो लड़के बैल बनकर 'मोट' खींचने लग जाते। चबूतरा खेत बनता, कंकड़ बीज और ठेंगा हल-जुआठा। बड़ी मेहनत से खेत

जोते, बोये और पटाये जाते। फसल तैयार होते देर न लगती, और हमलोग हाथों-हाथ फसल काट लेते थे। काटते समय गाते थे–

ऊँच नीच में बई कियारी, जो उपजी सो भई हमारी।

फसल को एक जगह रखकर उसे पैरों से रौंद डालते थे। कसोरे का सूप बनाकर ओसाते और मिट्टी के दीये के तराजू पर तौलकर राशि तैयार कर देते थे। इसी बीच बाबूजी आकर पूछ बैठते थे–इस साल की खेती कैसी रही भोलानाथ ?

बस, फिर क्या, हमलोग ज्यों-का-त्यों खेत-खलिहान छोड़कर हँसते हुए भाग जाते थे ! कैसी मौज की खेती थी !

ऐसे-ऐसे नाटक हमलोग बराबर खेला करते थे। बटोही भी कुछ देर ठिठककर हमलोगों के तमाशे देख लेते थे।

जब कभी हमलोग ददरी के मेले में जानेवाले आदमियों का झुंड देख पाते तब कूद-कूदकर चिल्लाने लगते थे–

चलो भाइयो ददरी, सातू पिसान की मोटरी।

अगर किसी दूल्हे के आगे-आगे जाती हुई ओहारदार पालकी देख पाते, तब खूब जोर से चिल्लाने लगते थे–

रहरी में रहरी पुरान रहरी, डोला के कनिया हमार मेहरी।

इसी पर एक बार बूढ़े वर ने हमलोगों को बड़ी दूर तक खदेड़कर ढेलों से मारा था। उस खूसट-खब्बीस की सूरत आज तक हमें याद है। न जाने किस ससुर ने वैसा जमाई ढूँढ़ निकाला था ! वैसा घोड़मुँहाँ आदमी हमने कभी नहीं देखा।

आम की फसल में कभी-कभी खूब आँधी आती है। आँधी के कुछ दूर निकल जाने पर हमलोग बाग की ओर दौड़ पड़ते थे। वहाँ चुन-चुनकर घुले-घुले 'गोप' आम चाबते थे।

एक दिन की बात है, आँधी आई और पट पड़ गई। आकाश काले बादलों से ढँक गया। मेघ गरजने लगे। बिजली कौंधने और ठंडी हवा सनसनाने लगी। पेड़ झूमने और जमीन चूमने लगे। हमलोग चिल्ला उठे–

एक पइसा की लाई, बजार में छितराई, बरखा उघरे बिलाई।

लेकिन बरखा न रुकी; और भी मूसलाधार पानी होने लगा। हमलोग पेड़ों की जड़ में धड़ से सट गये, जैसे कुत्ते के कान में अँठई चिपक जाती है। मगर बरखा जमी नहीं, थम गई।

बरखा बन्द होते ही बाग में बहुत-से बिच्छू नजर आये। हमलोग डरकर भाग चले। हमलोगों में बैजू बड़ा ढीठ था। उसने बड़े ढंग से एक बिच्छू को धागे में बाँधकर लटका लिया। रास्ते भर में वह हमलोगों को उससे डरवाता आया। संयोग की बात, बीच में मूसन तिवारी मिल गये। बेचारे बूढ़े आदमी को सूझता कम था। बैजू उनको चिढ़ाकर बोला–

बुढ़वा बेईमान माँगे करैला का चोखा।

हमलोगों ने भी, बैजू के सुर-में-सुर मिलाकर यही चिल्लाना शुरू किया। मूसन तिवारी ने बेतहाशा खदेड़ा। हमलोग तो बस अपने-अपने घर की ओर आँधी हो चले।

जब हमलोग न मिल सके तब तिवारीजी सीधे पाठशाला में चले गये। वहाँ से हमको और बैजू को पकड़ लाने के लिए चार लड़के 'गिरफ्तारी वारण्ट' लेकर छूटे। इधर ज्यों ही हमलोग घर पहुँचे, त्यों ही गुरुजी के सिपाही हमलोगों पर टूट पड़े। बैजू तो नौ-दो-ग्यारह हो गया; मगर हम पकड़े गये। फिर तो गुरुजी ने हमारी खूब खबर ली, छठी का दूध याद करा दिया !

बाबूजी ने यह हाल सुना। वह दौड़े हुए पाठशाला में आये। गोद में उठाकर हमें पुचकारने और फुसलाने लगे। पर हम दुलराने से चुप होनेवाले लड़के नहीं थे। रोते-रोते उनका कन्धा आँसुओं से तर कर दिया। वह गुरुजी की चिरौरी करके हमें घर ले चले। रास्ते में फिर हमारे साथी लड़कों का झुंड मिला। वे जोर से नाचते और गाते थे–

माई पकाई गरर-गरर पूआ, हम खाइब पूआ, ना खेलब जूआ।

फिर क्या था, हमारा रोना-धोना भूल गया। हम हठ करके बाबूजी की गोद से उतर पड़े और लड़कों की मंडली में मिलकर लगे वही तान-सुर अलापने। तब तक सब लड़के सामनेवाले मकई के खेत में दौड़ पड़े। उसमें चिड़ियों का झुंड चर रहा था। वे दौड़-दौड़कर उन्हें पकड़ने लगे, पर एक भी हाथ न आयी। हम खेत से अलग ही खड़े

होकर गा रहे थे–

रामजी की चिरई, रामजी का खेत
खा लो चिरई, भर-भर पेट।

हमसे कुछ दूर बाबूजी और हमारे गाँव के कई आदमी खड़े होकर तमाशा देख रहे थे और यही कहकर हँसते थे कि 'चिड़िया की जान जाय, लड़कों का खिलौना'। सचमुच 'लड़के और बन्दर पराई पीर नहीं समझते।'

इतने में बैजू दो गौरैयों को पकड़कर लाया ही तो। उसने बड़ी फुर्ती से, अँगोछे से ढँककर, उन्हें पकड़ा था। बस, उसके पीछे-पीछे लड़कों का झुंड चला। कुछ दूर आगे बढ़कर हमलोगों ने उसे घेरा, चिड़ियों को देखना चाहा। मगर वह सबसे सयाना था। झपाटे से ऊपर की ओर हाथ उठाकर अँगोछा फहरा दिया और कहा, वह देखो उड़ गई !

हमलोग आसमान ताकने लगे और वह आगे बढ़कर हँसने लगा। पर उसके लाख चकमा देने पर भी हमलोगों ने उसका पिंड न छोड़ा ! जब वह चकरबे में पड़ गया तब उसे दिखलाते ही बना। फिर तो लड़कों ने चिड़ियों को बन्दर के घाव की तरह गींज डाला।

इसपर बैजू बहुत बिगड़ा। वह उन्हें छिपाकर यह कहते हुए ले भागा कि जाता हूँ, उन्हें पकाकर खाने। बस, हमलोग निराश होकर उसकी ओर देखते ही रह गये।

अब हमलोगों के मन में इस बात की डाह पैदा हो गई कि अकेले बैजू ही कैसे शिकार खायगा और हमलोग यों ही रह जायँगे। यह बात मन में आते ही शिकार खाने के लिए ऐसी जीभ चली कि एक टीले पर जाकर हमलोग चूहों के बिल में पानी उलीचने लगे।

नीचे से ऊपर पानी फेंकना था। हम सब थक गये। तब तक गणेशजी के चूहे की रक्षा के लिए शिवजी का साँप निकल आया ! रोते-चिल्लाते हमलोग बेतहाशा भाग चले ! कोई औंधा गिरा, कोई अंटाचित ! किसी का सिर फूटा, किसी के दाँत टूटे ! सभी गिरते-पड़ते भागे। हमारी सारी देह लहू-लुहान हो गई ! पैरों के तलवे काँटों से छलनी हो गये।

हम एक सुर से दौड़े हुए आये और घर में घुस गये। उस समय

बाबूजी बैठक के ओसारे में बैठकर हुक्का गुड़गुड़ा रहे थे। उन्होंने हमें बहुत पुकारा; पर उनकी अनसुनी करके हम दौड़ते हुए मइयाँ के पास ही चले गये। जाकर उसी की गोद में शरण ली।

मइयाँ चावल अमनिया कर रही थी। हम उसी के आँचल में छिप गये। हमें डर से काँपते देखकर वह जोर से रो पड़ी और सब काम छोड़ बैठी। अधीर होकर हमारे भय का कारण पूछने लगी। कभी हमें अंग भरकर दबाती और कभी हमारे अंगों को अपने आँचल से पोंछकर हमें चूम लेती। बड़े संकट में पड़ गई।

झटपट हल्दी पीसकर हमारे घावों पर थोपी गई। घर में कुहराम मच गया। हम केवल धीमे सुर से 'साँ ... स ... साँ' कहते हुए मइयाँ के आँचल में लुके चले जाते थे। सारा शरीर थर-थर काँप रहा था। रोंगटे खड़े हो गये थे। हम आँखें खोलना चाहते थे; पर वे खुलती न थीं। हमारे काँपते हुए ओठों को मइयाँ बार-बार निहारकर रोती और बड़े लाड़ से हमें गले लगा लेती थी।

इसी समय बाबूजी दौड़े आये। आकर झट हमें मइयाँ की गोद से अपनी गोद में लेने लगे। पर हमने मइयाँ के आँचल की—प्रेम और शान्ति के चँदोवे की—छाया न छोड़ी। तब बाबूजी उलटे हमीं पर खफा होकर कहने लगे—

मैं बार-बार मना करता था कि बेकार इधर-उधर बिललाते मत फिरो; बरसात का दिन है, चारों ओर साँप-बिच्छू का दौर-दौरा है; पर मेरी बात सुनता कौन है ? जहाँ पेट में दाने पड़े कि लापता हुए। पाठशाला जाने का नाम सुनकर ही जर चढ़ जाता है।

फिर मइयाँ पर बिगड़कर गरजते हुए बोले—एक लड़का होता है बात मानता है; पर यह तो इतना हठी हुआ जाता है कि कभी मेरी बातों पर कान ही नहीं देता। जरा-सा कुछ होता-जाता है, तो तुम भी सिर पर आसमान उठा लेती हो। अगर मैं डाँट-डपट करता हूँ, तो तुम आकाश-पाताल एक कर डालती हो। लड़का क्या है, नाक का फोड़ा है। लड़के का लाड़-प्यार तो हद-से-हद खाने-पीने और पहनने तक है। पढ़ने-लिखने में लड़के को दुलार करना उसे कौड़ी का तीन बनाना है।

तुम्हारी ही करनी से इसकी यह दुर्गति हुई है। लो, अब उसका फल भोगो, रात-भर देवी-देवता गुहराती रहो। हाय भूत, हाय प्रेत कह-कहकर मन्नतें मानो, बैद-हकीमों के पैर पूजो, प्रसादी चढ़ाओ। और तो तुम्हारा किया कुछ होगा नहीं, जरा-सी बात पर घर में बैठी-बैठी मुफ्त के आँसू बहाया करो; गया तो मैं।

बाबूजी की बातें सुनते ही मइयाँ झल्ला उठी। बिलखकर बोली—आप मुझ पर इतने लाल-पीले क्यों हो रहे हैं ? आखिर लड़का ही तो है। बरसात हो या जाड़ा, दिन हो या रात, इसको क्या खबर है ? रोज तो खा-पीकर आप ही के साथ रहता है। न जाने आज इसको कैसे कुत्ता काट गया कि दिन-भर पाजी लड़कों के साथ लगा फिरा। मैं तरसती ही रहती हूँ कि तनिक मेरे पास आकर बैठता, मुझसे कुछ भी भर-मुँह बोलता; मगर यह तो आदि से आप ही की नींद सोता-जागता और आप ही की बात बोलता-बतराता है। मैं तो जानती भी नहीं कि कब आप इसे पाठशाला भेजते हैं और कब यह वहाँ से आकर क्या करता-धरता है। हाँ, आज तो सुना है कि हत्यारे गुरु ने इसको पकड़वाकर छड़ी से पीटा है। देखती हूँ कि रोते-रोते इसकी आँखें सूज गई हैं। वह गुरु है कि कसाई ! उसे क्या ईश्वर ने लड़के-बच्चे नहीं दिये हैं ? जान पड़ता है, उसके दिल में तनिक भी नेह-छोह नहीं है। निगोड़े ने ऐसा बेदरद होकर मारा है कि इसकी पीठ पर छड़ी की साटें उखड़ आई हैं ! न जाने आपका कितना पोढ़ कलेजा है कि आपने इसे सटासट छड़ी खाते देखा ! मैं होती, तो उस मुँह-जले का हाथ चूल्हे में झोंक देती। वह होता कौन है जो मेरे बच्चे को दूब की साट से भी छूएगा ? मेरी बस चलती तो मैं हरगिज ऐसे चांडाल गुरु के पास अपने लड़के को न भेजती। मेरा लड़का बिना पढ़े ही रहेगा। जीता बचेगा, तो बहुत पढ़ेगा। मुझे इसकी जिन्दगी की भूख है, कमाई की नहीं। सुख से जीता रहेगा, तो मजूरी करके गुजर कर लेगा। आधा पेट ही खायगा, मैं बिपत ही झेलूँगी, बला से, यह तो आँखों के सामने बना रहेगा। मैंने ही इसे पाल-पोसकर इतना बड़ा किया है तो अब आप भी बबुआ के बाबूजी बने फिरते हैं। मैंने जनमाया है, तो दुलार करेगा कौन ? आज जरा-सी

बात पर आपने इसका खाना-पीना और पहनना तक उघट दिया। जिसको भगवान् खाने-पीनेवाला देते हैं, वही न खिलाता-पिलाता है। जिसके कोई है ही नहीं, वह क्या खाक खिलावेगा ? मेरी ही करनी से इसकी यह दशा हुई है, तो रहने दीजिए अपनी माया-ममता। यह बाप का सुख देख चुका। जैसे मैंने नौ महीनों तक दुःख सहकर, अपना खून पिलाकर, इसको अपनी जिन्दगी का सहारा बनाया है, वैसे ही इसके लिए अब भी रात-रात भर जागूँगी, जन्तर-मन्तर और झाड़-फूँक कराऊँगी; ओझा और बैद के पैर पडूँगी, देवी-देवता मनाऊँगी, जैसे-तैसे सब कुछ कर लूँगी। आप जो बने सो कीजिए, नहीं तो इसके जले घाव पर नमक मत छिड़किए। जिसने एक बूँद से इतना बड़ा पिंड सवारा है, वह तो इसकी खोज-खबर लेगा न ? या वह भी आप ही की तरह बिगड़ उठेगा ? आप तो ऐसी बातें कर रहे हैं, जिनसे मालूम होता है कि आप कभी इसकी तरह लड़के रहे ही न हों ? क्या आप वह दिन इतनी जल्दी भूल गये जब ठाकुरदुआर जाने की बेर, इसी बेटे के लिए, तारकेसरनाथ के मन्दिर में धरना देकर, दो दिन तक आप बिना अन्न-जल के ही पड़े रह गये थे ?

बाबूजी ने शान्त भाव से मुस्कुराते हुए कहा—मैं कुछ भी नहीं भूला हूँ और न कभी भूल सकता हूँ, सब कुछ याद है। मगर तुमने तो मेरी बातों का मतलब ही नहीं समझा, मेरे कहने का अर्थ ही पलट दिया। भोलानाथ को मैं तुमसे किसी कदर कम प्यार नहीं करता, पर तुम्हारा प्यार अन्धा है, और मेरा प्यार आँखवाला। तुम अगर पढ़ी-लिखी होती, दिन-दुनिया देखे रहती, भला-बुरा समझे रहती, तो भूलकर भी ऐसी रूखी बातें न करती। बच्चे की पैदाइश से तुमलोगों की नीयत खोटी हो जाती है। कहो तो कैसा नीच विचार है कि जीता रहेगा तो मजूरी करके भी आधा पेट खायेगा। जिसे तुम कलेजे का टुकड़ा कहती हो, आँखों का तारा समझती हो, उसी की होनहारी के लिए ऐसी बढ़िया असीस ? तुम अभी गुरुजी को गंडों गालियाँ बक गई हो। क्या इससे तुम्हारे बच्चे का कल्याण होगा ? तुमको क्या पता है कि उस्ताद की छड़ी में कैसा जादू भरा है ? तुमको तो सिर्फ 'बेटेवाली' कहलाने की साध

पूरी करनी है। पर मूर्ख सन्तान पैदा करने से तो माता का निपूती रहना ही अच्छा है। जो माता अपने बच्चे के भावी सुख की चिन्ता न करके उसे केवल अपनी साध पूरी करने का साधन बना डालती है, वह माता अन्त में बहुत पछताती है। और सच पूछो, तो वह माता कहे जाने योग्य है भी नहीं। तुम्हारी तरह मैं 'बेटेवाले' नाम धराना नहीं चाहता। मैं इसकी कमाई खाने के लिए दुनिया में बैठा न रहूँगा। इसे सदा के लिए संसार में सुखी बना जाने की इच्छा से ही मैं इसको बराबर अपने साथ रखता हूँ—अपने ही सुझाव पर चलना सिखाता हूँ। पर इधर मैं सुधारता जाता हूँ, इधर तुम चौका लगाये चली जाती हो। करो जो रुचे सो, मेरा तो कहते कहते गला बैठ गया। होगा वही जो परमात्मा चाहेगा, मैं कहाँ तक सिर धुनूँ।

मइयाँ—मुझे आपकी बात सुनने और समझने की सुध नहीं है ! मेरा लड़का जब से दौड़ा हुआ आया है, तभी से काँप रहा है। इसका दम फूल रहा है। कुछ बोलता भी नहीं। आँखें भी नहीं खोलता। न जाने कहीं डरा है या कहीं गिर पड़ा है या किसी लड़के ने मारा है, कुछ मालूम नहीं होता ! पंडितजी को बुलाकर दिखला दीजिए। महन्थजी को भी बुला लीजिए। वह भी गण्डा-ताबीज करते हैं। मेरा विश्वास है कि पंडितजी के भभूत देने से यह जरूर अच्छा हो जायगा। बाबाजी को बुलवाकर कालीजी और महावीरजी के यहाँ संपुट पाठ का संकल्प करा दीजिए। जो करना हो, जल्दी कीजिए। मेरा दिल घबरा रहा है! न जाने आज किसका मुँह देखकर उठी हूँ। मेरे जाने में तो कुछ 'बतास' का फेर है। आजकल हवा-बयार बिगड़ी हुई है। परसों ही महँगू के बेटे को आसेब के फेर से अनायास दाँत लग गया था।

बाबूजी—सचमुच तुम लड़के को बिलकुल डरपोक बनाये जा रही हो। यह तो अभी लड़का ही है, पर तुम तो इससे भी नादान हो गई हो। यह एक-भर डरा है, तो तुम दस-भर हल्ला मचाकर इसकी घबराहट को बढ़ा रही हो। अभी से इसके मन में इस तरह डर समाया रहेगा, तो बड़ा होने पर, डरकर छिपने के लिए, यह कहाँ तुम्हारा अँचरा ढूँढ़ता फिरेगा ? भरम से भूत पैदा होता है। सन्देह छोड़ दो ! नरम बिछौने

पर हवा में सुलाकर सिर में गुलरोगन मालिश करो। पैरों में नागफनी के काँटें चुभे हुए देख पड़ते हैं, हरी दूब पीसकर गाय के गाढ़े दही के साथ तलवों में लेप दो, और घावों पर कपूर मिलाया हुआ गाय का कच्चा घी लगा दो, आराम से नींद आ जायगी।

मइयाँ—नहीं, मैं इसको अभी सोने न दूँगी। आजकल कीड़े बहुत निकलते हैं। हो सकता है कि उसी ने काटा हो। आज मेरी आँखों में नींद कहाँ ? जब तक यह आँख न उठावेगा, तब तक मेरी आँख न लगेगी। आप बाहर का काम देखिए, मेरी तो इसका मुख निरखते-ही-निरखते रात सिरा जायगी। जहाँ इसकी पलकें खुलीं और एक बार भी इसने 'मइयाँ' कहकर पुकारा कि मेरी जान में जान आयी।

बाबूजी—अच्छा, तो अब रोना-कल्पना छोड़कर मेरे कहने के मुताबिक तदबीर करो। मैं फौरन सब इन्तजाम करके आता हूँ।

बाबूजी बाहर चले गये। मइयाँ उनकी बताई तदबीरें करने लगी।

सचमुच उनकी बात सच निकली। पैरों की जलन और घावों का दर्द कम होने लगा। हमारी आँखें झपकने लगीं। अंग-अंग में ठंढक छा गई। छाती का धड़कना बन्द हो गया। साँस की चाल धीमी हो गयी। मइयाँ ने कोमल हाथों से मीठी-मीठी थपकियाँ देकर हमें अपना अँचरा उढ़ा दिया, और आँखों में ही रात काटती रही। हमें क्या पता कि फिर क्या-क्या गुल खिला। हम तो मइयाँ के अंचल में—करुणा के क्रोड़ में—शान्ति के शिविर में—ममता की मंजूषा में—वात्सल्य की वाटिका में—स्नेह के सुख-सदन में—चैन से सोये पड़े थे !

2

बुधिया का भाग्य

जाके पग पनही नहीं, ताहि दीन्ह गजराज।

रामसहर बहुत बड़ा गाँव है। बस्ती के चारों ओर आम के घने बाग

हैं। दूर से गाँव नजर नहीं आता। हाँ, बाबू रामटहल सिंह के घर के सामने जो एक ऊँचा मन्दिर है, उसका कलस बड़ी दूर से देख पड़ता है। वह बाबू साहब के पिता सरबजीत सिंह का बनवाया हुआ पत्थर का पंचमन्दिर है। गाँववाले उसे 'पंचमन्दिल' कहते हैं। वह टीकासन-भर ऊँचे चौतरे पर एक पोखरे के किनारे बड़ा सुन्दर बना है। पोखरे में चारों तरफ पक्के घाट हैं।

मन्दिर के पुजारी हैं पसुपत पाँड़े। उनके लिए काले अच्छर भैंस बराबर भले ही हों, पर वह माने जाते हैं–बड़े भारी पंडित। आसपास के कई गाँवों में वही अकेले अगड़धत्त ज्योतिषी, तांत्रिक, कर्मकांडी और कथक्कड़ समझे जाते हैं। ज्योतिष की पोथियाँ तो उनकी उँगलियों पर नाचती रहती हैं। तंत्र-मंत्र भी वह चुटुकियों में कर डालते हैं। कर्मकांड मानों उनके कंठागर है, और अठारहों पुरान तो मानों जबान पर हैं।

उनके लड़के का नाम गोबरधन है। वह बड़ा चलता-पुर्जा है। उसे वह स्वयं पढ़ाते हैं। भोर ही उठकर वह घोखने लगता है–

हे हे जसोदा तव बाल केसो, मुरारि नामा वसुदेव सूनो।
अदाय वस्रा भरनी मदीयं, गतोपि दूरे जमुना निकुंजे।।

जाड़े के दिनों में पाँड़ेजी कुछ रात रहते ही उठकर जोर-जोर से 'पराती' गाने लगते हैं। घंटों गला फाड़कर चिल्लाते हैं। बहुतों की तो सुबह की नींद हराम हो जाती है। सूरदास और तुलसीदास की प्रभातियों की टाँगें तोड़कर वह भजनों पर टूट पड़ते हैं। उनका सबसे प्यारा भजन है–

सुगना सुमिरो हरी हरी, दिल में दीनता करी-करी
पाँच तत्व का बना पींजड़ा, तामें रहियो डरी-डरी
एक दिन खैहैं काल विलैया, दुनिया जाती मरी-मरी
हाथ जोरि के बिनय सुनावा, प्रभु के पैयाँ परी-परी
करुना कंठ रोम करि ठाढ़े, नयनों से जल झरी-झरी
वहुतेक जोरे माल खजाना, घर में राखे धरी-धरी
मरती वेर तो परिहैं वेरिया, का लेजैहैं भरी-भरी
जो कोइ भगति किये भगवन् की, ते सव गये हैं तरी-तरी

मनूदास श्रीकृस्न कृपा से, सब दुख जैहैं टरी-टरी।

भजन गाकर वह नसदानी के पीछे पड़ जाते हैं। नस सूँघते-सूँघते आधी नसदानी खाली कर डालते हैं ! फिर उसी समय गोबरधन को जगाकर सुरती बनवाते, अपने भी खाते, उसे भी खिलाते और सिरहाने की ओर पिचपिचाते जाते हैं। कभी-कभी जब गोबरधन की गाढ़ी नींद उचटा देते हैं, तब वह झुंझला कर कहता है–बाबूजी, सुरती खाना छोड़ दीजिए। लोग एक मसल कहते हैं–

जब न माँगे आवे भीख, तब तू सुरती खाना सीख।

इस पर पाँड़ेजी चकित होकर गोबरधन को समझाते हुए कहने लगते हैं, अरे ! तुम्हें उल्टी बात किसने बतायी ? यह तो 'चैतन्य चूरन' है ! इसका नाम ही है 'स्रुति' ! साँसकिरित में स्रुति का अर्थ 'वेद' है। सुरती खाने से फुरती बढ़ती है। दिल भी बहलता है। मन चंगा रहता है। क्या तुमने नहीं सुना है–

कृस्न चले बैकुंठ को, राधा पकड़ी बाँहि।
यहाँ तमाकू खाइ लेहु, उहाँ तमाकू नाँहि।।
चून तमाकू सानि के, बिन माँगे जे देइ।
सुरपुर नरपुर नागपुर, तीनु बस करि लेइ।।

सुरती पर इसी तरह की सैकड़ों कहावतें कह डालते हैं। फिर जंगल-मैदान होकर तालाब में खूब डुबकियाँ लगाते हैं, और सर्दी के मारे दाँत खटखटाते रहने पर भी कहते चले जाते हैं–

घर में घनसाम कहो आँगने अनन्त कहो
द्वारे दामोदर के दास होइ रहु रे।
ठाढ़ होत ठाकुर औ बैठत बिसम्भर कहो
चलत चतुरभुज के चरन चारु गहु रे।।
पंथ पुरुसोत्तम औ' विदेश बसुदेव कहो
नदी नारसिंघ कहो पाप सकल दहु रे।
दिन दयासागर कहो रात राधारमन कहो
आठो जाम सीताराम सीताराम कहु रे।।

इसके बाद जब पूजा और आरती करने लगते हैं, तब नाचने-गाने

की करामात दिखाने में कमाल कर देते हैं। आरती नचाने में कलाबाज नट की भी नाक काट लेते हैं, और जब ऊँचा 'अलाप' लेते हैं, तब विधवा-विलाप से भी बढ़ जाता है ! पर जब नाच-गाकर स्तुति करने लगते हैं, तब बिना लगाम की जीभ अंधाधुंध सरपट दौड़ते लगती है–

नीलाम्भुजं सामल कोमलांगं सीता सँवारो पितु वामभाग्यं।
पाण्डव महा सायक चार चापं नमामि रामं रघुबंस नाथम्।।
आदो राम तपो बनाधि गमनं हत्वा मृगा कंचनं
बैदेही हरनं जटायु मरनं सुग्रीव संभाखनं।
बाली नीग्रहनं समुन्द्र तरनं लंकापुरी दाहिनं
पश्चात् रावन कुम्भकर्न आदि हननं एतोहि स्रीरामायनं।।
आदो देवकिदेव गर्भजनमं गोपीगृहे बरधानं
माया पूतन जीव ताप हरनं गोबरधना उधारनं।
कंसाछेदन कौरवाधि हननं कुन्तीसुता पालनं
एतो स्रीमदभागती पुरान कथितं स्रीकृस्नलीलामृतं।।
कस्तूरी तिलकं ललाट पटलं बक्षस्थले कुस्तुभं।
नाशाग्रे गज मूक कंकड़ तलं बेनू करे कंगनं।
सरबांगं हरचन्दनं सुललितं कण्ठं च मोक्तावली
गोपाष्ठी परबेष्टीतं बिजयनं स्रीगोपाल चूड़ामनिम्।।
हे गोपाल कहे कृपाजलनिधे हे सेन्धुकन्यापतिं
हे कंशन्त कहे गजेन्द्र करुना पारिंग हे माधवं।
हे रामानुज हे जगत्तर गुरु हे पुण्डरीकाक्षमा
हे गोपीजननाथ पाल अपरं जीना बिना तुम बिना।।
पापोऽहं पापकर्त्ताऽहं पापात्मा पापस्यंभवम्।
पाहि मां पुण्डरीकाक्षं सकल पापं हरो हरी।
बन्दौं पवनकुमार, खलबल पावक ज्ञान घन।
जासु हृदै अंगार, बसहिं राम सिर चाँप धर।।
कहाँ कहौं छबि आज की, भले बने हो नाथ।
पसुपति माथा जब नवे, कि धनुख बान लो हाथ।।

इतनी दूर के बाद आपकी जीभ की घुड़दौड़ खतम होती है। तब

साष्टांग दण्डवत् और परिक्रमा करके जोर से चिल्लाते हैं–

जै जै सीताराम

धनुखधारी औधबिहारी, सुन्दर जोड़ी मंगलकारी।

यह सुनते ही लोग चरणामृत लेने दौड़ते हैं। पाँड़ेजी झट मंत्र पढ़कर देने लगते हैं–

अकाल मृत्तु हरनं सर्बो ब्याध बिनासनं।
स्रीरामजी चरनोदकं पितवा सिरसा धारयामि हम्।।

बाबू रामटहल सिंह के घर में पाँड़ेजी की बड़ी पूछ है। बाबू साहब उनकी सलाह के बिना कोई छोटा-मोटा काम भी नहीं करते। खुशी हो या गमी, पुजारीजी पहले बुलाये जाते हैं। बाहर की तो बात ही क्या, अन्दर हवेली तक उनकी पैठ है, और वहाँ उनका बाहर से भी एक बित्ता अधिक आदर होता है।

हवेली में जाते ही उन्हें छोटी चौकी पर कम्बल का आसन मिलता है। घर-भर की स्त्रियाँ बारी-बारी से आकर, अंचल से पैर छूकर, सिर नवाती हैं। वह उनके सिर पर हाथ फेर-फेर असीसते जाते हैं। सबसे कुसल-छेम भी पूछते हैं। कोई कहती है, राउर आसीस चाही। कोई-कोई तो कुछ न बोलकर मुस्कुराती और पायल झनकारती ही चली जाती है। पर उनकी ओर से बाबू साहब की बूढ़ी माता कहती हैं–आपके चरणों का एकबाल है।

बाबू साहब बड़े भारी जमींदार हैं। लेकिन उनके मकान में एक भी ईंट नहीं लगी है। तो भी मिट्टी की दीवार इतनी चौड़ी है कि चोर अगर सेंध मारने लगें, तो जाड़े की सारी रात बीत जाने पर भी दीवार आर-पार न होगी! मकान खपड़ैल ही है, मगर उसमें नाम लेने को भी एक बाँस नहीं लगा है–खाली पक्की लकड़ी की भरमार है। छप्पर तो इतना मजबूत है कि एक बार तीस बरस पर छाजन दुरुस्त की गयी थी।

हाँ, मकान में अगर किसी चीज की कमी है, तो बस झरोखे की। घरों के किवाड़ 'चूर' पर लगे हुए हैं। सिर्फ सदर दरवाजे का किवाड़ 'हुक' पर लगा है। वह इतना दबीज है कि घूरन सिंह के सिवा उसका

खोलना और बन्द करना किसी और का काम नहीं ! अगर एक दिन के लिए भी घूरन सिंह कहीं बाहर चले जाते हैं, तो बाबू साहब के नौकरों की नानी मर जाती है–किवाड़ बन्द करते और खोलते वे काँखने लगते हैं। लेकिन घूरन सिंह बायें हाथ से ही उसे ठेल-ठालकर ठिकाने लगा देते हैं। बाबू साहब के यहाँ घूरन सिंह को दरवानी करते चालीस बरस बीत गये।

रामसहर में बाबू साहब का जनाना मकान 'बड़ी हवेली' के नाम से प्रसिद्ध है। उनकी गौसाला को गाँववाले 'बाबू की गोठ' कहा करते हैं। गौसाला के पास जो बैठकखाना है, वह 'बढ़ी देवढ़ी' कहलाता है। बैठकखाना और गौसाला के बीच में एक और मकान है, जिसमें बाबू रामटहल सिंह की रखेली 'बुधिया' रहती है।

बुधिया उसी गाँव की है। उससे तीन लड़कियाँ पैदा हुई हैं–सुगिया, बतसिया और फुलगेनिया।

बाबू सरबजीत सिंह के समय में बुधिया गोबर पाथती थी। गौसाला का गोबर पाथना और दिन-भर नदी के तीर-तीर गोबर बीनना ही उसका काम था। पर जब वह सयानी हो गई, तब घर-घर घूमकर, कूट पीसकर कमाने-खाने लगी।

पहले तो वह बाबू साहब के यहाँ दिन में खेसारी का सत्तू और रात में चोकर की मोटी रोटी खाकर ही, फटे टाट के टुकड़े पर सो जाती थी; पर जब कुछ बल-बूता हुआ, हाथ-पैर चलाने लगी, तब खाने-पीने और कपड़े-लत्ते से निश्चिन्त हो गई। अब गौसाला की एक कोठरी में रहकर खुद खाने-पकाने और सुजनी पर सोने लगी।

अपनी मौज से कमाने-खाने के कारण उसका अंग-अंग खिल उठा। तब वह कंडे बनाने और गोबर बीननेवाली बुधिया नहीं रही। जब पेट भरने लगा, तब मन भी चौकड़ी भरने लगा। देह चिकनाने लगी। बरसात का जल जैसे जाड़े में निर्मल हो जाता है, वैसे जवानी चढ़ते ही बुधिया का रूप मधुर हो गया। वह अब सहज ही आँखें चुराने और मुस्कुराने लगी।

बाबू रामटहल सिंह चिकना देख फिसल पड़े। उनकी भी उठती

जवानी थी। घर में बुधिया का दिन-रात आना-जाना लगा ही रहता था। दोनों का मन मिल गया। लोगों की आँखें बचाकर दोनों मिलने-जुलने लगे। परन्तु ऐसे प्रेम का जादू सिर पर चढ़कर बोलता है। आखिर भण्डा फूट ही गया।

अब बाबू साहब उसके पास खुले-खजाने आने-जाने लगे। वह भी एक खास मकान में रहने लगी। जो किसी दिन गोबर में से अनाज के दाने चुन-चुनकर खा जाती थी, वह अब पेड़ा-बरफी भी छील-छीलकर खाने लगी। जिसका चुड़ैल का-सा झोंटा एक दिन जूओं का अड्डा था, उसका सिर-दर्द अब गुलरोगन से भी दूर नहीं होता। जो कभी अच्छी तरह दातून भी नहीं करती थी, वह अब दाँतों में सुगन्धित मंजन लगाने लगी। जो पैसा-भर गुड़ खाकर भी घंटों ओठ चाटती रह जाती थी, वह अब आईने के सामने पलंग पर पड़ी-पड़ी अपने ओठों पर पान की ललाई निहारने लगी।

जमाना एकबारगी पलट गया। कहाँ वह गली-गली मारी-मारी फिरनेवाली फूहड़ बुधिया और कहाँ यह छैल-चिकनियाँ जमींदार की पर्दानसीन रखेली ! धन्य है भगवान की लीला !

बाबू सरबजीत सिंह ने एक बीघा खेत के लिए ब्रह्महत्या की थी। वह ब्राह्मन उन्हीं के गाँव का रहनेवाला था। एक तो ब्राह्मन, दूसरे प्रजा, तीसरे निर्धन और चौथे अपने घर का अकेला ! मारे जाने पर प्रचंड ब्रह्मपिसाच होकर उपद्रव मचाने लगा।

पुलिस की मुट्ठी गरम करके—धन के प्रताप से—राजदंड से तो बाबू साहब बाल-बाल बच गये; पर उस ब्राह्मन की अनाथ विधवा और बूढ़ी माता की आह से न बच सके ! पुलिस तो घूस खाकर मामला पचा गई, पर तांत्रिक लोग महीनों माल चबाकर भी कुछ न कर सके, कितने दुम दबाकर भाग गये। कितने तो पागल होकर जान से हाथ धो बैठे। बड़े-बड़े ज्योतिषी-पंडितों को उस ब्रह्मपिसाच ने पटक मारा—बेचारे किसी-किसी तरह उस जान के गाहक से जान छुड़ाकर भागे।

अब सरबजीत सिंह 'ब्रह्मदोषी' कहलाने लगे। लोगों ने उनके यहाँ का जल पीना भी छोड़ दिया। बिरादरीवालों ने रोटी-बेटी का सम्बन्ध

भी तोड़ दिया; क्योंकि उनके साथ किसी तरह का सरोकार रखनेवाले की जान पर भी आ बनती थी। कोई गोतिया-दयाद भी मददगार नहीं रह गया। केवल पसुपत पाँड़े का भरोसा था।

पर पाँड़ेजी तो एक हजार रुपये लेकर कमरू-कमच्छा में तंत्र-मंत्र कराने के लिए पहले ही निकले पड़े थे। उन्हें तो जजमान के कल्यान से कुछ मतलब था नहीं, गोबरधन को मंदिर सौंपकर कमरू-कमच्छा के बहाने 'चारों धाम' की यात्रा करने चले गये। इसीलिए बाबू रामटहल सिंह का ब्याह न हो सका था।

उनके ब्याह की बात तो उनके लड़कपन में ही एक जगह पक्की हो चुकी थी; पर ब्रह्मपिसाच का उत्पात देख-सुनकर बेटीवाले ने उस ब्याह का सपना देखना भी छोड़ दिया ! भाग्य से इसका लाभ बुधिया ने उठाया। बिल्ली के भाग से छींका टूटा।

पिता के मरने पर बाबू साहब ने रुपये के जोर से ब्याह करना चाहा। बड़े-बड़े गोइन्दे, इसी बहाने से कुछ टके सीधे करने के लिए निकल पड़े। बात की बात में ब्याह ठीक हो गया, परन्तु बुधिया आदि से ही ब्याह की बात काटती रही। जब बाबू साहब ब्याह की बात चलाते थे वह अंगार पर लोट जाती थी !

मसल है, काठ की सौत भी नहीं सुहाती। फिर जीती-जागती सौत की तो बात ही क्या। तीन लड़कियों की पैदाइश के बाद सचमुच बुधिया का पहले-जैसा आदर-भाव नहीं रहा। इसीलिए, उसके लाख मुँह लटकाने पर भी ब्याह हो ही गया। इस ब्याह ने उसकी देह में और भी आग फूँक दी। वह 'त्रिया-चरित्र' का प्रपंच पसारने लगी। बड़ा पाखंड रचा। पर नया बन्धन पड़ते ही पुराना बन्धन सहज ही ढीला हो जाता है।

बाबू साहब के ससुर मनबहाल सिंह बड़े गरीब आदमी हैं। उनके नौ लड़कियाँ हैं। वे उनकी जायदाद हैं। उन्हें बेचकर वह कुछ पूँजी भी जमा कर चुके हैं। परन्तु इतने पर भी वह दरिद्र ही हैं। न अच्छा खाते, न अच्छा पहनते। जब देखिए तब मैली-कुचैली मिरजई में उनचास पेबंद और पीठ पर सत्तू की पोटली ! पूँजी पुरसा-भर जमीन के नीचे गड़ी हुई है। खर्च चलता है, चोरी की चीजों से ! लड़कियाँ अपनी-अपनी

ससुराल से सब चीजें चुराकर चुपके भेजा करती हैं।

वह अपनी आठ लड़कियों का ब्याह पहले ही कर चुके हैं। नवीं 'पेट-पोंछनी' लड़की महादेई, जिसे वह सबसे अधिक प्यार करते हैं, बड़ी सुन्दरी है। उससे उन्हें गहरी रकम पाने की पूरी आशा थी। आशा सफल हो गई। महादेई ऐसे घर में पड़ी कि शुरू में भी उँगलियाँ घी में रहीं और आगे के लिए भी तोड़े ऐंठने का सामान हो गया।

गाँववाले कहने लगे कि ब्याह तो हो गया; पर बंस न चलेगा। हाँ, हमलोगों को बड़ी सुविधा हुई। जब कभी बैलों और गाय-भैंसों के घावों में कीड़े पड़ते थे, तब बेटी बेचनेवालों के सात नाम लिखकर उनके गले में बाँधने के लिए नामों का पता लगाना पड़ता था। पर अब तो केवल 'मनबहालसिंह' का नाम ही काफी होगा।

बाबू साहब को कानों-कान खबर हो गई कि गाँववालों में आजकल इस तरह की बड़ी गरम चर्चा चल रही है। वह दिन-रात इसी फिराक में रहने लगे–किसी को ऐसा कहते-सुनते पकड़ पाऊँ, तो उसकी पीठ की खाल उधेड़ डालूँ।

एक दिन उन्होंने खेदू कहार को मारते-मारते बेहोश कर डाला। पीटते-पीटते आप भी थक गये। इसी बीच उसकी स्त्री सोनिया गिड़गिड़ाती हुई आकर उनके पैरों पर गिर पड़ी। थके और हाँफते रहने पर भी उसका झोंटा पकड़कर नालदार जूते से पीटने लगे। इतने में उनके नौकर-चाकर भी डंडे और लाठियों के साथ पहुँचकर खेदू के घर पर टूट पड़े।

सोनिया अपने जवान बेटों के सामने ही नंगी करके डंडों से पीटी गयी। उसके लड़के डर के मारे काँपते और फूट-फूट कर रोते रह गये। उन्हें बाबू साहब के नौकरों ने गाय-गोरू की तरह पीटा। उनकी स्त्रियों की इज्जत तक उतार ली।

गाँव के लोगों का कलेजा ही कितना जो बाबू साहब को खेदू की छाती पर कोदो दलते देखकर भी जीभ हिलाते! बेचारे चुपचाप तमाशा देखते रहे। किसी में इतना भी जीवट नहीं था, जो खेदू की जान छुड़ाने के लिए बाबू साहब के आगे आता।

खेदू अलग कराहता था, उसके लड़के अलग रोते-कलपते थे, उसकी स्त्री अलग काँखती थी और उसकी पतोहुएँ अलग आँसुओं से मुँह धोती थीं ! कोई आँसू पोंछनेवाला भी नहीं था। पर जिस बेबस को आँसू पीकर रह जाना पड़ता है, उसका आँसू वही पोंछता है जो–

छोड़ि कमलासन पिछौड़ि गरुड़ासन हूँ,
कैसे हौ बखानौं दौर दौरे मृगराज की।
जाय सरसी में यों छुड़ाय गज ग्राह ही ते,
ठाढ़े आइ तीर इमि सोभा महाराज की।
पीत पट लै लै कै अँगोछत सरीर,
कर-कंजन ते पोंछत भुसुण्ड गजराज की।

और जिसने--

गीध को गोद में राखि दयानिधि, नैन सरोजन में भरि बारी।
बारहिं बार सुधारत पंख, जटायु की धूरी जटान सों झारी।

कुछ दिनों के बाद पलटू चमार की भी खेदू की दशा हुई। पर खेदू की तरह पलटू लाचार नहीं था। वह जूतियाँ गाँठकर पेट पालनेवाला चमार नहीं था। वह था ईसाई चमारों का सरदार। अपने समाज में उसकी बड़ी साख और धाक थी। उस पर मार पड़ते ही ईसाइयों के कान खड़े हो गये। वे तुरत पलटू को बाल-बच्चे सहित अपने अड्डे पर ले गये।

पर खेदू की बात कौन पूछे ! वह बेचारा तो जूतियाँ उठानेवाला गरीब था। उसका घर-भर गाँववालों का हल चलाकर, खेत जोतकर, पानी भरकर और गोबर पाथकर जीता था। सिर्फ उसका बड़ा लड़का 'बहोरन' कलकत्ते में एक अँगरेज के यहाँ खानसामा था। वह गाँव छोड़कर जहाँ जाता, वहीं कमाता खाता; क्योंकि सब-के-सब मेहनती और कामकाजी थे।

पलटू के ईसाई हो जाने पर खेदू के बेटों ने लड़के-बालों के साथ कलकत्ते भाग चलने के लिए बड़ा हठ किया। पर खेदू का मन नहीं डिगा। उसने अपने लड़कों से साफ कह दिया–मैं जिन्दगी-भर रामसहर छोड़ कहीं दूसरी जगह न जाऊँगा। इसी गाँव में पैदा हुआ हूँ, इसी

गाँव की धूरि में लोट-पोटकर सयाना हुआ हूँ, इसी गाँव के अन-जल से यह देह पली है, और इसी गाँव में कई पीढ़ी से रहता आया हूँ। अब मरने के दिन करीब आये, तो भागकर कहाँ जाऊँ ? जैसे इतने दिन कट गये, वैसे ही बाकी दिन भी कट जायेंगे। जिसकी जूतियाँ सीधी करते-करते इतनी बड़ी उमर बीत गई, वही जब सता रहा है, तब भगवान ही इसका इन्साफ करेंगे। तुमलोग जाओ, मैं तो यहीं रहूँगा।

इतना कहते-कहते खेदू की आँखें डबडबा गयीं। उसकी बातें सुनकर उसके लड़के भी झुँझला उठे। इरखे में आकर कलकत्ते भाग गये। साथ ही, अपने जोरुओं को भी लेते गये। उनका नया खून था, मार खाते ही खौल उठा। बेचारों से बेइज्जती सही न गयी।

बहोरन हिन्दी-मिडिल पास था। उसके मन में तो और भी ग्लानि पैदा हुई। वह अपने भाइयों से कहने लगा—क्या, हमलोग कहार होने से ही इतने गये-बीते हो गये कि हमारी ही आँखों के सामने हमारी स्त्रियाँ बेइज्जत की गयीं, और हम चूँ भी नहीं कर सके ? धिक्कार है हमारे जीने को ! हमें उसी जगह जान दे देना उचित था। क्या हमलोग डोम-चमार हैं कि अपनी इज्जत का कुछ खयाल नहीं है ? मगर पलटू भी तो चमार ही है; उसने अपनी इज्जत की लाज से ही अपना धर्म तक छोड़ दिया। जब डोम-चमार-जैसे अछूत भी अपनी इज्जत के लिए प्राण-समान प्यारा धर्म छोड़ देते हैं तब हम तो कहार हैं। हमारा गट्टा पाक है। हमारा छुआ पानी तो ब्राह्मन पीते हैं।

उसके छोटे भाई सजीवन ने कहा—जो हुआ सो हुआ, जाने दो। ठीक ही कहते हो कि डोम-चमार की भी अपनी आबरू जान से बढ़कर प्यारी होती है। अगर पलटू को अपनी इज्जत प्यारी न होती, तो वह बाल-बच्चों के साथ ईसाई क्यों हो जाता ? अभी तो बाबू साहब अपने सामने किसी को तिनका बराबर भी नहीं समझते; मगर एक दिन 'अबर देवी जबर बोका' से काम पड़ जायगा, तब बिना समझाये समझ जायँगे।

बहोरन और सजीवन इसी तरह बातचीत करते हुए अपनी स्त्रियों के साथ कलकत्ते चले गये। पर खेदू को छोड़कर सोनिया नहीं गयी। इससे उसके लड़के इतने खिसिया गये कि बरसों कोई संदेशा नहीं भेजा।

गाँव की स्त्रियाँ उससे कहने लगीं–यहाँ क्या पड़ी हो ? चली जाओ बेटे-पतोहुओं के पास। जिसने सैकड़ों आदमियों में तुम्हारा पानी उतार दिया, उसका मुँह तुमसे कैसे देखा जाता है ? राम ! राम ! हमलोगों पर कहीं ऐसी बीतती, तो हमलोग कभी ऐसे आदमी की परछाईं तक नहीं छूतीं।

सोनिया रोएँ गिराकर कहती–भगवान न करे आपलोगों पर ऐसी बीते। राम जाने, जब-जब पुरवा बहती है, तब-तब देह दुखती है। मैं तो कलकत्ता जाना चाहती थी, मगर 'मालिक' यहाँ से एक दिन के लिए भी कहीं हिलना-डोलना नहीं चाहते। न जाने रामसहर में क्या धरा है ! यहाँ तो दिन-भर हड़तोड़ मेहनत करने पर भी पेट नहीं भरता। साग-सत्तू या टटका-बासी–जो कुछ मिल जाता है, वही खाकर रहना पड़ता है। काम करानेवाले बहुत हैं, मगर मजूरी देने की बेर सबकी छाती फटने लगती है। जिस दिन से बाबू साहब ने मारा है, उस दिन से हमलोगों को खाना-पीना भी अच्छा नहीं लगता। मालिक तो उठ-बैठ भी नहीं सकते। वह उसी दिन से खाट पकड़े हुए हैं। मैं भी किसी-किसी तरह उठती-बैठती आपलोगों के पास चली आती हूँ। सच पूछिए तो चला नहीं जाता। कमर पिराती है। पीठ की हड्डी चिलकती है। कपार टनकता रहता है। हाथ की मुट्ठी नहीं बँधती। लेकिन इतने पर भी पेट के लिए गाँव में एक-दो बार फेरा लगाना ही पड़ता है। नहीं तो पेट कैसे भरेगा ? घर बैठे कौन देगा ? चुटकी-भर चूना तो कोई देगा ही नहीं। दुनिया में काम प्यारा है, चाम नहीं। जब जाँगर में दम था तब मैं 'घर-घर की मौसी' थी। अब जाँगर थक गई, तो दर-दर की भिखारिन हूँ। जो हो, उनको छोड़कर मैं बैकुंठ में भी न जाऊँगी।

बुधिया ने सोनिया की विपद का हाल सुना। जिस समय वह दाने-दाने को तरसती फिरती थी, गली-कूचे में पड़ा हुआ दाना भी उठाकर खा जाती थी, उस समय सोनिया ने कई बार टटका माँड़-भाँत खिलाया था। वह आदर और प्रेम से खिलाया हुआ माँड़-भात वह भूली नहीं थी। उसने चुपके से सोनिया को बुलवाया।

सोनिया कमर पर हाथ धरे धीरे-धीरे आयी। बुधिया रोकर उसके

गले में लिपट गयी। उस समय सोनिया सिसक-सिसककर खूब रोयी। बुधिया भी अपने को सम्हाल न सकी। सोनिया अपनी पीड़ा भूल-सी गयी। अपने भाग्य को कोसने लगी। बुधिया के बार-बार पूछने पर दुखड़े का पचड़ा कह सुनाया।

बुधिया तो बाबू साहब पर पहले से ही जली हुई थी, सोनिया की बातें सुनकर वह लगी उन्हें गिन-गिनकर सुनाने ! सोनिया को भी अपने दिल का बुखार निकालने का अच्छा मौका मिल गया। वह इस समय की बुधिया को एकदम भूल गयी। पहली बुधिया का खयाल करके बोली–

बहिन ! बड़े आदमी किसी के नहीं होते। जब देखा कि तुम्हें तीन लड़कियाँ हो गयीं, उन्हें दान-दहेज देकर ब्याहना पड़ेगा, तब कन्नी दबाने लगे। जब तक हाड़ में हरदी नहीं लगी थी तब तक जो कुछ रही सो बुधिया। और अब, मुँहझौंसे मनबहाल की बेटी के सिवा किसी को पासंग के बराबर भी नहीं जानते । जब से वह उनके घर में आयी है, तब से तो मैं उनका चौकठ लाँघने भी नहीं गई हूँ, और न कभी जाऊँगी। सुना है कि नहीं ? आते ही सास से झोंटा-झोंटी होने लगी ! अभी चार दिन की बहुरिया है, मगर जो कोई आँगन में चला जाता है, उसी के साथ गपड़चौथ करने लगती है। भिखमंगे बाप की बेटी ठहरी, बड़े घराने में पड़ते ही उतान हो गयी। मगर जब ब्रह्मपिसाच नाच नचाने लगेगा, तब सब गुमान और टिमाक तेलहंडे पर चला जायगा। जानती हो ? उसके दूध पीने के लिए नई गाय खरीदी गई है। तेल लगाने के लिए नाईन को रोज हवेली में जाने का हुकुम हुआ है। तमोलिन रोज पान पहुँचा आती है। भला मकई के खेतों के कौए उड़ानेवाली के लिए इतना इन्तजाम ! 'छुछुन्दर के सिर में चमेली का तेल ?' जाँता पीसते-पीसते और धान कूटते-कूटते घिस्सों के मारे जिसके हाथ-पैर में सैकड़ों छाले पड़ गये हैं, वह अब उबटन और अतर-फुलेल लगाने लगी। ठीक है–'जिसको पिया चाहें वही सुहागिन।' यह सब न जाने तुमसे कैसे देखा जाता है। मैं होती तो इसी पर आग बो देती। बाबू साहब ने तुम्हारी इज्जत भी बिगाड़ी, जब तक जी में आया तब तक चैन भी किया, ब्याह की साध भी पूरी कर ली, और जब परवरिश करने का

दिन आया, तब लाकर छाती पर पत्थर की एक मूरत बैठा दी। तन का परदा भी गया, मिट्टी भी खराब हुई। अब तक तो तुम अकेली थी, एक दिन की कमाई दो दिन बैठी खाती थी; पर अब तो एक से चार-चार तन हो गये। दस बरस के बाद ये लड़कियाँ छाती पर पहाड़ हो जायँगी। फिर तुम हाथ मल-मलकर याद करोगी कि एक दिन सोनिया ने जो कहा था सो ज्यों-का-त्यों आगे आया।

बुधिया के मन में सोनिया की बातें अच्छी तरह बैठ गयीं। बुधिया को बड़ी दूर की सूझने लगी। उसने सोनिया का बड़ा उपकार माना। पुराना-धुराना उतारन और कुछ अनाज देकर उसको बिदा किया। उसी समय से वह उदास रहने लगी।

इधर बाबू साहब को लोगों ने जुल दे दिया कि बुधिया को निकाल दीजिए—क्योंकि पहले तो वह अकेली थी, अब उसके तीन लड़कियाँ पैदा हो गयीं; जब उनका ब्याह होगा, तब आपकी हँसी होगी, एक तो यों ही बिरादरीवाले फिरंट हैं, दूसरे इससे और चिढ़ जायेंगे।

बाबू साहब झाँसे में आ गये। और बुधिया को यह खबर मिल गई कि यहाँ तक नौबत पहुँच चुकी। अब तो उसे आग नहीं कि जल मरे, और जहर नहीं कि खाय ! रोसियाई हुई घर से बाहर निकली और बाबू साहब के घर में बैठकर लंका-कांड मचाने लगी।

सदर दरवाजे पर घूरन सिंह ने हवेली में पैठने से रोक दिया। बस वहीं बैठकर महादेई को गालियाँ सुनाने लगी। भीतर से बाबू साहब की बुढ़िया माता निकल आयीं। बड़े किवाड़ की आड़ में खड़ी होकर बोलीं—तू अपने घर से निकलकर यहाँ क्यों आयी ?

बुधिया हाथ मटकाकर गरजती हुई बोली—मैं अब इसी घर में रहूँगी। यही मेरा घर है। तुम्हारे बेटे ने मुझको रख लिया है, तो अब मैं किसके दरवाजे जाऊँ ?

बुढ़िया ने डाँटकर कहा—मेरे बेटे ने तुझे रख लिया है, तो तू रखेली की तरह अलग मकान में रह। यहाँ तेरा घर कैसा ? जब तक मैं जीती हूँ, तब तक यह मेरा घर है। जब मैं आँख बंद कर लूँगी, तब चाहे यह तेरे काम आवे या और किसी के।

बुधिया मुँह बिचकाकर बड़े तपाक से बोली–तुम्हारे कहने से मैं यहाँ से न उठूँगी। आवेगा वही असल बाप का बेटा, तो मुझे उठावेगा। उसकी दाढ़ी नोच लूँगी। अब वह सीधी तरह नहीं मानेगा। गाँव-भर के सामने पानी उतारूँगी। उसे इजलास पर चढ़ाऊँगी। हाकिम के सामने, हाथ में गंगाजल, गाय की पूँछ और पीपर का पत्ता देकर हलफ उठवाऊँगी। जब भरी कचहरी में पगड़ी उतरेगी तब रखेली रखने का मजा मालूम होगा। अभी तो पैंतरे बदलता फिरता है, जब हाथ में हथकड़ी भरकर लाल पगड़ीवाला काले घर की ओर ले चलेगा, तब चौकड़ी भूल जायगी। अब मैं इसी जगह गलफाँसी डालूँगी। जब थानेदार आकर झींगा मछली की तरह रुपये गिनने लगेगा, तब आँखें खुलेंगी।

बाबू साहब की बूढ़ी माता डर गयीं। सोचा, अगर कहीं यह जहर खा गयी या कुएँ में डूब मरी, तो मेरा लड़का बाँधा जायगा। किसी तरह इस मामले को यहीं दबा देना अच्छा है। नहीं तो फिर 'तिल का ताड़' और 'राई का पहाड़' होने पर सम्हाले नहीं सम्हलेगा। जहाँ तक हो सके, बड़े आदमी को ऐसे मामले से हाथ खींच ही लेना चाहिए। यह जब जान पर खेलने चली है तब जो चाहे सो कर सकती है। 'मरता क्या न करता; जीता क्या न भरता'। यह तो चाहती ही है कि मामला 'सूई से भगन्दर' हो जाए, ताकि बदनामी हो, बेइज्जती हो और बरबादी भी हो। इसलिए इसको घर में रख लेने में ही कल्याण है।

यह सोचकर बाबू साहब की माता ने उसको हवेली में रख लिया। पर बुधिया की यह विजय महादेई कब देख सकती थी ? उसके कलेजे में आग लग गयी। उसको देखकर बुधिया का कलेजा भी दिन-रात सुलगने लगा।

बाबू रामटहल सिंह ने हवेली में आना-जाना छोड़ दिया। इसी बात पर बुधिया और महादेई में खटपट हो गयी। हवेली का आँगन कुरुक्षेत्र बन गया ! झाड़ू बना धनुष और मूसर बना गदा ! बेलना और लोढ़ा तोर-तलवार बने। भाले की जगह घमाघम घूँसे चले। झोंटे नुचे। कितने ही घड़े फूटे। बड़ी घमासान की लड़ाई हुई। पर कोई बीचबान नहीं बना। भर-पेट लड़-झगड़कर दोनों अलग-अलग घरों में बैठकर रोने

लगीं।

बाद को उधर महादेई ने सिल पर सिर पटक-पटककर अपना सिर फोड़ डाला, इधर बुधिया भी पोखरे में डूबकर मरने चली। यह देख बाबू रामटहल सिंह की तो अक्ल ही मारी गयी ! घर के कलह से ऊबकर उन्होंने साधु हो जाने का निश्चय किया, पर चालीसा बीतने पर नया ब्याह हो जाने से सिर मुड़ाने और कपड़े रँगाने का विचार छोड़ दिया।

वह बुधिया को मनाने लगे। उन्हें निहोरा करते देख वह आसमान पर उड़ने लगी। वह जितना ही गिड़गिड़ाते थे, उतना ही पाखंड पसारती जाती थी। अन्त को उसके पैरों पड़कर किसी तरह मनाया। जिस घर में पहले रहती थी, उसी घर में आदर के साथ रखा।

इन सारे टंटे-बखेड़े की खबर मनबहाल सिंह के कानों तक पहुँची। उन्हें बड़ी दूर की सूझी। महादेई का दुःख भी उनके चित्त पर न चढ़ा। केवल बुधिया की तीनों क्वाँरी लड़कियों पर उनकी आँख गड़ गयी। अब न उन्हें दिन को चैन, न रात को नींद–उदबेग हो गया कि लड़कियाँ कैसे हाथ लगेंगी। उनके लिए वे कम-से-कम छः हजार का माल थीं।

रातों-रात रामसहर पहुँचे। चुटकियों में बुधिया को अपनी मुट्ठी में कर लिया। इस काम में बाबू रामटहल सिंह ने उनकी बड़ी सहायता की; क्योंकि उनको तो किसी तरह अपने सिर का बोझ हलका करना था। यदि वह हाथ न बटाते, तो बुधिया इतनी जल्दी मनबहाल सिंह के घात पर नहीं चढ़ती। पर होनी कुछ और ही थी। बुधिया गूँगी गाय की तरह मनबहाल सिंह के साथ चली गयी ! भावी कौन मिटा सकता है ?

बाबू साहब की बला टल गयी। महादेई के दिल में चुभा हुआ काँटा निकल गया। मनबहाल सिंह का पौ बारह रहा। वह तो 'पराये धन पर लक्ष्मी-नारायण' करने के आदी थे ही। उनके लिए यह कोई नई बात नहीं थी। उन्होंने बुधिया को अपने ही घर में रख लिया। आप सत्तू और मठा घोलकर पी लेते; पर बुधिया को बासमती और मोदक का भात खिलाने लगे। हाँ, जितने दिन बुधिया खाती रही, वह

आपे में न रहे।

वह बुधिया को अपने घर में ही छोड़कर 'कोई आँख का अन्धा गाँठ का पूरा' जजमान ढूँढ़ने निकल पड़े। ढंग तो मालूम था ही, एक-आध दिन की दौड़-धूप में ही एक मोटा आसामी फँस गया। वह ऐसा खरा आसामी था कि पहले ही उसने उसकी मुट्ठी गरम कर दी। उमर उसकी सठिया गयी थी। देह में चरक फूटने से अब तक ब्याह नहीं हुआ था। मनबहाल सिंह की कृपा से उसके माथे पर मौर चढ़ गयी।

सुगिया को खपाकर अब वह बतसिया के पीछे पड़े। पर बुधिया को पता लगा कि सोलह सौ रुपये में सुगिया एक बूढ़े के हाथ बेची गई है। यह भी उसको पता लग गया कि यह महादेई के बाप का घर है। सोचा, अब तो बतसिया और फुलगेनिया भी हाथ से गयीं।

यह सोचते ही उसको बाबू रामटहल सिंह की धोखेबाजी पर बड़ा क्रोध हुआ। अपनी दोनों लड़कियों को साथ लेकर थाने में चली।

रास्ते में वह सुगिया की याद कर रोती जाती थी। एक जगह सड़क के किनारे कालीजी का एक मन्दिर मिल गया। उसके सामने बैठकर बाबू रामटहल सिंह को सरापने लगी–आँचल पसारकर रोते-रोते बोली–ऐ काली माई ! 'सरबजीत के दामाद' को उठा लो। वह नवाब का नाती आग मूत रहा है। उसके लिए हैजा भेजो। जिस दिन उसके मुँह में आग लगेगी, उसी दिन कलेजे की कसक कढ़ेगी। दुहाई काली मैया की !

एक बटोही ने उसका रोना सुना। पास जाकर देखा, एक अधेड़ स्त्री कालीजी के सामने हाथ जोड़े बैठी है। रूप देखने से मालूम होता है, किसी समय वह बड़ी सुन्दरी रही होगी। पर इस समय उसका मुँह कुम्हला गया है। उसके साथ दो लड़कियाँ हैं। उनका रूप भी बड़ा लुभावना है।

बटोही ने पूछा, तुम किसे सरापती हो ? तुम्हें क्या दुःख है ? मेरे साथ चलो, किसी बात की तकलीफ न होगी। मेरे घर में किसी बात का टोटा नहीं है। जैसे घर के दस आदमी खाते-पीते और पहनते-ओढ़ते हैं, वैसे ही तुम भी रहना। कोई चिन्ता न करो। माल-लदी बैलगाड़ी

मेरे घर जा रही है, चलना हो तो उसी पर बैठकर चलो।

बुधिया—मैं इस घड़ी थाने के सिवा और कहीं न जाऊँगी। अपने सारे गहने बेचकर 'सबरजीत के दमाद' को जेहल की हवा खिलाऊँगी। 'भँडुए के पूत' ने मेरा कलेजा काढ़ लिया है। काली माई की मर्जी से उस पर मेरी आह जरूर पड़ेगी। वह जितना ही मेरी आह ले रहा है, उतना ही भगवान का आसन डोल रहा है। भगवान चाहेंगे तो इस साल के भीतर ही उसपर चक्र गिरेगा। उसकी मारी आज मैं बवंडर हुई फिरती हूँ। जैसे उसने मुझे बे-सरन किया है, वैसे ही भगवान उसका संघार करेंगे।

बटोही को बुधिया की दशा पर बड़ी ही दया आयी। उसने पूरा ब्योरा पूछा। बुधिया ने सारी रामकहानी कह सुनायी।

बटोही मन-ही-मन बड़ा प्रसन्न हुआ। सोचा, यह सोने की चिड़िया फँसाने लायक है। इसके पास गहने भी हैं, और दो-चार साल में जवान हो जानेवाली दो सुघर लड़कियाँ हैं।

बटोही था बड़ा होशियार। मालदार भी था। गाजीपुर में सरकारी कचहरी के पास ही उसकी खिचड़-फरोश की दूकान थी। नाम था सोहावन मोदी। बड़ा नामी गँजेड़ी और सितारिया था। इससे उसकी दूकान खूब चलती थी।

बुधिया से कहा—दरोगाजी और कोटबाबू तो मेरी मुट्ठी में हैं। मैं ही उन लोगों का मोदी हूँ। थाने में दरोगा या इंसपीटर आते हैं, तो उनका मोदी-खर्चा मैं ही चलाता हूँ। कचहरी के बड़े-बड़े अमले मेरी ही दूकान से रसद खरीदते हैं। मैंने कितने मुख्तारों का खर्च उठा लिया है। महीने के अन्त में वे मेरा सब पुर्जा चुकता कर देते हैं। तुम आँख मूँदकर मेरे साथ चलो। आगा-पीछा मत करो। मैं सेंतमेंत में तुम्हारा सब काम करा दूँगा। कचहरी के अमलों के पास जाओगी, तो वे तुम्हें बहुत खर्च में डाल देंगे। अगर नाहक खर्च में पड़ना और बरसों झूलना चाहो, तो मुख्तारों की झाँसा-पट्टी में पड़ो। मैं तुमसे सच कहता हूँ, ऐसी कोसिस लड़ाऊँगा कि एक पखवारे के भीतर ही बाबू साहब तकुए की तरह सीधे हो जायँगे। मैं दरोगाजी का हाथ पकड़कर जो चाहूँ सो

लिखवा सकता हूँ। 'बड़ा साहब' के पास तक मैं सिफारिस पहुँचा सकता हूँ। उनसे भी मन-माफिक हुकुम लिखा लेने की तरकीब मुझे खूब मालूम है। अफसरों और हाकिमों की कुंजी तो मेरे हाथ में है। बड़े-बड़े मामलेदार मेरी दूकान पर दिन-रात पड़े रहते हैं। उनसे सलाह करके मैं ऐसा संगीन मुकदमा खड़ा कर दूँगा कि एक ही तीर से दोनों चिड़ियों का शिकार हो जायगा। ससुर और दमाद–दोनों–जहन्नुम में चले जायँगे।

सोहावन ने जाल बिछा दिया। शिकार हाथ में आ गया। बुधिया को विश्वास हो गया। वह अपनी दोनों लड़कियों के साथ बैलगाड़ी पर सवार होकर सोहावन के घर चली गयी।

सोहावन का घर पास ही के एक गाँव में था। उसके घरवाले घर पर ही रहते थे। केवल वही गाजीपुर में अपनी दूकान पर रहता था। थोड़े ही दिनों में मोदी से महाजन बन गया था–सोहावन राम से सोहावन साहु हो गया था।

रात को अपने घर रहकर, कुछ रात रहते ही, उसने गाजीपुर के लिए गाड़ी खोल दी। पर घरवालों से बुधिया का भेद नहीं बताया। घरवालों ने समझा, थकी-माँदी कोई स्त्री गाड़ी-भाड़ा देकर गाजीपुर जा रही है।

बुधिया जब गाजीपुर की दूकान पर पहुँची, तब सोहावन ने उसे अपनी सारी थाती-पूँजी सौंप दी। दूकान भी उसी के हवाले कर दिया। मौजी जीव था, निश्चिन्त हो गया।

सोहावन का सरबस पाकर बुधिया भी निहाल हो गई। बाबू साहब तो माँगने पर भी उसे कुछ ही रुपये देकर टरका देते थे, और सोहावन ने तो बिना माँगे चाहे अपनी कुंजियों का गुच्छा सौंप दिया। इससे बुधिया का विश्वास और भी पक्का हो गया।

जब से वह आई, तब से सोहावन की दूकान चमक उठी। गाहक खूब जुटने लगे। सब मोदियों से बढ़कर दूकान चल निकली। पड़ोस के दूकानदार बड़ी डाह करने लगे। सोहावन की गाँजे की चिलम दिनभर गरम रहने लगी। तड़के गंगा नहाकर पहला दम लगाता था। तब बड़े जोर से पड़ोसियों को सुनाकर कहता था–

बम संकर, दुश्मन को तंग कर,
आमद बढ़ाकर खरचे को कम कर।

फिर रात को खाकर सोने से पहले भी गाँजे का दम मारता था। तब भी जोर से चिल्लाकर कहता था–

अगड़बम अलख, जगा दो सारा खलक।
खोल दो पलक, दिखा दो दुनिया की झलक।
बम संकर टन गनेस, नगद माल भेजो हर हमेस।
जो न पीये गाँजे की कली, उस लड़के से लड़की भली।।

3

ननिहाल का दाना-पानी

जो नहि जाय कबौ ननिऔरा।
सो गदहा हो या गोबरौरा।।

'माता के अंचल' से निकलकर दूसरे दिन तड़के जब हम बाबूजी के पास आये, तब उन्होंने आते ही कहा–पहले कान पकड़कर उठो-बैठो। कल तुमने बड़ी बदमाशी की है। अगर आज से फिर कभी उन आवारा लड़कों के साथ गये, तो दोनों कान गरम करके कनपटों में चार-चार चपत धर दूँगा। कान धरकर मेरे सामने कहो कि बाबूजी, अब गुरुजी की पाठशाला के सिवा कहीं न जाऊँगा, हमेशा आपके साथ रहूँगा। आज से यह कहकर अगर कान ऐंठ लो, तो इस समय तुम्हारी जान छूट जाय। नहीं तो यहाँ भी कनेठी लगाकर चपत जमाऊँगा, और गुरुजी के यहाँ भी छड़ी से पीठ की पूजा होगी।

हम खम्भे से लिपटकर खड़े थे। चुपचाप नखों से खम्भे का रंग खरोंच रहे थे। बाबूजी ने सटक पीते-पीते फिर जोर से डाँटते हुए कहा–बोलते क्यों नहीं ? क्या मुँह में घाव हुआ है ? जल्दी बोलो; नहीं तो अब मेरा हाथ छूटना ही चाहता है। हाथ छोड़ दूँगा, तो फिर रोते-रोते

ठिकाने लग जाओगे। लड़के को तो बोलने में ढीठ होना चाहिए। गावदी की तरह खम्भे से सटकर खड़े होने से काम न चलेगा। मैंने जो कहा है उसे दुहराना ही पड़ेगा।

हमने बाबूजी की बात मान ली। ज्यों ही अपने कान उमेठकर चार-पाँच बार उठे-बैठे और धीमे स्वर से बोले कि बाबूजी, आज से आपको छोड़कर कहीं न जाऊँगा, त्यों ही उन्होंने अपने हाथ की सटक छोड़ दौड़कर हमें छाती से लगा लिया। माथा सूँघकर मेरी पीठ पर मीठी-मीठी थपकियाँ देने लगे। जब उन्होंने हमको गोद में उठा लिया, तब हमारी आँखें डबडबा आईं। वह हमें यह कह-कहकर फुसलाने लगे कि ददरी के मेले से एक घोड़ा खरीद लाऊँगा। उसी पर चढ़ाकर तुम्हें ननिऔरा भेजूँगा। वहाँ पढ़ने का बड़ा सुभीता है। वहाँ मौलवी साहब का मदरसा है। मिडिल स्कूल भी है। सुबह मकतब में पढ़ना, खा-पीकर स्कूल में। जब उर्दू और हिन्दी पढ़ जाओगे तब तुम्हें गाजीपुर ले चलूँगा। वहाँ तुम्हें अँगरेजी स्कूल में भर्ती करा दूँगा। अँगरेजी पढ़कर तुम मुख्तार होगे, वकील होगे, मुन्सिफ होगे, खूब रुपये कमाओगे। भोलानाथ ! उस रुपये में से मुझे कुछ दोगे या नहीं ?

हमने छूटते ही कहा–हम आपको एक घोड़ा खरीद देंगे। उसी पर चढ़कर आप भी ननिऔरा जाइएगा।

बाबूजी हँस पड़े। हमारी हँसी भी रोके नहीं रुकी–ठिनकते-ठिनकते खिलखिला ही उठे। बाबूजी गुदगुदाने लगे। गुदगुदी से और भी खुलकर हँसी आई।

रोज की तरह आज भी गंगा-नहान, कुश्ती, पूजा-पाठ, भोजन आदि हुआ। पर आज मइयाँ हमें पकड़कर जबरदस्ती हमारे सिर में कड़वा तेल न बोथ सकी। हमने आज बाबूजी के हाथ से गोरस-भात भी नहीं खाया, केवल मुँह जुठाकर उठ आये; क्योंकि खाने जाते समय देखा, बैजू गधे पर सवार होकर चारों ओर मैदान में चक्कर लगा रहा है, उसके पीछे-पीछे लड़के दौड़ रहे हैं।

बाबूजी ने ददरी से घोड़ा खरीद देने का वादा किया था। ददरी को अभी दो-तीन महीने बाकी थे। तब तक घोड़े पर चढ़ने का अभ्यास

कर लेना जरूरी था। इसी इच्छा से हम ताबड़तोड़ दो-चार कौर मुँह में डालकर बैजू के दल में जा मिले।

बैजू का 'घोड़ा' सचमुच बड़ा तेज था। जब सब लड़के मिलकर पीछे से हल्ला करते थे, तब वह बड़े जोर से दौड़ता था। एक साथ दो-दो, तीन-तीन लड़के उस पर सवार हो जाते थे। पर तो भी वह बेधड़क दुलकी चाल चलता था।

बैजू ने हठ करके हमें गधे पर चढ़ाया। अँगोछा ऐंठकर गधे का मुँह बाँधा। अँगोछा के छोरों को हमारे हाथों में लगाम की तरह पकड़ा दिया। फिर अँगोछा ऐंठकर एक कोड़ा भी बनाया। हमारे चढ़ जाने पर वह पीछे से गधे को कोड़े मारने लगा। हमने अपने दोनों पैरों को गधे के पेट में सटाकर अँकुसी की तरह फँसा लिया। गधा तो कान और पूँछ सटाकर हवा हो गया। उसकी सरपट चाल देखकर लड़के चिल्ला उठे–

गदहा चढ़े धरे धनु बान
कहाँ चले डिल्ली सुलतान
गदहा मारो अलफ उड़ान
चले जाहु सरपट मुलतान।।

लड़के चिल्लाते रहे। हम कुछ दूर जाकर गिर पड़े। पर गधा अपनी ही चाल से जा रहा था! हमें गिरा देख लड़के दौड़े। कुछ तो गधे के पीछे पड़ गये। कुछ लगे हँस-हँसकर हमें चिढ़ाने–पीछे कानी कौड़ी है, उठा लो।

हम रोते-रोते उठ खड़े हुए। अपनी देह झाड़ने लगे। सब लड़के उँगली पर उँगली चढ़ाकर कहने लगे–तुमको हमलोग नहीं छू सकते, पहले जाकर धोबघाट पर नहाओ। नहीं तो अब हमलोगों की जमात में नहीं आ सकते।

हम दौड़-दौड़कर लड़कों को छूने लगे। वे उसी तरह उँगली पर उँगली चढ़ाये भागने लगे। जब हम उन्हें न छू सके, तब मारे खीस के रोने लगे।

इतने में चिरकुट धोबी दूर ही से लड़कों को ललकारता हुआ पहुँचा।

उसने दो-चार लड़कों को खदेड़कर पकड़ा और पीटा। बहुतेरे लड़के भाग निकले। बैजू तो पास ही के पेड़ पर चढ़ गया। और हम–ऐसी राह से घर की ओर भागे कि चिरकुट हमें देख ही न सका।

भोजन करके बाहर आते ही बाबूजी हमारी खोज करने लगे। जो कोई सामने की गली से गुजरता, उसी से पूछते–उधर भोलानाथ कहीं देख पड़ा है?

चिरकुट के खदेड़े हुए कुछ लड़के उसी गली से भागते चले जाते थे। उन्हीं लड़कों से बाबूजी को हमारा पता मालूम हो गया। सोचने लगे, आज ही इतना सिखलाया है। थोड़ी ही देर में सब सिखाया-पढ़ाया ताक पर रखकर यह फिर आवारागर्द लड़कों के साथ निकल भागा। बड़ा बेहंगम लड़का है। तनिक आँख बिचली कि फुर्र से उड़ा। अच्छा, आज इसे खम्भे से बाँधकर खजूर की छड़ी से पीटूँगा।

बाबूजी यह सोच ही रहे थे कि हम उनकी आँख बचाकर झट घर में घुस गये। पर उन्होंने घर में घुसते-घुसते हमें देख ही लिया। फिर तो आग-बबूला होकर हमारे पीछे ही पीछे दौड़े आये। ज्यों ही हमने उनकी खड़ाऊँ की आवाज सुनी, त्यों ही मइयाँ के पास तक पहुँचने का अवसर न पाकर डर के मारे देवढ़ी के पास एक जबरे में छिप गये।

बाबूजी भीतर आते ही मइयाँ से कड़ककर बोले–कहाँ गया भोलानाथ ? अभी तो आया है। किधर छिप गया ? यह तुम्हारी ही कारसाजी है। आज ही उसे चिताया कि खा-पीकर गुरुजी के पास पढ़ने जाना; पर मेरी बात तो उसके चित्त में धँसती नहीं, सिर्फ एक कान से सुनकर दूसरे कान से निकाल देता है। आज जो पकड़ पाऊँगा, तो उसे छठी का दूध याद करा दूँगा। जितना ही मैं सहता हूँ, उतना ही उसका मन बढ़ता जाता है। दुनिया में वही एक लड़का है या और भी किसी के लड़का है ? देखती रहो, मैं तुम्हारी और उसकी सारी कारस्तानी आज भुला देता हूँ। उसको तो अब यहाँ रहने ही न दूँगा। कल ही उसे रामसहर भेज दूँगा। वहीं अपने नाना के पास पढ़ेगा। मुझसे ऐसे लड़के की देख-भाल न हो सकेगी। मैं तो आजिज हो गया, पढ़ना-लिखना गया चूल्हे में, दिन-भर खेलने में ही चित्त देता है। भगवान

ने एक लड़का भी दिया, तो वह ऐसा खिलाड़ी निकला कि मेरे घर में जितने एक-से-एक मीर-मुंशी हो चुके हैं, सबका नाम डुबा देगा।

हम उसी छोटे कोठिले में बैठे-बैठे सब सुन रहे थे। बाबूजी की बातें सुनकर मइयाँ ने उन्हें बहुत झाड़ा। यहाँ तक कि वह कड़कड़ाते हुए बाहर चले गये।

उनके चले जाने पर मइयाँ हमें ढूँढ़ने लगी। हमने जब देखा कि बाबूजी बैठकखाने में चले गये, तब धीरे से जबरे में से निकल पड़े। मइयाँ ने हमें देखते ही दौड़कर अपनी गोद में उठा लिया, धीमे स्वर में बोली—जल्दी चलकर भण्डार-घर में सो रहो। नहीं तो आज तुम्हारे बाबूजी इतने बिगड़े हुए हैं कि भेंटेंगे तो बड़ी मार मारेंगे।

हमें तो सुबह की बात याद पड़ रही थी कि हमने आप ही अपने कान ऐंठकर वादा किया है—अब फिर कभी लड़कों के साथ खेलने न जायँगे। पर याद पड़ने से क्या हुआ। गधे पर चढ़ने का शौक चर्राया, सब कुछ भूल गया ! लड़कों की जमात में यह थोड़े याद पड़ता था कि किससे क्या वादा किया है। वहाँ तो सिर्फ अपनी मौज की मस्ती थी।

हाँ, घर पहुँचने पर वादा जरूर याद पड़ा। मगर अब लुक-छिपकर जान बचाने के सिवा हो ही क्या सकता था।

खैर, जान बच गई। मइयाँ के कहने से हम भण्डार-घर में जाकर एक खटोले पर सो रहे।

बाबूजी फिर आये। कहने लगे—चिरकुट धोबी उलाहना देने आया है। बैजू के साथ भोलानाथ भी गधे पर चढ़ा था। गधे की छान खोलकर न जाने लड़कों ने किधर खदेड़ दिया है। बेचारा चारों ओर हैरान हुआ फिरता है। भोलानाथ घर ही में कहीं होगा। देखो, ढूँढ़कर उसे नहलाओ-धुलाओ। कोई खाने-पीने की चीज उससे न छू जाय; मैं बाज आया उसे मारने से। वह जरा-सा छूने से रोने लगता है, और तुम उसे डाँटने पर भी आग-भभूका हो जाती हो। अरे, अब भी तो उसे राह पर लाने की कोशिश करो। लड़कपन से ही उसका मन सहक जायगा, तो सयाना होने पर एकदम बेकाबू हो जायगा। कल तुम महँगू के लड़के

की बात कह रही थी। जानती हो, उसके लड़के कैसे छँटे बदमाश हैं ? बड़ा लड़का, जो चीनी डाँट से महँगू के साथ आया है, शुरू में घर-घर सराहा जाता था। जिसके मुँह से सुनो, वह उसकी बड़ाई ही करता था। अब तो वह महँगू की कमाई में आग लगाना चाहता है। उसी के साथ बैजू भी बिगड़ता चला जाता है। वह टोले-महल्ले के सब लड़कों को खराब करके छोड़ेगा। वह तो चाहता ही है कि मेरी तरह सब लड़के 'खाने-खराब गदहे-सवार' हो जायँ। उसे गदहपचीसी लगी है–

बड़ा हुआ तो क्या हुआ, बढ़ गया जैसे बाँस।
ऊँच-नीच समझे नहीं, किया बंस का नास।।

तुम भी चाहती हो कि भोलानाथ खूब खेले-खाये, मगर पढ़े एक अक्षर भी नहीं। तभी तो जब मैं उसपर खीझता हूँ, तब खुनसाने लगती हो। इसीलिए वह घरघुसना हुआ जाता है।

मइयाँ ने इस बार कुछ जवाब नहीं दिया। बाबूजी बाहर चले गये। भण्डार-घर के दरवाजे पर बैठी-बैठी मइयाँ मुँह-ही-मुँह में जाने क्या-क्या बुदबुदाती रही। कुछ देर के बाद झमककर उठी और कहने लगी--जान पड़ता है, अब इसी लड़के के पीछे एक दिन इनसे झमेला करना पड़ेगा। जब मौका पाते हैं, मुझे ही दस बातें सुना जाते हैं। कब तक इनकी खरी-खोटी सुनती रहूँगी। कल इसके साथ नैहर चली जाती हूँ, तब इनका रोज-रोज का झड़पना आप ही भूल जायगा। अपने लड़के की आग किसको नहीं होती ? कौन ऐसी महतारी है, जो अपने लड़के को खेलने-खाने से रोकती है ? अभी तो इसकी उमर ही है खेलने-खाने की। अभी से इसको बँधुए की तरह बाँधकर रखना चाहते हैं। यह कैसे हो सकता है ? क्या आज ही से दुनिया पलट जायगी ? लड़कपन में कौन नहीं चुलबुलाता ? आज इनको जितनी सिखाने-पढ़ाने की बुद्धि हो गयी है, क्या इतनी ही उन दिनों भी थी, जब--सुनती हूँ--पीपर का गोदा खाने के लिए दिन-दिन-भर पेड़ पर ही रह जाया करते थे, और पेट चलने लगता था, तो घर-आँगन में नाक नहीं दी जाती थी। बड़े होने पर सब कोई इसी तरह कानून छाँटने लगता है, मगर अपनी करनी-करतूत याद नहीं पड़ती।

यह कहती हुई मइयाँ धीरे से किवाड़ खोलकर हमें देखने के लिए आई। हम जगे हुए थे। पर आँख बन्द किये पड़े थे। वह हमारी देह पर दो-चार थपकियाँ देकर चादर उढ़ाकर किवाड़ बन्द करती हुई घरबार देखने चली गई।

उसके जाते ही हमने चादर के अन्दर से मुँह निकालकर चारों ओर देखा, धीरे-धीरे उठकर भीतर से किवाड़ लगा दिये। बाबूजी के साथ आज सुबह खाने बैठे थे, तो हमें खाने की सुध नहीं थी। उस समय तो हम बैजू की घुड़दौड़ में जाने के लिए उतावले हो रहे थे। किसी तरह ताबड़-तोड़ दस-बारह कौर खाकर चंपत हो गये थे, इसलिए आँतें कुलकुला रही थीं। खाने लायक कोई चीज ढूँढ़ने लगे। सामने ही अँदरसे नजर आये। बस, पूरी थोक ही उठा ली। चार पाँच गप्फे में सब उड़ा गये।

पर पेट नहीं भरा। कुछ और खाने की चीजें ढूँढ़ने लगे। अचानक अचार के घड़े पर हाथ पड़ गया ! अपनी पसन्द से मीठा और नमकीन अचार गपकने लगे। दोनों अचारों में मीठा अचार ही बहुत बढ़िया था। खा चुकने पर चादर से मुँह पोंछ कर पहले की तरह सो गये। जल्दी में अचार के घड़ों के मुँह खुले ही छोड़ दिये।

बिल्ली पहले से ही घर में घुस आई थी। मइयाँ हमें सुलाकर जाने लगी थी, तो घर में नजर दौड़ाकर बिल्ली को देख गई थी। पर हम तो पहले ही देख चुके थे कि 'बाघ की मौसी' कोने में बैठी हुई है। अँधेरे में उसकी आँखें लुत्ती-सी चमक रही थीं।

ज्यों ही हम चादर तानकर सोये, बिल्ली ने अचार के घड़े में मुँह लगा दिया। उसका मुँह लगाना था कि एक गज की ऊँचाई से घड़ा भड़ाम से नीचे गिर पड़ा। आवाज सुनते ही मइयाँ बिलबिलाती हुई दौड़ी। हम किवाड़ खोलना भूलकर चुपचाप सो रहे।

मइयाँ ने देखा, भीतर किवाड़ बन्द है ! हमें पुकारने लगी। पर हमें उसके पुकारने से क्या मतलब ? हम कुछ और ही सोचने लगे—अब तक मइयाँ हमारी पच्छ लेती थी, पर आज से वह भी हमें नटखट समझेगी; क्योंकि जितना वह हमें प्यार करती है, अचार के घड़ों को उससे कम

नहीं करती। बिना नहाये-धोये और साफ कपड़ा बदले उन्हें वह कभी नहीं छूती। बीमार रहने पर भी वह उनमें किसी और को हाथ डालने नहीं देती। धूप दिखाने की जरूरत होती है, तो आँगन में तुलसी चौतरे के पास गोबर का चौका देकर उन्हें रखती है। अचारों को जितना जुगाती है, उतना किसी चीज को नहीं। अब अगर देखेगी कि अचार तहस-नहस हो गये, तो बिना पूछताछ किये ही हम पर बिगड़ उठेगी। उसका झनकना सुनकर बाबूजी भी हमें बात सुनाने लगेंगे।

अफसोस ! अचार खाने के समय तो हमें यह सूझा ही नहीं कि अचारों को मइयाँ बड़ी सफाई से रखती है, बरसों का सँचा हुआ अचार एकदम ताजा बनाये रहती है। बड़ी-बड़ी दूर के रोगियों के लिए हमारे ही घर से नीबू का पुराना अचार जाता है। गाँव-जवार में किसी के घर पाहुन आता है, हमारे ही घर के अचार इज्जत रखते हैं।

हम अगर भीतर किवाड़ बन्द करके न सोये होते तो सारा दोष बिल्ली के सिर मढ़ा जाता। पर हमने तो किवाड़ भिड़ाकर सिटकनी भी लगा दी थी। मइयाँ ने किवाड़ खटखटाकर बीसों बार पुकारा। हम बड़ी दुविधा में पड़ गये। छक्का-पंजा भूल गये।

मइयाँ किवाड़ के पास से निराश होकर रोती हुई बाबूजी को खबर देने चली। हमने सोचा, अब अगर हम किवाड़ खोलने में देर करेंगे, तो बाबूजी फौरन पहुँचकर सेंध पर ही चोर पकड़ लेंगे, फिर तो ऐसा तूफान मचावेंगे कि सब दिन की कसर आज ही निकल जायगी।

सोच-समझकर हमने किवाड़ खोल दिया। भगवान की दया से बुद्धि ने ऐन मौके पर काम दिया। सारा काम ही बन गया। नहीं तो काम बिगड़ने में देर ही क्या थी ?

माता आँगन पार कर देवढ़ी के पास पहुँच चुकी थी ! ज्यों ही उसने देवढ़ी में पैर रक्खा, हमारे किवाड़ खोलने का शब्द उसके कानों में पड़ा। वहीं से उलटे पाँव दौड़ी आई। हमें आँख मलते हुए बाहर आते देखकर झट गोद में उठा लिया। गोद में लेकर लगातार कई सवाल पूछा--कहीं चोट तो नहीं लगी है ? तुम्हारी देह पर तो कोई चीज नहीं गिरी है ? सिटकनी किसने लगाई थी ?

हमने इन सवालों का कुछ भी जवाब नहीं दिया। सिर्फ सिर खुजलाते-खुजलाते और ठिनकते रह गये। उसने हमारी आँखें धोकर अपने आँचल से हमारा मुँह पोंछा। फिर चूम-चाटकर कंधे पर सुला लिया।

हमारा मुँह चूमते ही मइयाँ को मालूम हो गया कि हमने जरूर अचार खाया है। संदेह होते ही उसने पूछा–बच्चा, तुमने अचार कहाँ खाया ?

हमने नजर नीची करके धीमे स्वर से मुस्कुराते हुए कहा–अचार कैसा ? हमने तो कुछ भी नहीं खाया है !

उसने फिर हमारा मुँह सूँघकर अचंभे के साथ कहा–सचमुच कुछ नहीं खाया है ?

यह कहकर उसने हमारे ओठों को अपनी उँगलियों से चीरकर देखा; देखते ही ताड़ गई ! हमें गोद से उतारकर झट घर में गई। वहाँ मीठे अचार का घड़ा नीचे पड़ा देखकर छाती पीटने लगी। रोती-कलपती तुरन्त आ गई। फिर झट-पट हाथ-पैर धोकर घर में गई। हाय-हाय करते घड़े को उठाया। घुमा-फिराकर देखा-भाला। देखकर वहीं सिर पीटने लगी।

फिर घड़े को ठीक जगह पर रखकर दाँत पीसती हुई बाहर आई। हमारी देह को दोनों हाथों से पकड़कर जोर से झकझोरती हुई बोली–अरे बोलता क्यों नहीं, कैसे अचार खाया है ? घड़े में से निकाल-निकाल कर खाता गया है या पहले ही घड़े में से निकालकर अलग बैठकर खाया है ? सच बोल, तो आज तुझे चार पैसे दूँगी। जो कहेगा सो करूँगी ! जल्दी बता।

हम चुपचाप नीची नजर किये अपने गले में पड़ी हुई चाँदी की ताबीजों के बीच का बघनखा उलटते-पलटते रहे। वह बार-बार हमारी ठुड्डी पकड़कर पूछती ही रह गई। हम अन्त तक 'बमभोला' ही बने रहे।

उसका बरसों का सँजोया हुआ अचार अशुद्ध हो गया था। इससे वह बड़ी अनमनी-सी हो रही थी। उदबेगी की तरह कभी घर में जाती

थी, कभी बाहर आकर पछताने लगती थी। अन्त में जाकर हमारे खटोले का बिछौना उड़ासने लगी। देखा, बिस्तर पर पोस्ते के दाने पड़े हुए हैं। झट अँदरसे की ओर आँख उठाई, तो थोक ही गायब !

बिछौना समेटना छोड़कर फिर बाहर आई। हमारे पेट में उँगलियाँ गड़ाती हुई बोली–अरे तू अँदरसे भी खा गया ? बाप रे बाप ! तेल के बने अँदरसे थे ! आज जरूर पेट फूलेगा। इसी समय तासा की तरह पेट चढ़ गया है, ऐसा तन गया है कि उँगली भी नहीं गड़ती ! देखने में टिटिहरी-सा मालूम होता है, उतने अँदरसे और अचार न जाने कैसे खा गया। 'देखने को बुलबुल, लीलने को गूलर'–टीमकी-सा पेट और खा गया बेअन्दाज। कहीं पेट चलने लगा, तो लाख गण्डे बात सुनूँगी। अगर 'बैद' बुलवाऊँगी, तो भी बाहर से भीतर तक हल्ला मचेगा। खँजड़ी-सा चढ़ा पेट देखकर बाहर 'वह' भी दो हाथ ऊँचा उछलने लगेंगे। आज मैं सब ओर से गई।

इसी समय बाबूजी की खड़ाऊँ की चटक सुन पड़ी। मइयाँ ने झट हमें गोद में उठा अपने अँचरे से छिपा लिया। लपककर घर में चली गई। बाबूजी ने आँगन में आकर पूछा–क्या भोलानाथ का अब तक पता नहीं चला ?

हमें घर में बैठाकर मइयाँ बड़ी तेजी से बाहर चली आई। बोली–पता क्यों नहीं चला ! पता न लगे दुश्मन का। आप लड़के को ऐसा क्यों कहते हैं ? असगुन की बात मुँह से न निकालिए। वह कहीं नहीं गया है। घर ही में है। आपके डर से कोने में सटका हुआ है। जबान दीजिए कि मारूँगा नहीं तो फुसला-बहलाकर सामने लाऊँ।

बाबूजी हँसते-हँसते जबान हार गये। मइयाँ ने भी हँसते-ही-हँसते कहा–देखिए जबान न बदलियेगा, मर्द की बात एक होती है।

बाबूजी ने हँसकर कहा–तुमने आज तक मेरा स्वभाव नहीं पहचाना ! कई बार देख चुकी हो कि लाख खिसलाये रहने पर भी भोलानाथ जब सामने चला आता है, मेरा क्रोध हवा हो जाता है। फिर भी छनकती हो ! उसे मेरे सामने लाओ तो सही। मैंने क्या भाँग पी ली है कि आते ही उसे पीटने लगूँगा ?

मइयाँ हमें गोद में उठाकर बाहर लाई। उसके कन्धे पर अपना सिर रखकर हम उसकी पीठ की ओर देख रहे थे। बाबूजी ने मइयाँ के पीछे खड़ा हो अपने हाथ से हमारा सिर ऊँचा कर मुस्कुराते हुए कहा—कहाँ थे हजरत ?

हमने बाबूजी की ओर नहीं देखा; आँखें बन्द कर लीं। मगर हमारे ओठों पर जो मुस्कान की रेखा खिंची हुई थी, वह लाख मिटाने पर भी न मिटी। बाबूजी ने हँसकर कहा—आँखें खोल दो। डरो मत। सच बताओ, आज मेरे पास क्यों नहीं आये ?

हमने बड़ी कोशिश से धीरे-धीरे आँखें खोलीं। अधखुली आँखों के ठीक सामने ही बाबूजी नजर आये। हमने झट पलक गिरा दी। पर अब हँसी किसी तरह नहीं रुकी। बाबूजी तो हँसे ही, मइयाँ भी हँस पड़ी। हम तो खूब खिलखिला उठे।

बाबूजी ने झट हमें मइयाँ की गोद से अपनी गोद में ले लिया। हमें गोद में लेते ही बाहर बैठकखाने की ओर चले। मइयाँ पीछे-पीछे गिड़गिड़ाती हुई चली—आपको मेरी सौगन्ध है, मारियेगा मत। अपने साथ लेकर गुरुजी के पास जाइयेगा, फिर अपने सामने कुछ देर लिखवा-पढ़वाकर साथ ही लेते आइयेगा।

बाबूजी ने पीछे घूमकर मइयाँ को झिड़कते हुए कहा—बस रहने दो, अब अधिक छोह मत दिखाओ। क्या समझती हो, मेरे मन में इसके लिए कुछ प्रेम नहीं है ? सिर्फ तुम्हीं इसका दुलार करती हो—मैं नहीं। मालूम होता है, जैसे यह मेरा लड़का ही न हो !

मइयाँ—यह कौन कहता है कि यह आपका लड़का ही नहीं है ? आपका न होता, तो छन-भर भी आपसे सटता ? मुझसे बढ़कर यह आपको जानता है। जितना आपसे इसका जी मिलता है, उतना और किसी से नहीं। हर घड़ी आप ही के लिए जान दिये रहता है। हाँ, जब आप रुख बदलकर डाँटते हैं, तब अलबत्ता मारे डर के सटक-सीताराम हो जाता है।

बाबूजी ने मइयाँ की बातों का कुछ जवाब नहीं दिया। चुपचाप बाहर चले आये। बैठकखाने के ओसारे में चौकी पर मूसन तिवारी बैठे

हुए थे। उनसे पा-लागन करके बाबूजी ने कहा—यहीं बैठिए तिवारीजी, मैं जरा लड़के को नहला लाऊँ।

तिवारीजी—कौन लड़का है ?

बाबूजी—मेरे भोलानाथ हैं।

तिवारीजी—इतना दिन चढ़ गया, अभी तक नहाया भी नहीं ?

बाबूजी—नहाना-धोना, पूजा-पाठ, खान-पान, सब हो चुका है। लेकिन आज कई दिनों से यह लड़का तंग कर रहा है। देखते-देखते खिलवाड़ी लड़कों के साथ फुर्र-से उड़ जाता है। आज चिरकुट धोबी के गदहे पर चढ़कर उसे दौड़ाये फिरता था ! भला कहिए, गदहे की सवारी में क्या मजा मिलता होगा ?

तिवारीजी—उस मजा को आप नहीं समझ सकते। हाँ, अगर लड़कपन की आँखमिचौनी और कबड्डी याद होगी, तो गदहे की सवारी भी जरूर याद होगी।

बाबूजी—हाँ, और सब खेल तो जरूर याद हैं; मगर गदहे की सवारी मुझे याद नहीं है। मैं गुल्ली-डण्डा, गुच्चापारा, गेंदबल्ला और कौड़ी-गुड़गुड़ खूब खेलता था। मगर जब स्कूल में पढ़ने लगा, तब शहरी लड़कों के साथ लट्टू नचाया करता, गोली खेलता और गुड्डी उड़ाता था। लेकिन तिवारीजी, सच पूछिए तो अपने गाँव के लड़कों के साथ खेलने में जो आनन्द था, वह शहरी लड़कों के साथ कहाँ ? आपका वह भतीजा रामू, जो काशीजी में पढ़ता था, मेरा लँगोटिया यार था। लड़कपन में वही मेरा खेल का गोइयाँ था। हमलोग जोड़ बाँधकर खेलते थे। हमलोगों से कोई पार नहीं पाता था। उन दिनों हमलोगों के जोड़ का कोई था भी नहीं। रामू सब लड़कों का मेठ था। वह चिट्ठा देखकर दो लड़कों को लड़ा देता था, और अलग बैठा हँसा करता था ! इधर वह गाँव के संस्कृत-टोल में पढ़ने लगा, उधर मैं भी स्कूल में नाम लिखाने के लिए पिताजी के पास चुनारगढ़ चला गया। जब रामू काशीजी पढ़ने गया, तब भी छठे-छमासे मुझसे मुलाकात हो जाया करती थी।

तिवारीजी—जाने दीजिए इन बातों को। रामू की याद आते ही कलेजे में आग लग जाती है। पुराना घाव हरा हो जाता है। वैसा होनहार

लड़का अब मेरे घर में एक भी नहीं है। आजकल तो जितने हैं, सब-के-सब कीट-पतंग हैं–

हाथ गोड़ सिरकी, पेट नदकोला
एक चटकन मार दें, तो छूट जाय चोला।

उसके ऐसा गठीला बदन अब मैं किसी लड़के का नहीं देखता। भगवान ने जैसी उसकी सुडौल देह सँवारी थी, वैसे ही उसकी बुद्धि को भी सँवारा था। कहाँ तक कहूँ आपसे, वह गाय था। कोई दो बात कह भी देता था, तो चुपचाप सह लेता था। औलिया की तरह, अपनी मौज में मस्त घूमता-फिरता था। आपका बैठकखाना ही तो उसका अड्डा था। घर से छूटने पर यहीं आकर दम लेता था। मेरी बड़ी सेवा करता था। कहाँ तक मैं उसके गुन बखानूँ ? यह सब कहने-सुनने से कलेजे के घाव में टीस उठती है। मगर बात छिड़ जाने पर कहे बिना मन भी नहीं मानता। उसके बिना अब मेरी खौरहे कुकुर की दशा हो रही है। अब घर जितने हैं, सब कहने-भर को लड़के हैं। उनकी बातें दस-दस पसेरी की होती हैं। बड़े भाईजी थे, तो सबपर काबू करते थे। उनके मरते ही सब बे-नथे बैल हो गये। अब तो बिना मेंह की दँवरी हो रही है। ठीक कहा है कि निरबंस अच्छा, बहुबंस नहीं। बहुबंस ही से घर चौपट होता है। रावन का क्या हाल हुआ ?

एक लाख पूत सवा लाख नाती,
उसके घर में दिया न वाती।

–मेरे घर का भी वही हाल होगा, देख लीजियेगा। आप अपने लड़के को अभी से सुधारिए। कच्चे घड़े पर खिंची हुई रेखा पक जाने पर नहीं मिटती, पत्थर की लकीर हो जाती है। जो लोग अपने लड़के को मारे दुलार के चंग पर चढ़ाये रहते हैं, उन्हें कभी लड़के का सुख नसीब नहीं होता। बैजू साला इतना पाजी लड़का है कि एक दिन मुझे भी खिजाता था। अब मेरी आँख की जोत मन्द हो गई। नहीं तो उस दिन साले को पकड़ पाता तो खून पी जाता। अपने घर के लड़कों को ललकार दूँ, तो साले को कच्चा ही चबा जायँ। आप अपने लड़के को उसके साथ कभी मत खेलने दीजिए। नहीं तो फिर यह किसी काम

का न रहेगा।

बाबूजी–तिवारीजी ! आपका कहना बहुत दुरुस्त है। दुनिया में सीधे का कहीं गुजारा नहीं। सूधे का मुँह कुत्ता चाटता है। गुसाईंजी ने भी कहा है–'कतहु सुधाइहुँ ते बड़ दोसू।' लेकिन अब तो आपके बाल पक गये, आँखों ने जवाब दे दिया, मांस ने हड्डी छोड़ दी, दाँत पहले ही गिर पड़े, ऊँचा सुनते भी हैं, सब तरह से चलने की तैयारी हो गई है। कोई चिन्ता न कीजिए। दिन करीब है, परवाना निकल चुका। जब तक नहीं पहुँचता तब तक 'जाही बिधि राखे राम वाही बिधि रहिये'।

तिवारीजी–सो तो ठीक ही है। अब तो मुर्दे पर जैसे एक टोकरी मिट्टी वैसे ही सौ टोकरी। अब क्या, कूच का नगाड़ा बजना ही चाहता है–

बहुत गई थोड़ी रही नारायन अब चेत,
काल चिरैया चुग रही आयु रूपी खेत।

बाबूजी–सचमुच तिवारीजी, किसी ने ठीक कहा है कि माँगने से मौत नहीं मिलती, और ज्यादा दिन मरौवत नहीं निबहती।

तिवारीजी–क्या कहूँ बबुआजी, न जाने भगवान मुझे जल्दी क्यों नहीं उठा लेते ! मालूम होता है कि वहाँ मेरा कागद ही भूल गया है या जमदूत इधर का रास्ता ही भूल गये हैं; अब तो मरने के लिए मेरा रोम-रोम तरसता है। आज जो रामू जीता रहता और उसके बदले मैं गुजर जाता, तो मेरे ऐसा भाग किसका था ? मगर भाग साला तो रेंड़ की कलम से लिखा गया है–मर जाता तो यह जीते-जी नरक-भोग करने कौन आता ?

बाबूजी–यह हिसाब-किताब जमराज समझे तब तो ? अब तो ऐसा जमाना आ गया कि नौजवान बेटा चला जाता है, बूढ़ा बाप खुत्थ की तरह बैठा रह जाता है। उस खेलाड़ी के अजब खेल हैं। वहाँ भी उसी की माँग है, जिसकी यहाँ। काल भी देख-देखकर नई गोटी मारता है। हमलोग भी दातून तोड़ने के लिए बाग में जाते हैं, तब खूब छरहरा गोजा तजबीज करके ही तोड़ते हैं। घुना हुआ अनाज खाना कोई पसन्द नहीं करता। कुम्हलाया हुआ फूल माली नहीं तोड़ता। लकड़हारा सीधे

पेड़ों की तलाश में जंगल में घूमा करता है।

तिवारीजी–बहुत ठीक कहा आपने। अच्छे की खोज-पूछ हर जगह है। अच्छा बबुआजी, अब आप जाइए। बेर बहुत ढल गई, लड़के को नहलाइए। मैं भी घर जाता हूँ, नहीं तो जाते ही सब एकमुँह होकर कहने लगेंगे–दिन-भर कौन-सी कमाई करते रहे ? जहाँ बैठकर बात गढ़ते रहे, वहीं जाकर खाओ, यहाँ क्या सठौरा धरा है ?

बाबूजी–तो हर्ज ही क्या है ? यहीं रहिए। यह भी तो आप ही का घर ठहरा, अहो भाग्य समझूँगा।

तिवारीजी–भगवान आपको बनाये रहें। बेली-चमेली की तरह फूले रहिए। वंश बढ़े। बरकत हो। आपका ही दिया न खाता हूँ ! भगवान एक से इक्कीस करें, यही मनाता हूँ।

बाबूजी–आप बड़े बूढ़े हैं। आपकी असीस जरूर फलेगी। मुझे तो इसी एक लड़के को देखकर संतोष रहता है। यही आँखों का उजाला है। मेरे लिए इसे पत्थर पर की दूब समझिए, यह अगर आँखों के सामने रहता है, तो सारी चिन्ताएँ भूली रहती हैं। पल-भर भी आँखों से ओझल होता है तो कलेजा निकल जाता है। कितना गुस्साता हूँ, धमकाता हूँ, पीटने का इरादा करता हूँ; पर जब ठुमुकता हुआ आगे आ जाता है, तब सिवा इसके कि गोद में उठाकर चूम लूँ और कुछ नहीं बन पड़ता। इसको कहानी सुनने का बड़ा शौक है। रात को रोज मुझसे कहानी कहवाता है। बिना कहानी सुने सोता ही नहीं। आपको तो बहुत कहानियाँ याद हैं। इसको कभी-कभी सुनाया कीजिए। फिर तो यह आपका पिण्ड नहीं छोड़ेगा।

तिवारीजी–आपका कहना बावन तोले पाव रत्ती ठीक है। बेटे से बढ़कर दुनिया में कोई धन नहीं है। ईश्वर करें यह लड़का भी मेरी ही तरह बूढ़ा हो। इसकी औलाद बढ़े। मैं जरूर किसी दिन इसको कहानी सुनाऊँगा।

इतना कहने के बाद तिवारीजी हमारी ठुड्डी पकड़कर हिलाते हुए बोले–बबुआ, मन लगाकर पढ़ो। पढ़ने में ही सब कुछ है, न पढ़ोगे तो कोई बात न पूछेगा। पढ़ोगे तो सब लोग पीछे लगे फिरेंगे। बदमाश

लड़कों के फेर में मत पड़ो–

खेलोगे-कूदोगे होगे खराब,
पढ़ोगे-लिखोगे होगे नवाब।

–बैजू तो तुमको अपने रंग में रंगना ही चाहता है। वह पल्ले सिरे का बदमाश है। महँगू के दोनों लड़के तो उससे भी बढ़े-चढ़े हैं। वे तो 'बाँस के बंस में धमोई' हैं। महँगू जैसे बाप को न जाने ईश्वर ने क्यों ऐसे बेटे दिये हैं–उनका कारबार भी बड़ा गोरखधंधा है ! तुम अपने बैठकखाने में और अपने चौतरे पर ही खेला करो। किसी साले लड़के को चौतरे की सीढ़ी पर पैर मत रखने दो। गाँव में बदमासी की हवा बह गई है। लगभग सब लड़के एक ही राह पकड़ते चले जाते हैं–

केहि केहि के हम लेई नाँव,
कमरी ओढ़ले सउँसे गाँव।

इतनी देर तक खोपड़ी चाटकर मूसन तिवारी राह टटोलते-टटोलते अपने घर की ओर चले गये। हमें कंधे पर बैठाये हुए बाबूजी गंगा-तट चले आये। फिर नहाने-धोने के बाद हमें सीधे पाठशाला में ले गये।

दूर से देखते ही गुरुजी बोले–लाइए, लाइए, मैं तो इसी की खोज में था। आज इसका भूत झाड़ूँगा। कहाँ था ?

बाबूजी ने हँसते हुए कहा–पहले पाठ सुनिए। यदि पाठ याद न हो, तो दंड दीजिए। पहले पहाड़ा पूछिए, तब किताब पढ़वाइए, फिर बाद को हिसाब पूछिएगा !

गुरुजी–अच्छा, यही सही। तारक, इधर तो आ।

हम बाबूजी की ओर देखते और अपनी सरकती जाती हुई धोती को बार-बार सँभालते हुए, धीरे-धीरे, गुरुजी के पास गये। उन्होंने हाथ पसारने को कहा।

हमने एक बार उनकी तरफ और एक बार बाबूजी की तरफ सकपकाई हुई नजरों से देखकर हाथ पसार दिया। उन्होंने हमारी हथेली पर अपनी छड़ी रखकर कहा, बोलो तो–छड़ी मीठी, या गुड़ मीठा ?

हमने फिर उसी तरह एक बार बाबूजी और एक बार गुरुजी की

ओर देखकर नजर नीची कर ली। हमारी हथेली पर छड़ी पड़ी ही रही। छड़ी के नीचे से हम हाथ हटा न सके। मालूम होता था, हांथ में छड़ी सट गई है। सचमुच बाल-भर भी अगर हम हाथ हटाते, तो सटासट छड़ी पड़ने लगती।

ईश्वर की कृपा से उसी समय झट गुरुजी के मुँह से निकल गया—बरतावन तो सुनाओ।

उनके मुँह से इतना निकलना था कि हमने बरतावन की डाकगाड़ी छोड़ दी—

क से करम करो, ख से खाओ, ग से गोविन्दा के गुन गाओ
घ घर में मिलजुल के रहना, च चिकनी-चुपड़ी मत कहना
छ छल छन्द भूलि मत गहिए, ज जग में जस पावन लहिये
झ झगड़ा मत करिए भाई, ट टुटपुँजिया छोड़ कमाई
ठ ठठ्ठेबाजी मत करना, ड डर छोड़ देस-रिन भरना
ढ ढकोसला से बच रहना, त तन-मन-बच से सच कहना
थ थूको मत घर में भैया, द दरिद्र को देहु रुपैया
ध से धरम करो मन लाई, न नहीं तो परलोक नसाई
प से पिता-पैर निज पूजो, फ से फल यहि सम नहिं दूजो
ब वन में जनि जाहु अकेला, भ भाई से न कर झमेला
म माता को सीस नवाओ, य युग-युग हरि के गुन गाओ
र रामायन रोजहिं पढ़ना, ल लसकर में आगे बढ़ना
व विद्या चित्त देकर सीखो, श शुभ-शांति-स्वाद नित चीखो
ष षटरस भोजन तज देना, स सादा भोजन कर लेना
ह से हवा साफ में टहलो, क्ष से क्षमा करो दुख सह लो
त्र से त्रान करो दुखियों का, ज्ञ से ज्ञान गहो मुखियों का
अनुस्वार से 'ओम्' उचारो, घर विसर्ग से 'शिवः' पुकारो

एकै—राम, दूज के—चाँद
तीन—तिरलोक, चारो—वेद
पाँचो—पांडव, छओ—शास्त्तर
सात—समुन्दर आठो—बसु

नव–कविता-रस, दसो–अवतार
ग्यारहो–रुद्दर, बारहो–सूरज
तेरह–कुरी, चौदहो–भुवन
पन्द्रह–तिथि, सोलहो–सिंगार
सतरह–जवानी, अठारहो–पुरान
उनीसो–कन्या, बीसो–वर

बरतावन समाप्त होते ही बाबूजी ने लपककर हमें अपने अंक में भर लिया। गुरुजी हमारी पीठ ठोकने लगे। लड़के हमारा मुँह ताकने लगे। हमारे ओठों पर गरबीली मुस्कान छा गई।

आदि से अंत तक, एक सुर से, बरतावन कर जाने के कारण हमारा कुछ दम फूल गया। हमें गोद में उठाकर बाबूजी सामने की फुलवारी में ले गये। वहाँ हम खुली हवा में खेलने लगे और पौदों पर बैठी हुई रंग-बिरंगी तितलियों को पकड़ने के लिए उनके पीछे-पीछे दौड़ने लगे।

तब तक बाबूजी ने जोर से पुकारा–भोलानाथ ! मिठाई लो।

मिठाई का नाम सुनते ही हमने तितलियों का पीछा छोड़ दिया ! 'मिठाई' शब्द में जितना जादू उस समय था, उतना अब कहाँ ? अब तो शहरी हवा लगने से वह जादू भी हवा हो गया !

बाबूजी ने बड़े प्रेम से दो पैसे के छः बताशे हमारे हाथों में देते हुए कहा–यह लो इनाम।

हमें इनाम देकर बाबूजी घर की ओर चले। हम भी उनकी उँगली पकड़कर उनके साथ-ही-साथ चले। उन्होंने कहा–बताशे जेब में क्यों रख लिये ? खाते चलो।

हम–घर चलकर इनके साथ चूरा खायँगे।

बाबूजी–क्या घर पर दूसरी मिठाई नहीं मिलेगी ?

हम–मइयाँ से इसको दिखाकर खायँगे।

बाबूजी–क्यों ?

हम–इनाम जो पाया है !

वह हँस पड़े। 'शाबाश' कहते हुए हमें गोद उठाकर चूम लिया। हमारी हँसी ओठों की राह न निकलकर आँखों की राह फूट पड़ी।

जब हमलोग घर पहुँचे, तब और ही दृश्य देखा। मइयाँ रो रही थी। रामसहर से एक हजाम आया था। उसने बाबूजी को देखते ही सलाम करके एक चिट्ठी दी; बाबूजी ने उसको पढ़कर फाड़ दिया।

हमारे नाना का गंगा-लाभ हो गया।

वहाँ से बुलाहट आई है–चीठी बाँचते ही चले आइए।

खाइए वहाँ, अँचाइए यहाँ। अपने आने का संदेसा देकर हजाम को धुरिआये पाँव लौटाइए।

घर में मइयाँ रोती थी, बाहर बाबूजी उदास बैठे थे, और हम उनसे बताशे के साथ उड़ाने के लिए चूरा या चबेना माँग रहे थे। हमारे बार-बार ठिनकने पर एक बार बाबूजी ने बड़ी उदासी के साथ झुँझलाकर कहा–ठहरो भाई, चूरा-चबेना मँगाये देते हैं। तुम तो एक ही बात को कई बार फेटकर जी मठाकर डालते हो–मौका-बेमौका समझते ही नहीं।

इस पर हमारे ननिहाल के नाई ने अपने अँगोछे के छोर में बँधी हुई चूरे की गठरी हमारी ओर बढ़ाते हुए कहा–लो चूरा, हम तुम्हारे लिए लेते आये हैं।

हमने एक बार बाबूजी की ओर देखा, एक बार नाई की ओर; फिर चुप हो रहा। जब उसने आगे बढ़कर गठरी खोलते हुए कहा, आओ, तुम्हारे अँगरखे के जेबों में भर दूँ, तब हमने धीरे से अपने एक जेब का मुँह फैला दिया। उसने दो मुट्ठी चूरा और चार तिलकुट मेरे जेब में डाल दिये।

हम बैठकखाने से बाहर निकलकर खेलने लगे। जो दो-चार साथी आये, उन्हें भी एक-एक मुट्ठी चूरा दे दिया। एक ने कहा–तुम्हारे नाना सरग पर चले गये, तुम्हारी मइयाँ रो रही है।

हमने अपने मुँह में तिलकुट और बतासे के साथ चूरा का एक डबल फाँका लगाते हुए कहा–ऊँ, नाना तो रामजी से भेंट करने गये हैं। वह देखो बदरी के हाथी पर रामजी चढ़े चले जाते हैं। बाप रे बाप ! सूँड़ कितनी बड़ी लटक रही है ! उसी से यह रामजी का हाथी समुन्दर का पानी ऊपर-ही-ऊपर सोखकर नीचे बरसाता है। देखो, रामजी कितने जोर से हाथी दौड़ाते हैं।

उसी समय चार कहार एक पालकी लेकर पहुँचे। हम अपने साथियों के साथ दौड़कर जा बिराजे। ज्यों ही हमलोगों ने आँख मिचौनी शुरू की, त्यों ही स्त्रियों के झुंड से घिरी हुई मइयाँ रोती-धोती आ पहुँची।

कहारों ने हमारे साथियों को डाँट-डपटकर पालकी से अलग हटा दिया। हमको एक स्त्री ने अपनी गोद में उठा लिया। वह भी डबडबाई हुई थी, हमारी लटों को धीरे-धीरे सुधारती हुई बोली–अरे बच्चे को अभी मालूम ही नहीं है कि हमारी मइयाँ क्यों रो रही है!

एक बोली–अभी अबोध बालक है, जीने-मरने का सुख-दुख क्या जाने। इससे कुछ मत कहो, नहीं तो रास्ते-भर वहाँ तक रोता ही जायगा।

इतने में बाबूजी घोड़े पर चढ़े हुए आये और कहारों से पालकी उठाने के लिए कहकर आगे बढ़े। हम उन्हें देखते ही उनके साथ घोड़े पर जाने के लिए हाथ-पैर हिला-हिलाकर ठिनकने लगे। अन्त को उनके साथ घोड़े पर ही हम ननिहाल चले।

रास्ते के गाँवों में लोगों के पूछने पर जब बाबूजी यह बतला देते थे कि लड़का ननिहाल जा रहा है, तब मन-चले निमूछियों की टिटकारी पाकर लड़कों का झुंड यह गाता हुआ घोड़े के पीछे लग जाता था–

चल चल घोड़ा मधुरी चाल,
अठवें दिन पहुँचे ननिहाल।

4

दारोगाजी का चोर-महल

तेरे दयाधरम ना तन में
मुखड़ा क्या देखे दरपन में

मेरे दिन अब न बहुरेंगे। भगवान ने मेरी किस्मत में न जाने क्या लिखा है। जब से आई हूँ, चिड़िया का एक पूत भी इस आँगन में आने नहीं पाता। घर में अकेली बैठे-बैठे जी ऊब जाता है। न सास, न देवर, न गोतिनी,

कोई भी तो नहीं—न आगे नाथ, न पीछे पगहा। भगवान ने ओर से छोर तक चौका लगा दिया है। यही अभागा मेरी किस्मत में कोयला से लिखा गया था, सो आकर आखिर सिर पर पत्थर पड़ा ही। आँगन में आता है, तो देखकर रोएँ जल जाते हैं। अभागा कहता है कि दूध-दही खाया करो; रुपये-पैसे का काम पड़े, तो सन्दूक में से—दस-बीस, सौ-पचास जो दरकार हो—निकाल लिया करो। मगर जब दूध-दही अच्छा लगे तब न खाऊँ या जबरदस्ती गला में ढरका लूँ ? सन्दूक में और इसके रुपये-पैसे में दियासलाई लगा दूँगी। प्रेत के ऐसा मुँह लेकर आता है, मेरा मुँह चूमने ! जी में तो आता है कि झाड़ू लेकर मुँह में मार दूँ ! मुझे अपनी नतनी के बराबर देखकर भी तनिक नहीं लजाता। मुँहझौंसे के किसी अंग में छूकर भी लाज नहीं है। मुझे अपनी खुरखुरी दाढ़ी और पिचके हुए गाल दिखाने आता है। सुरती-तमाकू खाते-खाते तो अभागे का मुँह सूअर की खोभार हो गया है, बातें करते भी जी घिनाता है। बोलने लगता है, तो थूक के फुहारे पड़ने से मेरा मुँह भर जाता है, नाक फटने लगती है। न जाने इसके साथ मेरे दाना-पानी का मेल जुटाते समय भगवान का कपार क्यों नहीं फट गया। उनसे भेंट होती, तो मैं जाँत उठाकर उनके कपार पर पटक देती। हे सूरज बाबा ! तुम्हीं प्रतच्छ देवता हो। तुम्हीं भले-बुरे को हाथ का हाथ फल देते हो। मनबहाल को कोढ़ी कर दो। उसके बीसों नहँ गलकर चू जायँ। जीते-जी उसकी आँख बैठ जाय। वह पानी बिना तरस-तरसकर मरे। पिल्लू पड़ जायँ। मरने पर उसे कफन न जुरे।

यही कह-कहकर घर में बैठी अकेले सुगिया झख रही थी, अपने दिन को रो रही थी। उस घर में दूसरा कोई न था। कभी कुढ़ती, कभी झुँझलाती, कभी· बौखलाकर आँगन में निकल आती, कभी खाट पर लेटकर चिन्ता करते-करते अनायास रो पड़ती, कभी दाँत पीस-पीसकर मनबहालसिंह को सरापती और कभी नाक-भौं सिकोकड़कर कहीं भाग निकलने की बात सोचते-सोचते बेचैन हो जाती थी।

उधर घर में सुगिया सिर धुनती और पछताती थी, इधर मरदानी बैठक के चबूतरे पर गुदरी राय अपने बैलों को भूँसा और खल्ली मिलाकर सानी गोतता था। एक बैल अगर दूसरे बैल के नाद में मुँह लगा देता था, तो

गुदरी उसकी पूँछ ऐंठकर दो घूँसे लगाता था।

एक हट्टे-कट्टे हरहे बैल की कोख में गुदरी ने ऐसा कसकर घूँसा मारा कि वह जीभ निकालकर बैठ गया! उसके मुँह का कौर हलक के भीतर न जा सका। मुँह से गाज निकलने लगा। आँखें मानों उलट-सी गईं।

गुदरी ने उसकी पूँछ मरोड़कर बड़े जोर से खींचा। पर बेचारा उठ न सका, लेटकर हाँफने लगा।

इतने में बैठकखाने के ओसारे से गुदरी के चचेरे भाई झूमक राय ने चिल्लाकर कहा—अरे हत्यारा! गरदन में जो पगहे की घुंढी लगी है, उसे खोल क्यों नहीं देता? कसाई कहीं का! बाछीमार की तरह तमासा देखता है!

यह कहकर झूमक दौड़ा हुआ बैल के पास गया। गुदरी को अलग ढकेलकर बैल को उठाया—उसका शरीर काँपता था, वह शिथिल होकर चुपचाप खड़ा हो गया। अगल-बगल के बैलों ने उसकी दशा देखकर खाना छोड़ दिया! वे डरकर उसकी ओर देखने लगे।

गुदरी राय यह कहता हुआ ओसारे में चला गया कि जब न तब साला बड़ी गरियारी काछता है, इसकी दवा मैं ही जानता हूँ!

गुदरी ज्यों ही ओसारे में जाकर कंकड़ की चिलम भरने लगा, त्यों ही दारोगाजी घोड़े की पीठ पर से चौतरे पर उतरकर ओसारे की ओर आगे बढ़े।

दारोगाजी को देखते ही गुदरी का खून सूख गया। झूमक गौओं के पास खड़ा था। उसके भी काटो तो खून नहीं। वह ऊँचे चौतरे के किनारे-किनारे झुककर बड़ी जल्दी से भागा।

गाँव का चौकीदार दारोगाजी के घोड़े की लगाम थामकर खड़ा था। उसने झूमक को भागते हुए देखा तो; पर डर के मारे चुप साध गया; क्योंकि चौधरी लोग ही गाँव के जेठ-रैयत थे। तब तक उधर की गली से आते हुए पुलिस सिपाहियों ने भागता हुआ फिलाड़ी समझकर बेचारे झूमक राय को पकड़ लिया।

पकड़ो-पकड़ो का हल्ला सुनकर ज्यों ही दारोगाजी चौतरे पर से गली की ओर कोड़ा लेकर उतरे, त्यों ही गुदरी उनसे आँख चुराकर भाग चला।

गुदरी को भागते देखकर चौकीदार बेचारा चिल्ला उठा–दोहाई चौधरीजी की, ऐसी जबरदस्ती मत कीजिए। यह मेरे ऊपर सरासर जोर-जुलुम हो रहा है। मेरी रोजी चली जायगी। दारोगा जी फाँसी दे देंगे। मरौअत के बदले में सीनाजोरी क्यों करते हैं।

चौकीदार लाख चिल्लाता ही रहा, गुदरी नौ-दो ग्यारह हो गया। घोड़ा छोड़कर चौकीदार गुदरी के पीछे दौड़ा।

दारोगाजी उधर झूमक पर कोड़े बरसा रहे थे, इधर असली फिलाड़ी सिर पर पैर रखकर भाग निकला। जब चौकीदार का चिल्लाना सुनकर दारोगाजी चौतरे पर उछलकर आये तब हाथ की चुहिया बिल में गई देखकर बगलें झाँकने लगे। उन्हें और कुछ तो नहीं सूझा, घोड़े पर चढ़कर अन्धाधुन्ध सरपट छोड़ दिया।

गुदरी राय सुगिया का पति था। वह असल में चोरों का मेठ था। बड़े-बड़े डकैत उसके हाथ में रहते थे। पूरा पनहा लेकर वह बड़ी-से-बड़ी डकैती का माल ऊपर कर देता था। चोरी का माल उतारने के लिए वह डंके की चोट हजार-हजार रुपये तक पनहा लिया करता था। कितने पुलिस-अफसरों को उसने चूना लगाया था। आज बुधिया की नालिश पर आये हुए दारोगाजी को भी उसने सूखे घाट उतार दिया।

दारोगाजी नये थानेदार थे। उन्हें ठीक पता नहीं था कि गुदरी राय इतना बड़ा चोरकट है। वह घोड़ा दौड़ाते हुए गाँव से बाहर कुछ दूर निकल गये। वहाँ अहीरों का बथान था। चौकीदार वहीं बैठकर रो रहा था। उसके कपड़े खून से तर थे। सिर फूट गया था ! लोग घेरे हुए थे।

दारोगाजी के पहुँचते ही भीड़ छँट गई। उनको देखकर चौकीदार और भी फूट-फूटकर रोने लगा। हाथ जोड़कर रुँधे गले से कहा– दोहाई सरकार की, अब मैं गाँव में बसने न पाऊँगा। गुदरी राय के पट्टीदार ने लाठी से मारकर कपार फोड़ दिया है !

अहीरों के देवता कूच कर गये। सबने झुक-झुककर दारोगाजी को सलाम किया। कोई एक अच्छी-सी खाट लेकर दौड़ा, कोई दौड़कर उस पर बिछौने के लिए सुजनी ले आया, कोई दौड़कर पंखा ले आया और कोई कुछ लाने के बहाने से भाग निकला !

घोड़े को देखकर बथान में बँधी हुई भैंसें भड़क गईं। कितने तो छान-पगहे तोड़कर और खूँटे उखाड़कर बँवाती हुई भाग चलीं। घोड़ा भी चंचल हो उठा–उछल-कूदकर हिनहिनाने लगा।

दारोगाजी घोड़े से उतर पड़े। उसकी अयाल पकड़कर गरदन ठोकते और पुचकारते हुए बोले–बस बेटा !

घोड़ा शान्त हो गया; पर बथान की भैंसों में उथल-पुथल मचा ही रहा। और अहीरों ने ताबड़तोड़ भैंसों को खोलकर चरने के लिए मैदान की ओर हाँक दिया।

दारोगाजी ने अहीरों से कहा–तुम लोगों को इस मामले में गवाही देनी पड़ेगी।

जो अहीर वहाँ हाथ बाँधे खड़े थे, वे एक-दूसरे का मुँह ताकने लगे।

एक बूढ़े ने लड़खड़ाती जबान से कहा–दोहाई सरकार की ! हमलोग इस गाँव में बसे नहीं रहेंगे। कल ही चौधरी लोग उजाड़ देंगे। छप्पर पर एक खपड़ा भी नहीं बचेगा। हमलोग बिना नाधा-पैना के हो जायँगे। माल-मवेसी का पता नहीं लगेगा।

दारोगाजी ने जोर से डाँटकर कहा–चुप रह बदमाश ! मैं तुमलोगों की नस-नस पहचानता हूँ। तुम सब-के-सब चोरहटिया अहीर हो। तुमलोगों के देखते-देखते मेरा चौकीदार पीटा गया और अब 'दुहाई सरकार की' कहकर चोर से साधु बनना चाहते हो। ठहरो, आज मैं फौरन तुमलोगों को थाने पर चलान करता हूँ।

एक दूसरा बूढ़ा अहीर रोएँ गिराकर बोला–दोहाई राजाजी ! अब तो आप ही बाप-महतारी हैं। आप अरज-गरज न सुनेंगे, तो कौन सुनेगा ? जो इन्साफ समझिए सो कीजिए। पाँसा पड़े सो दाँव, राजा करे सो न्याव।

दारोगा–बस, अब मैं तुमलोगों का अरज-गरज सुनने नहीं आया हूँ; या तो गवाही करने के लिए कमर कसो या थाने का रास्ता पकड़ो। दो में से एक होगा। तीसरा तो मैं कुछ जानता ही नहीं।

फिर वही पहला बूढ़ा हाथ जोड़कर और अपने बेटे को आगे करके बोला–पिरथीनाथ ! हमको यही एक औलाद है। इसी के माथे पर हाथ धरकर कहते हैं कि हमलोगों ने अपनी आँखों किसी को नहीं देखा है।

आप अपने चौकीदार ही से पूछ लीजिए। उसी के कहने पर हमलोगों को मालूम हुआ है। दोहाई धरमावतार की ! समूचा गाँव 'तीन-तागा' लोगों का है, रेज-पैया बहुत कम हैं। गाँव में जैसे दो-चार-दस पवनी-पवाई हैं, वैसे ही एक कोने में हमलोग भी किसी तरह गुजर-सफर करते हैं। हमलोगों के मुँह से कोई जोखिम की बात निकल जायगी तो आज के बिहान ही चौधरी लोग सलाह करके सूरज-अछत ही लूट लेंगे।

दारोगा—तुमलोगों के सिर पर काल नाच रहा है। लात का आदमी बात से नहीं मानता। जब अच्छी तरह बेभाव की पड़ेगी, तब आप ही भूत की तरह बकोगे। सब कथनी भूल जायगी, अभी तो मैं सीधी तरह बात करता हूँ।

दूसरा बूढ़ा अहीर—सरकार का तो राज ही है। सरकार के हुकुम से हमलोग बाहर नहीं जा सकते। जायँगे तो रहेंगे कहाँ ? पहार से समुन्दर तक तो सरकार ही की गौरमिंटी है। भागने से भी तो जान नहीं बचेगी। आप ही पनाह देंगे, तो हमलोग बसे रहेंगे। नहीं तो अनदेखी बात की चसमदीर गवाही देने पर गाँव के चौधरी लोग नाच नचाकर मार डालेंगे। ऐसे तो आप अपसर हैं, हाकिम हैं, सरकार-बहादुर की देह हैं। आप ही का सब अखतियार है। हमलोग तो काम पड़ने पर आपके जूते उठानेवाले आदमी हैं। मार, गारी, लात, जूता—सब सहने को तैयार हैं।

दारोगा—इसीलिए तो तुमलोगों से जूतों से बात करूँगा। अगर बिना जूते से खबर लिए ही तुमलोग सीधी राह पर चले आते तो मैं क्यों यहाँ से थाने तक तुमलोगों को हैरान-परेशान करता ? मैं तो जानता हूँ कि गुदरी राय बड़ा भारी डकैत है। मुझे सब बातों का पता लग गया है। अब मैं उसका पिंड न छोड़ूँगा।

चौकीदार—सरकार गुदरी राय गाँव ही में हैं, कहीं दूसरी जगह नहीं गये हैं। तहकीकात कीजिए।

दारोगा—चलो, गाँव में तहकीकात करूँगा। उसके घर की भी तलाशी लूँगा।

चौकीदार—अब गुदरी राय जल्दी हाथ न लगेंगे। रहेंगे तो इसी गाँव-जवार में घूम-फिरकर, मगर उनको कोई देख नहीं सकता।

दारोगा—अच्छा, देखा जायगा। यह गाँव-जवार ऐसा मिर्च का टापू नहीं है कि गुदरी राय का मिलना मुश्किल हो जायगा। माल की जब्ती होने पर आप ही हाजिर होगा।

यह कहकर दारोगाजी झट घोड़े पर सवार होकर गाँव की ओर चले। साथ ही, पीछे-पीछे चौकीदार और बूढ़े-बूढ़े अहीर भी चले। रास्ते में घोड़े को पीछे की ओर घुमाकर दारोगाजी ने जोरों से कहा—सब अहीरों को मेरे साथ थाना तक चलना पड़ेगा, नहीं तो मैं सब पर बदमाशी चला दूँगा। पहले तो यहीं मारते-मारते चेहरा बिगाड़ दूँगा।

दारोगाजी की बात सुनकर सब अहीरों का खून सूख गया। एक तो—बेचारे बेकसूर फँसाये जाते थे, दूसरे—गाँव के बड़े आदमियों के मामले में पड़ना उनके लिए बड़ा खतरनाक था और तीसरे—उनके मन में दारोगाजी का बड़ा भारी डर भी समा गया।

जब दारोगाजी गाँव में पैठे, तब देखा कि इधर-उधर काना-फूसी हो रही है। उन्होंने यह भी अनुभव किया कि लोगों पर मेरे रोब-दाब का प्रभाव नहीं है। कितने आदमी मिले, पर कहीं सलामी न दगी। कुछ लोग उन्हें देखकर आपस में हँसे भी। कुछ लोगों ने बड़ी हुज्जत के बाद निडर होकर अपना नाम बतलाया और बतलाया भी तो अंड-बंड बतला दिया।

जब दारोगाजी गुदरी राय के दरवाजे पर पहुँचे, तब देखा कि सिपाही गायब हैं, गुदरी के माल-मवेशी का पता नहीं है।

यह देखकर उनके आश्चर्य का ठिकाना न रहा। समझ गये कि गाँववालों की कारसाजी है। सोचने लगे—या तो सिपाहियों को मार-पीटकर गिरफ्तार किया हुआ मुद्दालह जबरदस्ती छुड़ा लिया गया है या असली मुद्दालह न समझकर सिपाहियों ने कुछ घूस लेकर उसे छोड़ दिया है; पर मेरे हुक्म के बिना ये ऐसा कभी कर नहीं सकते।

दारोगाजी का पहला अनुमान ठीक निकला। गाँववालों ने सिपाहियों को खूब गोधन कूटा था! उनसे मुद्दालह को भी छीन लिया था। वे बेचारे जान छुड़ाकर भाग गये थे।

दारोगाजी को यह हाल एक लड़के से मालूम हुआ। उसने हँसते-हँसते यह भी कह दिया कि लोग दारोगा को मारने की तैयारी कर रहे हैं।

लड़के की बात सुनकर दारोगाजी का माथा ठनका। उन्होंने झट घोड़ा ठोंका और देखते-देखते कई कोस उड़ गये।

कान-पूँछ सटकाकर घोड़ा सरपट दौड़ा चला जाता था, इतने में सिपाही देख पड़े। उन्हें देखते ही दारोगाजी ने घोड़े की लगाम खींचकर उसकी गरदन पर जोर से थपकी लगाई। वह हाँफता हुआ खड़ा हो गया। मुँह से गाज फेंकने लगा। देह पसीने-पसीने हो गई।

दारोगाजी का भी तालू चटक गया। उन्हें देखते ही सिपाही रो उठे। एक तो रोते-ही-रोते घोड़े की लगाम थामकर उसे टहलाने लगा। दूसरा अपने शरीर पर लाठियों के घाव दिखलाने लगा।

दारोगाजी ने घबराहट के साथ कहा–कण्ठ सूख रहा है। पहले थोड़ा पानी पिलाओ। जो होनी थी, सो हो चुकी। परवा नहीं, देख लूँगा।

सिपाही–अभी थोड़ी देर तक ठंडे हो लीजिए। ठहरकर पानी पीजिएगा। नहीं तो कलेजे में लग जायगा। गरमाये हुए आये हैं। पोखरे का पानी पीते ही खाँसी हो जायगी।

दारोगा–क्या कहीं आसपास में कोई कुँआ नहीं है ? तालाब का पानी मुझे नुकसान पहुँचावेगा !

सिपाही–कुँआ तो पास ही है, मगर लोटा-डोरी नहीं है। लोगों ने मारकर छीन लिया। अच्छा, मैं अपनी पगड़ी में पेड़ की पत्तियाँ बाँधकर कुँए से जल निकालता हूँ। आप मेरे साथ वहाँ तक चलने की तकलीफ कीजिएगा; क्योंकि उससे यहाँ तक पानी आ नहीं सकता।

दारोगाजी ने कुँए पर जाकर जल पिया और बरगद के साये में लेट गये। जो सिपाही घोड़े को टहला रहा था, उसे बुलाकर बरगद की जड़ में एक तरफ घोड़े को बँधवा दिया। फिर दोनों सिपाहियों से ब्योरेवार हाल सुनाने के लिए कहा। वे एके-बाद-दीगरे कहने लगे।

पहला–जिस वक्त हमलोगों से एक लड़के ने आकर कहा कि गुदरी राय के पट्टीदार ने चौकीदार को बड़ी मार मारी है और गोजी लगने से उसका सिर खुल गया है, उसी वक्त हमलोग समझ गये कि गाँव बड़ा खड़यंत्री है, यहाँ से टल जाने में ही खैरियत है। जिस आदमी को हमलोगों ने पकड़ा था, उसका एक भाई गोजी भाँजता हुआ आया और अंट-संट बकने लगा।

जब उसकी गरमी न सही गई, तब हमलोग भी गरमा गये। दोनों ओर से आधे घंटे तक खूब गरमा-गरमी हुई। इतने में उसने गोजी चला दी। मैंने अपने सोटे पर उसकी गोजी रोककर सोटा चलाया। संयोग बिगड़ा हुआ था, मेरे हाथ से सोटा छूट पड़ा। फिर तो वह बाघ हो गया। मुझ पर दनादन लाठी चलाने लगा। मैं भागकर ओसारे में चला गया। वह भी मेरे पीछे पड़ गया, ओसारे तक में घुसकर मेरे साथ बाजने लगा। एक तो खेलाड़ी जवान, दूसरे रोष से भरा हुआ, तीसरे अपने गाँव में था, चौथे कछनी मारकर पहले ही से झगड़ा करने के लिए सजग होकर आया था। मेरा तो जिन्दगी भर का पाला हुआ सोटा जब हाथ से छूट गया, तभी मैं समझ गया कि आज बिधाता बाम है। अगर मेरा वह दुखभंजन मेरे हाथ में होता, तो मैं कितनों की खोपड़ी रंग देता। उस सोटे को एक लड़का उठाकर ले भागा। मैं ताकता ही रह गया! उसे उठा लेने के लिए मुझे झुकना पड़ता। मैं इस डर से नहीं झुका कि ऊपर से लाठी हन देगा, तो वहीं-का-वहीं पसर जाऊँगा। सोटे को दूध पिला-पिलाकर मैंने लाल किया था। उसमें ऐसी गुप्ती थी कि वह अगर मेरे हाथ में होती, तो उसी जगह मैं कितनों की लाश गिरा देता।

दारोगा—अच्छा, अब तुम चुप रहो। इसको कहने दो। तुम दोनों का बयान सुनकर मैं इस मामले को नये साँचे में ढालूँगा। गाँववालों को मैं ऐसा नंगा नाच नचाऊँगा कि जिन्दगी-भर न भूलेंगे। वे भी जानेंगे कि किसी दारोगा से काम पड़ा था। अगर मैं गाँववालों को करवा-कोपीन न कर छोड़ूँ, तो आज से मेरे जनेऊ को ताँत समझना।

दूसरा—अगर ऐसा न कीजिएगा, तो फिर हमलोगों की पुलिस की नौकरी कौड़ी की तीन हो जायगी। मामूली राह चलता आदमी भी हमलोगों को मार बैठेगा। रास्ता चलना कठिन हो जायगा। इस गाँव में तो मालूम हुआ कि सरकार का राज ही नहीं है! उधर इनके साथ असामी का भाई बाजने लगा, इधर मेरे साथ खुद असामी ही भिड़ गया। हाथापाई होते-होते उसने छीना-झपटी में मेरा डंडा छीन लिया। मगर मैंने उसका गट्टा न छोड़ा। इतने में एक दूसरा आदमी बजरबोंग की-सी लाठी लेकर दौड़ा आया। तब तक मैंने इनको धोबी-पछार खाकर गिरते देखा। बस झटपट असामी

छोड़कर मैं इनकी मदद करने के लिए लपका। सोचा, इनको छुड़ा लेने पर मैं अकेला न रहूँगा, और अगर हम दोनों डटकर खड़े हो जायँगे, तो किसी की लाठी छीनकर भी बहुतों को घायल कर डालेंगे। लेकिन पीछे से जो बजरबोंग लेकर दौड़ा आया, उसने और असामी ने भी ऐसा सरियाकर मुझे मारा कि मैं मुँह के बल वहीं गिर पड़ा–इनके पास तक भी न पहुँच सका। जब हम दोनों दो जगहों पर गिर पड़े तब एक बूढ़े ने आकर हमलोगों की जान बचाई। फिर हमलोगों का वहाँ पाँव न जमा। वहाँ के छूटे हमलोग यहीं आकर बैठे हैं। मगर चोट मालूम नहीं हुई थी। अब तो अंग-अंग दुख रहा है। थाने तक पहुँचने की हिम्मत नहीं रही। रास्ते में डेग देने की इच्छा ही नहीं होती। यहाँ तक तो जान के खौफ से किसी तरह भाग आये हैं। आगे के लिए अब फाल नहीं उठता।

दारोगा–तुमलोग यहीं ठहरो। मैं घोड़े पर जाता हूँ। थाने पर पहुँचते ही फौरन कोई तेज एक्का भेजूँगा। उसी पर तुमलोग आराम से चले आना। तब तक चौकीदार भी पीछे से आ जायगा। उसको भी साथ लेते आना। पहले मेरी वर्दी-पेटी फाड़कर इस तालाब में डाल दो। मेरे और कपड़े-लत्ते भी नोच-नोचकर फाड़ डालो। मैं बड़े साहब को अपनी दुर्दशा दिखलाऊँगा। उनसे किसी तरह हुक्म लेकर कल या परसों तक इस गाँव पर जरूर छापा मारूँगा।

सिपाहियों ने दारोगाजी के कहने के मुताबिक ही काम किया। उनके कपड़े-लत्ते चिथड़े कर डाले। वर्दी-पेटी के टुकड़े-टुकड़े करके तालाब में डाल दिया!

घोड़े पर सवार होकर दारोगाजी ने एँड़ लगाई। घोड़ा हवा से बातें करने लगा, थाने में पहुँचते देर न लगी। उन्होंने उसी समय एक एक्कावान को पकड़ मँगाया। उसे सख्त ताकीद करके हुक्म दिया–फौरन जाकर सिपाहियों को थाने में ले आओ।

उधर एक्कावान एक्का लेकर रवाना हुआ, इधर दारोगाजी ने चारपाई पकड़ी। थाने में तहलका मच गया। पुलिस के बड़े साहब खबर पाते ही दौड़े आये। मजिस्टर साहब भी घबराये हुए पहुँचे। कोट बाबू और इन्सपेक्टर साहब भी दफ्तर छोड़कर पैर-गाड़ी दौड़ाते हुए आये। तमाम

सनसनी फैल गई।

दूसरे ही दिन दल-बल के साथ बड़े साहब ने उस गाँव पर छापा मारने के लिए कूच किया। गाँववालों को उड़ती हुई खबर मिली कि आज हरवा-हथियार के साथ पुलिस इस गाँव पर छापा मारने के लिए आ रही है।

सारे गाँव में घर छोड़कर भागने की कानाफूसी होने लगी। स्त्रियाँ घबरा उठीं। जैसे मेघनाद की अवाई सुनकर देवलोक में भगदड़ मच गई थी, वैसे ही गाँव में पुलिस के खौफ का जबरदस्त तूफान आ गया।

किसी से किसी ने सलाह तक न पूछी। अपनी-अपनी जान लेकर सब भागे। बेटे ने माँ-बाप को, भाई ने भाई को, मित्र ने मित्र को, नौकर ने मालिक को, और बाप ने बेटे को छोड़ दिया। पर बहनें अपने भाइयों को, बहुएँ अपने पतियों को और माताएँ अपने पुत्रों को गाँव ही में घूम-घूमकर ढूँढ़ती रह गईं।

जो स्त्रियाँ कभी घर से बाहर भी नहीं निकली थीं, जो गाँव की दो-चार गलियों में ही घूम-फिरकर भूल जा सकती थीं, जो कभी मौका पड़ने पर किसी से बोलना तो दूर की बात--तनिक आँख भी बराबर नहीं कर सकती थीं, वे भी अपने भाइयों, पतियों और पुत्रों को ढूँढ़ने के लिए गाँव की गली-गली में हाय-हाय करती और बिलबिलाती फिरीं।

पर जो स्त्रियाँ अनेक बार भृगुरासन और हरिहर-क्षेत्र के मेले में धक्के खा चुकी थीं, जो काशी के गरहन-नहान के धरम-धक्के में पड़कर मेले-ठेले की बहार देख चुकी थीं, जो प्रयाग और पंचकोसी कर चुकी थीं, वे तो भाग निकलीं--कोई नैहर चली गईं, कोई ससुराल चली गईं, कोई आसपास के गाँवों में जा छिपीं। लेकिन परदे में रहनेवाली स्त्रियों से भागते न बना। वे गाँव में ही भटकती रह गईं।

देखते-ही-देखते पुलिस-दल गाँव में पहुँच गया। निगोड़े पुरुष तो गाँव छोड़कर भाग ही चुके थे, बच गई थीं--बेचारी स्त्रियाँ। उन्हीं को उजड्ड पुलिस-सिपाहियों के पंजे में फँसना पड़ा। हरिनियों के दल पर शिकारी कुत्तों की तरह पुलिस-सिपाही बेचारी अबलाओं पर टूट पड़े। उन्हें माल-मवेशी या जमा-जथा से क्या मतलब, बहू-बेटियों की लाज लूटने लगे।

स्त्रियों की चिल्लाहट से सारे गाँव में कुहराम मच गया। माँ के सामने

बेटी की आबरू पर पानी फिर गया। सास के सामनें पतोहू की इज्जत चली गई। घर के माल-असबाब का पता बतलाने पर भी बेचारियों का पत-पानी न बचा। गिड़गिड़ाने पर गला दबा दिया गया। दाँत दिखाने पर कन-चप्पड़ मारकर पटक दिया गया। प्राणों की भीख माँगने पर जबरदस्ती करके प्राण ले लिये गये। 'बिना माथ की फौज' ने गजब ढा दिया।

इतना ही नहीं, कितने घरों में आग लगा दी गई, कितनों के छप्पर उजाड़ दिये गये–किवाड़ तोड़कर जला दिये गये। मल-मूत्र से गाँव के कुएँ तक भ्रष्ट कर दिये गये।

जहाँ तक अन्धेर मचाते बना, मचाया गया। टट्टी में खूब छेद किया गया। छाती पर खूब मूँग दली गई। कितनों ने गहरा हाथ मारा। पर बहुतों ने केवल बेचारी स्त्रियों को सताने में ही अपनी बहादुरी दिखाई।

सब कुछ हुआ, परन्तु अभी तक गुदरी राय पकड़ा नहीं गया। पुलिसवाले ढूँढ़ते-ढूँढ़ते हैरान हो गये, और वह अपने घर के तहखाने में ही छिपकर बैठा हुआ था !

चोरी का माल छिपाने के लिए उसने अपने घर ही में एक गुप्त तहखाना बना रखा था। उसी तहखाने में उसके साथ बेचारी सुगिया भी छिपी हुई थी ! वह बेचारी अपने पड़ोस की स्त्रियों की चिल्लाहट सुनकर डर से थर-थर काँप रही थी। जब कभी उसे रुलाई आती थी, गुदरी दाँत पीसकर घूँसा तानता था–वह डर से दुबक जाती थी। कभी-कभी वह डरकर गुदरी से लिपट जाती; पर झट घिनाकर अलग हो जाती। गुदरी उसका सिसकना भी सुनता, तो दाँत कटकटाकर उसकी गरदन दबाने लगता !

कई बार गुदरी ने सुगिया को झकझोर कर ढकेल दिया। वह गिर पड़ी। पर मार खाने के डर से तनिक ठिनकी भी नहीं।

सुलोचना के साथ पाताल में बिराजते हुए मेघनाथ की तरह सुगिया के साथ गुदरी राय तहखाने में बैठा हुआ था। उसे विश्वास था कि पुलिस इस तहखाने का पता न पा सकेगी।

परन्तु इस लोक में पुलिस से छिपकर बच जाना बड़ी टेढ़ी खीर है। पुलिस केवल भूलोक का ही नवग्रह नहीं है, पाताल की भी डाकिनी है। सनीचर की नजर से बच जाना आसान है, नदी में मगर से पिण्ड छुड़ा

लेना सहज है, पर यमलोक में छिपकर भी पुलिस के चंगुल से बचना बड़ा कठिन है।

जब पुलिस को पता लग गया कि असल आसामी का घर यही है, तब ताला तोड़कर वह भीतर समा गई। पहले खुद दारोगाजी घर में पैठे। घर के कोने-कोने तक की तलाशी ली, पर गुदरी राय का पता न लगा।

अब सिर्फ एक घर बाकी था। पर उस घर में संडास के सिवा अगर और कुछ था तो घोर दुर्गन्ध और अंधकार भी ऐसा कि सूई न समा सके।

दारोगाजी रूमाल से नाक बन्द किये उस संडासवाले अँधेरे घर में भी घुस गये। उसका दरवाजा इतना छोटा था कि धनुही की तरह कमर झुकाकर उनको अंदर जाना पड़ा।

अब तक बेचारे ने कहीं किसी देवता के मन्दिर के सामने भी इस तरह सिर न झुकाया था। पर संयोग ऐसा कि सिर भी झुका, तो संडास के सामने।

बेचारे की कमर दुख गई। मगर भीतर जाने पर भी उन्हें कुछ सूझ न पड़ा। बज्रमूर्ख के हृदय में भी शायद ही वैसा अंधकार हो ? हाँ, अगर कहीं हो, तो हिन्दू-विधवा की आँख के सामने वैसा अंधकार हो सकता था।

सचमुच ऐसा गाढ़ा अंधकार था कि दारोगाजी को अपना हाथ तक न सूझ पड़ा। दुर्गन्ध से नाक फटी जाती थी। लवेंडर से बसा हुआ रूमाल भी दुर्गन्ध की लहर न रोक सका।

बेचारे ऊबकर बाहर निकल आये। बहुत झुँझलाकर बोले—लालटेन जलाकर खानातलाशी लो। उफ्। बदबू के मारे सिर चकरा गया। छिः। न जाने किस पाप के फल से आज नरक झाँकना पड़ा। खैर, लालटेन जलाई गई। दारोगाजी लालटेन के साथ फिर उस घर में घुसे। एक कोने में उन्हें एक गढ़ा देख पड़ा। वह घास-पुआल से ढका हुआ था।

दारोगाजी की आज्ञा से कनस्तबलों ने गढ़े के अन्दर से घास-पुआल निकालकर संडास के मुँह पर डाल दिया।

संडास बन्द होने पर भी दुर्गन्ध विशेष कम न हुई; क्योंकि बरसों से उस घर की हवा तक में दुर्गन्ध भर गई थी। मारे बदबू के सबका सिर

घूमने लगा।

लालटेन के सहारे खूब गौर से देखने पर उस गढ़े में एक छोटा-सा दरवाजा देख पड़ा; पर उसके अन्दर भी गाढ़ी अँधियारी के सिवा और कुछ नजर न आया। बड़ी हिम्मत करके चार सिपाही लालटेन के साथ उसके भीतर घुसे।

लालटेन की रोशनी अन्धकार के उस गहरे समुद्र में बिलकुल एक छोटी-सी किश्ती के समान थी। सोटाधारी सिपाही स्याही के समुद्र में उसी छोटी किश्ती के सहारे आगे बढ़ने लगे।

बड़ा लम्बा-चौड़ा तहखाना था। सिपाहियों ने चारों ओर टटोल डाला, कहीं कुछ न मिला। एक कोने में दीवार के अन्दर खोदकर एक आदमी के सोने-बैठने के लिए थोड़ी-सी खोखली जगह बनाई हुई थी। उसी में सटकर बैठे हुए दो आदमियों को सिपाहियों ने अलग ही से देखा।

स्याही के उस अथाह समुद्र में बेचारी मछली की गदरन दबाये हुए डरावने घड़ियाल को देखकर सिपाही चौंक पड़े। तब तक सुगिया को छोड़कर गुदरी राय सिपाहियों पर बड़े जोर से झपटा। उसके हाथ में कटार थी। तहखाने की छत बहुत नीची होने के कारण सिपाही सोटे न चला सके।

रोशनी की वह छोटी किश्ती धक्का लगते ही स्याही के समुद्र में डूब गई। सिपाही बेचारे अथाह समुद्र में पड़ गये। सुगिया की घिग्घी बँध गई।

चारों सिपाहियों को घायल करता हुआ गुदरी राय तीर की तरह बाहर निकल गया। सिपाहियों की चिल्लाहट सुनकर बाहर के दरवाजे पर खड़े हुए दारोगाजी होशियार हो गये। वह कनस्तबलों और चौकीदारों के साथ हरवा-हथियार से लैस होकर बड़ी चौकसी से खड़े थे।

भीतर से लाठी और कटार लेकर निकलते ही गुदरी राय ने जोर से ललकारकर दारोगाजी पर वार किया। एक ही लाठी में बेचारे का सिर खुल गया ! वह अचेत हो गिर पड़े।

गुदरी राय गोजी चलाने में बड़ा सरकस था। वह इसलिए कभी लाठी लेकर नहीं चलता था कि क्रोध में अगर किसी पर लाठी चल गई, तो नाहक हत्या होगी ! उसकी लाठी की मार बड़े-बड़े जबरदस्त साँड़-भैंसे भी नहीं सह सकते थे। चलीसा लग जाने पर एक बार उसने पेड़ की एक मोटी

डाल को अपनी लाठी के ही वार से मार गिराया था ! बड़े-बड़े लठैत उसको उस्ताद मानते थे। बुढ़ापे में भी वह बड़ा जबरजंग लठधर था।

जब वह छरक-छरककर गोजी भाँजने लगा, तब उसके हाथ की सफाई पर कनस्तबलों और चौकीदारों की आँखें न ठहर सकीं। पर दारोगाजी की खोपड़ी को छुतिहे घड़े की तरह फूटते देखकर वे गुदरी राय पर एक साथ ही टूट पड़े।

एक आदमी के लिए एक ही आदमी काफी होता है। बेचारे गुदरी पर एक साथ ही बीसियों आदमी टूट पड़े !

देहाती आँगन–काफी लम्बा-चौड़ा था। उसमें गुदरी कभी-कभी खलिहान लगा दँवरी भी कर लेता था। वहीं चकराबीह की लड़ाई ठन गई।

जब दारोगाजी ने देखा कि गुदरी ने कई खोपड़ियाँ रंग डालीं और कितनी खोपड़ियों को रूई की तरह धुन डाला, तब उन्होंने उसे डराने के लिए अपने खरीते से तमंचा निकालकर आसमानी दाग दी। पर इससे भी जब उसकी आँच कम न हुई, तब उन्होंने घबराकर अपनी जान के डर से उसे गोली मार दी !

बेचारा वहीं ढेर हो गया। उसकी आँखें टँग गईं। बित्ते-भर का आग उगलनेवाला तमंचा इतने बड़े लाठीबाज को ले बीता ! सुगिया का सुहाग मिट गया !

बड़ी वीरता दिखाने के बाद गुदरी राय खेत रहा। गिर जाने पर भी बेचारे की बड़ी दुर्गति हुई। जैसे बड़े भाग्य से मिली हुई टटकी लाश को गीध और कुत्ते नोच डालते हैं, वैसे ही कनस्तबलों और चौकीदारों ने उसकी दुर्दशा कर डाली ! दारोगाजी ने अपने बूट की ठोकर से उसके बचे-खुचे दो-चार दाँत भी तोड़ डाले !

परन्तु इन पीड़ाओं को सहने से पहले ही गुदरी राय के प्राण-पखेरू उड़ गये थे। वह बूढ़ा था सही; पर इस बुढ़ौती में भी गाँव-जवारवाले उसका लोहा मानते थे। अगर इस समय भी वह खुले मैदान में होता, तो उसकी पीठ में धूल न लगने पाती, बहुतेरों को खाट पर लदकर अस्पताल जाना पड़ता, कितनी माँगें धुल जातीं, कितनों का अंग-भंग हो जाता, फिर भी जिन पर उसकी भरपूर लाठी बैठी, वे उठकर पानी न पी सके, अस्पताल

का मुँह न देख सके ! यहाँ तक कि जिन्हें उसकी एक भी लाठी लगी थी, वे भर-मुँह मिट्टी ले उठे थे।

तहखाने से निकले हुए घायल सिपाहियों ने जब दारोगाजी से उसके अन्दर बैठी हुई एक स्त्री का पता बतलाया, तब उन्होंने फिर रोशनी जलाने की आज्ञा दी। इस बार दो लालटेनें जलाई गईं। आगे-आगे दारोगाजी तहखाने में पैठे। उनके पीछे-पीछे कई कनस्तबल भी चले। सबके हाथों में नंगी तलवारें थीं। पर वह भरा-भराया पिस्तौल लिए हुए थे।

सिपाहियों ने कोने में उन्हें उँगली के इशारे से उस स्त्री को दिखलाया। उन्होंने दोनों लालटेनों को कुछ ऊपर उठाकर बड़े गौर से देखते हुए डपट के साथ कहा—यह औरत नहीं, मर्द है। इसको पकड़कर बाहर निकालो, अगर वार करेगा, तो फौरन गोली मार दूँगा।

'गोली' का नाम सुनते ही सुगिया चिल्ला उठी ! दारोगाजी आवाज से पहचान गये कि यह औरत है, सोचा, शायद यही गुदरी की स्त्री सुगिया है, जिसको मनबहाल ने बेचकर बुधिया को धोखा दिया है। अगर यह सचमुच सुगिया ही है, तो अच्छा शिकार हाथ आया। सिर फूटने के दर्द की दवा मिल गई ! बुधिया की दोनों छोटी लड़कियों की तरह यह भी खूबसूरत होगी।

सिपाहियों को अलग रहने की आज्ञा देकर क्रोध से दाँत पीसते हुए सुगिया के पास गये। लम्बी साँस खींचकर रोती हुई सुगिया का घूँघट उठाते हुए उन्होंने जोर से कहा—तू कौन है रे ? सीधी तरह बाहर निकल, नहीं तो क़ोड़ों से मारते-मारते बेहोश कर दूँगा।

सुगिया ने बड़ी दीनता से सिसकते-सिसकते सिर नीचा कर लिया। उन्होंने उसका जूड़ा पकड़कर जोर से झकझोरते हुए उसका मुँह अपनी आँखों के सामने किया।

उस समय सुगिया की आँखें बंद थीं। उसके ओठ काँपते थे। लालटेनों की धीमी रोशमी में भी उसके गोरे मुँह पर पड़ी हुई पसीने की बूँदें नजर आती थीं।

लम्बी-लम्बी कजरारी आँखें, बाँकी-तिरछी भवें, पतली नाक, सुबुक ठुड्डी, गुलाबी गाल, ऊँचा लिलार, अनारदाने-से दाँत, बिखरे हुए चिकने

बालों के घुँघराले गुच्छे, चेहरे पर गजब का पानी ! मानों देह के रोम-रोम को शोभा चूम रही हो।

रात के मुँदे हुए सुन्दर कमल-सा मनोहर मुखड़ा देखकर दारोगाजी का मन हाथ से निकल गया ! क्रोध काफूर हो गया !

सिपाहियों ने अलग ही से कहा—हुजूर, आपसे यह हरामजादी सीधा न होगी। हमलोगों को हुक्म दीजिए, झोंटा पकड़कर घिसियाते हुए आँगन में ले जायँगे, कसकर चार सोंटे जमायेंगे, सारा पाखंड घुस जायगा। अगर आँखें नहीं खोलती, तो खींचकर दो-चार थप्पड़ जमाइए; आप-से-आप आँखें खुल जायँगी। नखड़ा काछती है।

सिपाहियों की बातें सुनते ही सुगिया ने अपनी आँखें खोल दीं। अहा ! उसकी शरबती आँखों में लाज, डर, संकोच और दीनता के बड़े चुटीले भाव भरे हुए थे !

दारोगाजी तसवीर बन गये ! उनकी आँखें कामना के कुंड में तैरने लगीं—लालसा की लहरों के साथ खेलने लगीं। सिर के घाव का दर्द भूल गया ! मंत्र से बँधे हुए विषधर की तरह वहीं-के-वहीं खड़े रहे। उसका जूड़ा उनके हाथ में था। उसकी सलोनी सूरत उनकी आँखों में खुबी थी।

सुगिया की आँखें मौन भाषा में उसके दहलते हुए दिल की बातों का पता बताती थीं, और दारोगाजी की आँखें उसकी आँखों की मुग्धता का प्रसाद ले रही थीं। दारोगाजी के हृदय में बैठी हुई लालसा राक्षसी सुगिया के सतीत्व के खून से अपना खप्पर भरना चाहती थी, और सुगिया की आँखें दया की भीख माँगने के लिए उनके सामने अपनी झोली का मुँह फैलाये हुई थीं !

पर भीख दे कौन ? लाज का लम्पट लुटेरा क्या दया की भीख देता है ? जान का गाहक क्या जीवन का दान देता है ? खून का प्यासा क्या दया का शीतल जल पिलाता है ? नहीं। जिसके घर में खेती नहीं होती, वह क्या अन्न से भिक्षुक की झोली भरता ? जिसकी अंटी में दाम नहीं, वह क्या भिक्षुक के फैलाये हुए हाथ पर कुछ देने के लिए हाथ उठाता है ? कभी नहीं !

दारोगाजी के किसी पुश्त में दया की खेती नहीं हुई थी ! उनके पिता

पटवारी थे। पटवारी भी कैसे? गरीबों की गरदन पर अपनी कलम टेनेवाले! उनकी कलम की मार ने कितनों की कमर तोड़ दी थी, कितने बिना नाधा-पैना के हो गये थे, कितनों का देस छूट गया था, कितनों के मुँह के टुकड़े छिन गये थे।

फिर दारोगाजी से और दया से क्या सरोकार? घोड़ा अगर घास से दोस्ती करे, तो खाय क्या? और भला भेड़िया कहीं भेड़ों पर दया करता है! कालीजी का पुजारी कभी बकरों पर दया दिखाता है?

जो हो, सुगिया ज्यों ही तहखाने से बाहर लाई गई, त्यों ही उसने गुदरी की लाश देखी! चिल्लाकर रोती हुई उस लाश की ओर दौड़ी, और उस पर लोट-लोटकर रोने लगी–हाय राजा! मुझे अकेली छोड़ कहाँ चले गये! हाय! तनिक बोलो मेरे राजा!

दारोगाजी ने उसका हाथ पकड़ झटके से पास ही के एक घर में ढकेल दिया और डाँटकर कहा–चुप रह हरामजादी नहीं तो अभी गोली मार दूँगा।

सुगिया ने रोते और गिड़गिड़ाते हुए कहा–मार दो गोली, ले लो जान, अब मुझे भी इन्हीं के साथ मरने दो। जीकर क्या करूँगी, जैसे मरूँ, वैसे मारो। पैर छूकर हाथ जोड़ती हूँ, जल्दी मार डालो।

बार-बार इसी तरह कहते-कहते सुगिया पगली-सी हो गई। उसके सिर से आँचल खिसक गया। देह की सुध-बुध न रही। एक सुर से रटने लगी–मुझे मार डालो, अब जीकर क्या करूँगी।

उसकी हालत देखकर दारोगा जी दंग हो गये। उन्होंने दाँत पीसकर डाँटते हुए कहा–मेरे सामने पतिबरता होने का ढकोसला मत कर। बूढ़े के लिए बेकार क्यों रोती है? चल, तुझे बड़े-बड़े जवान मिलेंगे। छिनाल की तरह नखरे मत दिखा। तुझ-जैसी छोकरियों की दवा मैं खूब जानता हूँ। तेरे रोने का मतलब मैं खूब समझता हूँ। घबराती क्यों है? थाने में चल तो सही। जितना खून मेरे सिर से निकला है उतना ही तेरे कलेजे से निकालूँगा। यहाँ त्रियाचरित्र का पोथा मत पसार। वहीं चलकर यह प्रपंच दिखाना।

इतने पर भी सुगिया न डरी। उसने पगली की तरह अपना पेट दिखाते हुए कहा–लो, कलेजा काढ़ लो, खून चूस लो, सिर उतार लो, आँखें निकाल

लो। अब देखा नहीं जाता। सोहाग-भाग ले ही चुके, प्रान भी ले लो। जल्दी मुझे मार डालो या मुझे ही सिर पटककर मर जाने दो। मत रोको, पैरों पड़ती हूँ। मौत की भीख माँगती हूँ, मेरा गला धरकर दबा दो। नहीं तो जैसे माँग में आग लगायी, वैसे ही मेरे कपड़े में भी आग लगा दो, जल मरूँगी। मुझे मरने से क्यों रोकते हो। छोड़ो, बाहर निकलने दो, मैं कुएँ में डूब मरूँगी, पेड़ पर चढ़कर कूद पड़ूँगी। जैसे होगा, जान दूँगी। फाँसी लगाऊँगी। जहर खाऊँगी।

इसी तरह बिलपती और बकती हुई सुगिया उठकर घर के बाहर निकलने लगी। दारोगाजी ने फिर उसका हाथ पकड़कर जोर से झटका दिया। वह झोंका खाकर धड़ाम से गिर पड़ी। ज्यों ही वह फिर उठने लगी, त्यों ही दारोगाजी ने पिस्तौल तानकर डपट के साथ कहा–अच्छा मरना ही चाहती है, तो ले मर, मरने का मजा भी देख ले। गुदरी के साथ तू भी जा।

सुगिया ने हाथ जोड़कर बिलखते हुए कहा–एक बार और आँगन में जाकर उनका मुँह देख लेने दो, फिर मुझे पल-भर भी जीने मत देना, उसी दम मुझे गोली मार देना, मैं खुशी से मर जाऊँगी।

दारोगाजी ने तमंचे को अपने जेब में रखते हुए एक विचित्र खटमिठे सुर में कहा–अरे, अब उस बूढ़े की सूरत क्या देखेगी ? देखना ही है, तो मेरी तरफ देख। ठीक समझ, अब मेरे सिवा दुनिया में तेरा कोई नहीं। पाखंड करना छोड़। जहाँ कहूँ, वहाँ सीधी तरह चल। मेरे सिखलाने के मुताबिक इजहार दे। नहीं तो और अभी तेरी दुर्दशा होगी।

इतना सुनते ही सुगिया अपनी छाती में जोर से मुक्का मारकर धरती पर लोट गई। दारोगाजी ने उसे जबरदस्ती घर से बाहर निकालकर एक्कावान से दाँत पीसते हुए कहा–इस हरामजादी को सीधे थाने में ले जाओ। अगर रास्ते में पाखंड पसारे, दनादन चाबुक मारकर पीठ की खाल उधेड़ डालना।

सुगिया थाने में चलान कर दी गई। गाँव की लूट भी समाप्त हो गई। जिस तरह टिड्डी-दल खेत की फसल चौपट करके निकल जाता है, उसी तरह गाँव को तहस-नहस करके पुलिस का दल भी थाने की ओर चला।

दारोगाजी अपने घोड़े पर सवार होकर बड़ी उमंग से सोचते हुए जा रहे थे :

—इसी स्त्री का नाम शायद सुगिया है। अब इसी को मुद्दई बनाकर मनबहाल को फँसाऊँगा। उसके फँसने से यह जरूर मेरे हाथ लग जायगी। वह बड़ा भारी मामलेगीर है, अपनी जान छुड़ाने के लिए बुधिया को भी फँसा सकता है, और बुधिया के फँस जाने पर तो मेरा काम ही बन जायगा। उसकी दो लड़कियाँ और तैयार हो रही हैं। लाग-लपट रखने से लाभ ही होगा।

—आज थाने पर चलकर रात में सुगिया को इतना प्यार करूँगा कि वह अपना सारा दुख भूल जायगी। उसे डराने-धमकाने से काम न चलेगा। स्त्री का हृदय प्रेम से जीतना सहज है! भय दिखाकर उसे मुट्ठी में करना मुश्किल है।

—देहाती स्त्रियों के लिए फाँसी लगाकर मर जाना, जहर खा लेना, कुएँ में गिरकर जान दे देना और दरिया में डूब मरना बहुत ही आसान काम है। सुगिया के लिए यह सब सहज है। वह इच्छा की मौत मर सकती है।

—स्त्री का दिल फूल से भी मुलायम और पत्थर से भी कड़ा होता है। वह पल-भर में देवी और दानवी बन सकती है। पुरुष अगर चाहे, तो स्त्री के चित्त को चैत की चाँदनी से भी मधुर और श्मशान से भी भयंकर बना सकता है। मैं चाहूँ, तो सुगिया के दिल में अपना दिल डाल सकता हूँ। अगर मैं उसके दिल में जगह पा गया, तो मुझे नौकरी की जरा भी परवा नहीं है। काफी कमा चुका हूँ, कई पुश्तें घर-बैठे मौज करेंगी।

—मगर हाँ सुगिया को घर में डाल लेने से घरवाली के दिल से धुआँ उठने लगेगा। खैर देखा जायगा। थाने के पास ही अलग मकान ले लूँगा। सुगिया उसी में चैन से रहेगी। फिर कुछ दिन के लिए छुट्टी ले लूँगा। डाक्टर को सौ-पचास चटा दूँगा। वह कोई ऐसी बीमारी बतला देगा, जिसमें नैनीताल जाकर कुछ दिन रहना जरूरी हो! बस, घरवाली को घर भेज दूँगा। सुगिया को सैर कराऊँगा। फिर तो वह कभी किसी के बहकाने से भी मेरा साथ न छोड़ेगी।

—दिल का सौदा दिल देकर खरीदा जाता है। स्त्रियाँ दिल चाहती हैं, दौलत नहीं। मगर मैं तो सुगिया को दोनों सौंप दूँगा। दिल तो उसे देखते ही दे चुका, अब आज रात में थाती-पूँजी भी हवाले कर दूँगा। देहाती स्त्रियाँ बढ़िया कपड़ा-लत्ता, बढ़िया खाना-पीना, बढ़िया गहना-गुरिया और रुपये-पैसे की थाती से बहुत राजी रहती हैं।

—सुगिया की शादी उसके मन के मुताबिक नहीं हुई थी। बेचारी कबूतरी बूढ़े गिद्ध के पल्ले पड़ गई थी। दुनिया में अभी उसका हौसला पूरा नहीं हुआ है। जब वह केवड़े के साबुन और केशरंजन-तेल का व्यवहार करेगी, सजे हुए कमरे की साफ-सुथरी सेज के पास रेशमी साड़ी में खिलकर खड़ी होगी, फूलों के गजरे और इत्र के फाहे उसे अपनी भीनी-भीनी गमक से मस्त बना देंगे, पके मगही पान की तबकदार गिलौरियाँ उसके मुँह में मक्खन की तरह घुल उठेंगी, हारमोनियम की सुरीली तान से कमरा गूँज उठेगा, तब क्या वह इतने मजबूत दिल की है जो मेरे दिल की लगी न बुझायगी ?

—हाँ, इधर दो-चार रोज तक मेरे यहाँ सुगिया का दिल न जमेगा। पर जब वह मुकदमे के झमेले में पड़ेगी, तब तो आप-से-आप मेरे पैर पकड़ेगी। हथकड़ी और जेल का भय दिखलाने पर तो वह मेरे पैर की जूती बन जायगी।

—पिछले साल माघ की अमावस पर जो गंगा नहाने का मेला लगा था, और उसमें भटकती हुई जो देहाती स्त्री मेरे थाने में लाई गई थी, वह भी तो पहले बहुत रोती-सिसकती रही; मगर अपने खास कमरे में ले जाकर जब मैंने उसे मिठाई खिलाई—पान के बीड़े खिलाये—मीठी-मीठी बातें कीं—इत्र सुँघाया, कुछ रुपये थमाये, तब वह आप-से-आप अपने घर-द्वार की सुध भूल गई। लवेंडर की खुशबू ने उसको मतवाली बना दिया। पान और इत्र ने मानों उसके सोते हुए हौसले को जगा दिया। आधे ही घंटे में वह लालसा की उमड़ी हुई नदी बन गई। उसके नेत्रों में एक प्रकार का चमकता हुआ रस भर आया। उसके रोंगटे खड़े हो गये। अहा ! उसकी वह शिथिल भुजाएँ, वह मद-भरी अलसाई आँखें क्या कभी चित्त से उतर सकती हैं ?

—आज बहुत दिनों के बाद वैसा दिन देखने को मिला है ! आज

आबकारी के दारोगा को खत लिखकर एक नम्बर की मुहरदार बोतलें मँगाऊँगा। सिर के घाव का दर्द भी कम होगा और सुगिया भी एक-दो प्याले पीकर रंग दिखलायेगी। जहाँ एक दिन रंग जमा कि फिर रंग-भंग होने का संदेह सदा के लिए मिट जायगा।

—अभी तो सुगिया डरी हुई है। जब वह अच्छी तरह यह समझ जायगी कि मैं नरक से निकलकर सचमुच स्वर्ग में चली आई हूँ, तब आप-ही-आप रोना-धोना भूल जायगी। आज-ही कल में उसे अच्छी तरह जँचा दूँगा कि गुदरी के मरने से तुम्हारा भाग्य खुल गया !

बेचारी ज्यों ही बहार पर आई, बूढ़े बन्दर के पाले पड़ गई—मन-की-मन ही में रह गई ! अब मैं उसकी सारी उमंगे उभार दूँगा ! उसे दुनिया के ऐश बाग की हवा खिलाने-भर की देर है। फिर तो ऐसा रँग कटेगा कि जिसका नाम नहीं !

ऐसी ही तरह-तरह की बातें सोचते और हवाई मन्सूबे बाँधते हुए दारोगाजी थाने में पहुँचे। घोड़े से उतरते ही पूछा—वह औरत कहाँ है ?

पहरेदार ने सलाम करते हुए कहा—अन्दर बैठी है हजूर, हुक्म हो तो हाजिर करूँ।

दारोगाजी ने नाक-भौं चढ़ाकर कहा—हरामजादी को फौरन मेरे कमरे में हाजिर करो।

इतना कहकर कोट उतारते हुए वह अपने कमरे में चले गये। आरामकुर्सी पर लेट गये, नौकर बूट के फीते खोलने लगा। फिर मोजे उतारे, पेटी खोली और पतलून छोड़कर धोती पहनते-पहनते जोर से बोले—अभी तक हरामजादी मेरे सामने नहीं आई, कोई सिपाही है ? घसीट लाओ यहाँ, सब छिनाल-छतीसी अभी झाड़ दूँगा।

एक सिपाही जबरदस्ती सुगिया को पकड़ लाया और धीरे से यह कहते हुए दारोगाजी के कमरे में ढकेल दिया कि गौने की आई नई बहू की तरह लजाती क्यों हो, जाओ रुपये में तीन अठन्नी बनाओ !

सुगिया गिरते-गिरते सम्हलकर खड़ी हुई। डर के मारे एक कोने में खड़ी होकर सिसकने लगी। लजाकर बेचारी काठ हो गई।

नौकर चिलम भर लाया। दारोगाजी ने कहा—पाखाने में पानी रख दे

और किवाड़ बन्द करके बरामदे में बैठकर बाहर से पंखा खींच।

दो-चार कश तम्बाकू पीकर दारोगाजी ने चुटकी बजाकर इशारे से सुगिया को अपनी तरफ बुलाया। वह थर्रा उठी। बड़ी दीनता से उनकी ओर देखने लगी। सकपका गई। उसके पैर उससे सँभल न सके। पसीना हो आया। वहीं बैठ गई।

दारोगाजी धीरे-धीरे उठे और उसके पास आकर बैठ गये। बोले–कल तुझे कचहरी में चलना होगा। कठघरे में खड़ा होकर इजहार देना पड़ेगा। रात-भर हवालात में बन्द रहना होगा। अगर तू सच्ची बातें न बतायेगी, तो जेल जाना पड़ेगा। जेल की चक्की पीसते-पीसते तू मर जायगी। वहाँ जौ और बाजरे की सूखी रोटियाँ मिलेंगी। तेरे ये लम्बे-लम्बे बाल काट लिये जायँगे। धोती की जगह सिर्फ जँघिया पहननी होगी। टाट का फटा टुकड़ा सोने के लिए मिलेगा। लोहे की थाली और टिन या जस्ते का लोटा खाने-पीने के लिए मिलेगा। एक ही तंग और अँधेरी कोठरी में दिन-रात बन्द रहेगी। उसी में पाखाना-पेशाब और सोना-बैठना। तू तो उस नरक में सड़कर मर जायगी। अगर मेरी बात मानकर तू मुझे अपना सच्चा बयान लिखा दे, तो तेरा बाल भी बाँका न होगा।

सुगिया कुछ न बोली। रोती ही रह गयी। दारोगाजी ने फिर बड़े ढंग से कहा–तुझे बचा लेने का जिम्मा मैं लेता हूँ। मगर एक बात मैं पहले ही कहवा लेना चाहता हूँ। इस मामले में अगर कहीं तेरी रिहाई हो गयी–और मेरे कहने के मुताबिक काम करती जायगी, तो रिहाई-ही-रिहाई है–तो तुझे मेरे ही साथ रहना होगा। तू जो खायगी, जो पहनेगी, जो खर्च करेगी, सब दूँगा। मेरी सारी कमाई की मालकिन तू होगी। देख, यह पलँग, यह सन्दूक, यह सारा असबाब, रुपये-पैसे, कपड़े-लत्ते, सब कुछ तेरे हाथ में रहेगा। तेरा ही दिया सब खायँगे और पहनेंगे। जो सिपाही आज तुझ पर शेर हो रहे हैं, ये तेरे सामने सियार बने रहेंगे।

इतने पर भी सुगिया चुप ही रही। दारोगाजी ने सोचा, अब कौन-सा ढंग निकालूँ। कुछ देर तक उसके मुख की ओर लुभाई नजरों से देखकर बोले–अगर मेरे साथ तेरा मन राजी हो गया, तो सच मान, छुट्टी लेकर जल्दी ही तेरे साथ बनारस चलूँगा। वहाँ तुझे घुमा-फिराकर विन्ध्याचल

ले चलूँगा। फिर प्रयागराज, चित्रकूट, अयोध्याजी, गयाजी, बैजनाथजी, ठाकुरद्वारा–सब तीर्थों की सैर करा दूँगा। रेलगाड़ी, हवागाड़ी और घोड़ा-गाड़ी के सिवा कहीं तुझे एक पग भी पैदल चलना नहीं पड़ेगा। मेरे साथ मौज से देश-देश की हवा खाना, देश-देश की मिठाइयाँ खाना, देश-देश की चीजें खरीदना–सब हौसले मिटा लेना। बनारस की साड़ी और विन्ध्याचल की चुनरी खरीद दूँगा। प्रयागराज का किला दिखाऊँगा, त्रिवेणी में नाव पर झिरझिरी खेलाऊँगा। चित्रकूट के पहाड़ पर सैर कराऊँगा। अयोध्याजी में सावन का झूला दिखाऊँगा। गयाजी का पेड़ा और बैजनाथजी का चूड़ा-दही बहुत ही बढ़िया होता है। अभी क्या, जब खिलाऊँगा तब कहना कि वाह क्या खिलाया ! बैजनाथजी से कलकत्ते होते हुए ठाकुरद्वारा जाना पड़ेगा। कलकत्ते में बिजली की गाड़ी पर चढ़ाकर सारा शहर एक ही दिन में घुमा दूँगा। हवागाड़ी पर चढ़ाकर किले के मैदान की हवा खिलाऊँगा। बागबाजार का रसगुल्ला और मीठा सन्देश चखवाऊँगा। वहाँ का रसगुल्ला इतना बढ़िया होता है कि मुँह में डालते ही गल जाता है। बंगाली मिठाई तो तूने कभी खाई न होगी ? खाकर देखना, मुँह से न छूटेगी। बंगाल की पाढ़दार साड़ी बहुत ही अच्छी होती है। बढ़िया-से-बढ़िया देखकर तेरे लिए शान्तीपुरी साड़ी खरीद दूँगा। फिर ठाकुरद्वारे में समुन्दर की बहार दिखलाऊँगा। अगर तू कहेगी, तो बम्बई भी दिखला दूँगा। तेरे लिए सब करूँगा, मगर तू करने देगी तब न ?

जहाँ सुन्दरता और युवा अवस्था का सराहनीय संयोग होता है, वहाँ प्रायः भोग-विलास की इच्छा भी प्रबल होती है ! सुगिया बड़ी सुन्दर और नवयुवती थी। वह कभी बग्घी, फिटन, मोटर या रेलगाड़ी पर नहीं चढ़ी थी ! कभी उसे एकान्त में किसी शौकीन नवयुवक से रस-भरी बातें करने का अवसर नहीं मिला था। उसकी लालसाएँ गुदरी के सूने अँधेरे घर में कई बार बुरी तरह तड़प चुकी थीं। उसका मन कई बार आँसुओं की बरसात में संसार की वासनाओं के साथ झूला झूल चुका था। उसके कितने मनोरथ कई बार कोरी कल्पना की हाट में खाली हाथ घूम चुके थे।

जब तक वह गुदरी राय के घर में रही, दिन-रात झँखते ही बीता। उसे देख-देखकर गुदरी राय की उमंगें भले ही तरंग मारती थीं–लालसाएँ

खूब लहर लेती थीं; पर गुदरी को देखकर उसका दिल बैठ जाता था, उसके रोएँ गिर जाते थे, उसकी नाक सिकुड़ जाती थी–खोपड़ी के पिल्लू कुलबुला उठते थे।

दारोगाजी ने ऐसा चारा फेंका कि मछली का मन चंचल हो उठा। पर उसे चारे में लगी हुई अँकुसी की खबर न रही !

सुगिया के हृदय में सोई वासनाएँ चौंककर जाग पड़ीं, जैसे हाहाकार सुनने से कच्ची नींद टूट जाती है। वह कहना चाहती थी–अब तो मैं बेबस हो गई हूँ, मेरा कुछ कहना-न-कहना बराबर है। पर यह कहने की इच्छा रहते हुए भी वह कुछ न कह सकी। तूफान आने से पहले सन्नाटा छा जाता है।

दारोगाजी–जाति के कायस्थ, घूसखोरी बपौती–सनातन धर्म, नई उम्र, सुन्दर डील-डौल, कसी हुई देह, ऐंठी हुई कड़ी नोकदार मूँछें, चमन की क्यारियों की तरह सँवारे हुए बाल, आँखों पर सुनहरी कमानी का चश्मा, नाजुक मिजाज, शौकीन तबीयत, बोतल ढालने का चस्का, शोहदेपन का शौक, नस-नस में शरारत भरी हुई, वासनाओं के पुतले और हरएक 'बाजी' के काजी !

सुगिया को चुप देखकर धीरे-धीरे उसके हाथों को अपने हाथों में लेते हुए दारोगाजी बोले–तू एकदम चुप क्यों हो गई ? चिन्ता की कोई बात नहीं। जितना भर मैं कहूँ, अगर तू उतना भी करती चल, तो तू जिन्दगी भर मौज से रहेगी। बोल, मेरे साथ-साथ रहना तुझे पसंद है ? पसंद है ? बस इसी बात में 'हाँ' और 'ना' कहने पर तेरे नसीब का फैसला है। अगर तू एक भलेमानस स्त्री की तरह परदे के अंदर आराम से रहना पसंद करती है, तो तेरा बेड़ा पार है। नहीं, अगर तू अपना करम-रेख ही भोगना चाहती है, तो फिर मुझे तुझसे कोई मतलब नहीं–जा, बाजारू बनकर रह। थाने से कचहरी तक धक्के खायगी, कनस्तबलों की जमात में पड़कर आबरू गँवायेगी, जेल के पहरेदारों के हाथ में जाकर भूखे कुत्ते के पल्ले पड़ी हुई फटी जूती की दशा को पहुँचेगी; फिर वहीं अंत में बाजार की सदर सड़क पर पेट के लिए 'रूपहटिया' में दूकान खोलनी पड़ेगी। पराये का आसरा, चार दिन की चाँदनी, लोक-परलोक का सत्यानाश, इज्जत और ईमान से

खारिज–यही नतीजा होगा !

सुगिया ने लम्बी साँस खींचकर एक बार दारोगाजी की ओर देखा। कुछ कहना चाहा; पर मुँह से बोल न निकला। फिर घुटने पर गाल देकर नहँ से जमीन खोदने लगी। दारोगाजी ने फिर अपने जादू की एक पुड़िया छोड़ी–अभी तक तेरा पत-पानी बचा हुआ है। इसलिए मैं इतना समझा रहा हूँ। अगर तू बिगड़ैल होती, तो मैं तेरी बात भी नहीं पूछता। मसल है–'जब बिगड़े तब सुघड़ नर, क्या बिगड़ेगा कोढ़'। और यह भी लोग कहते हैं कि 'मट्ठे का क्या बिगड़े, जब बिगड़े तब दूध'। तू सूघड़ है, दूध है–मट्ठा या कोढ़ नहीं। अगर तू कुरूपा होती, तो दुनिया की आँख तेरी ओर नहीं उठती। मगर तू रूपवती है, इसलिए दुनिया की आँखें तेरे पैरों में जंजीर डाल देंगी, एक पग भी चलना दूभर हो जायगा। यह नई उमर और ऐसी मनमोहनी सूरत अगर दुनिया की आँखें देख लेंगी, तो सच कहता हूँ–विश्वास कर, तेरी हालत ठीक वैसी ही हो जायगी, जैसी कटे या सटे हुए पंखोंवाली चिड़ियाँ की होती है–तू उड़ न सकेगी। तेरी जान जायगी, लोगों का खिलवाड़ होगा। मतलब के यार बहुत मिलेंगे, अवसर पड़े के साथी कोई नहीं ! अब झटपट बोल, देर न कर, तेरी क्या राय है ? इस मामले को संगीन कर दूँ या तेरी जिन्दगी को रंगीन कर दूँ ?

सुगिया ने अपने सिर का अंचल सरकाते हुए रुँधे कंठ से कहा–अब तो पत्थर के नीचे मेरे हाथ दब चुके है। मैं कुछ कहकर ही क्या करूँगी। अगर मेरे नसीब में कुछ भी सुख लिखा होता, तो गूँगी गाय की तरह कसाई के खूँटे पर क्यों बाँधी जाती ? करम-हीन खेती करे, बैल मरे कि सूखा परे ? मैं हर तरह अभागिन हूँ। भगवान ने जैसे लकड़ी में आग बनाई है, वैसे ही मुझे सुघराई दी है। जैसे अपनी आग से लकड़ी जलती है, वैसे अपनी ही सुघराई से मैं जलती रहती हूँ; भगवान ने मोर के सब अंगों को अपने ही हाथों सँवारा है, मगर सब सुन्दर अंगों के आधार उसके पैरों को ऐसा खुरच दिया है कि अपने बेवाय फटे हुए पैरों को देखकर बेचारा दुःख के मारे बिखधर को लील जाता है, तब भी प्राण नहीं निकलते। जो दुनिया के लिए जहर है, वही अभागे के लिए अमृत है। जहर खाने से भी मेरी जान नहीं गई ! जहर भी ऐसा-वैसा नहीं, सोरह सौ रुपये में असली जहर

खरीदकर मेरे दुश्मन ने मुझे खिलाया था ! मुरछा तक नहीं आई, कपार भी न बथा, मरना तो लिलार में लिखा ही नहीं है।

एक ही सुर में सुगिया इतना कह गई। कह चुकने पर उसकी आँखों से ढर-ढर आँसू झर पड़े। दारोगाजी उसके हाथ पकड़े हुए उठकर खड़े हो गये। उसे भी उठाकर खड़ा किया। इत्र में बसे हुए रूमाल से उसके आँसुओं को पोंछा। बड़े प्रेम से पलँग पर बिठाया।

फिर कुछ देर तक सुगिया के मुख को ललचाई नजरों से देख दारोगाजी ने सन्दूक खोलकर धीरे से रुपये की थैली निकाली। थैली के साथ कुंजियों के तीन बड़े-बड़े गुच्छे उसके आगे रखकर बोले—आज से यह सब-कुछ तेरा है, घर तेरा है, मैं तेरा हूँ, और चाहिए क्या ? जो कह, सो हाजिर करूँ।

बेचारी भोली-भाली सुगिया बड़ी दुविधा में पड़ गई। उससे कुछ कहते न बना। थैली की तरफ अच्छी तरह देखा भी नहीं। धीरे-धीरे सरकती हुई पलँग से उतरकर नीचे बैठ गई।

दारोगाजी झुँझला उठे। वह इतने अधीर हो गये कि एक पल भी सौ चौजुगी के समान बीतने लगा ! उन्होंने उसकी बाँह पकड़कर फिर पलँग पर खींच लिया। सुगिया का चेहरा तमतमा उठा। दारोगाजी भी दाँत पीसने लगे। आँखें तरेरकर बोले—आखिर तेरी क्या राय है ? सीधी तरह बात मानेगी या मैं कोई दूसरी तरकीब करूँ ? बात मान, तुझे पछताना पड़ेगा। ऐसा हठ मत कर कि तेरी जान पर आ बीते।

सुगिया लम्बी साँस खींचकर रह गई। उसके गोरे मुख पर पसीने की बूँदें झलकने लगीं। सँभलकर बैठने पर भी देह थर-थरा उठी। छाती बड़े जोर से धड़कने लगी। आँखें भर आईं। बड़ी दीनता से बिलखकर बोली—अभी मेरी माँग में खली भी नहीं लगाई गई है, चूड़ियाँ भी नहीं फूटी हैं, आँसू भी नहीं सूखे हैं, आज ही का रंडापा है, हरा घाव है, कैसे क्या जवाब दूँ। मनबहाल का नाश देखकर छाती जुड़ाने की इच्छा न होती तो आज ही रास्ते में दौड़ते हुए एक्के से कूदकर जान दे देती।

मनबहाल का नाम लेते ही दारोगाजी को बड़ा अच्छा मौका मिल गया। एक नया ढंग सूझ पड़ा। उन्होंने छूटते ही कहा—मेरी बात मान लेने पर तेरे सारे मनोरथ पूरे हो जायँगे। जिस दिन कह, उसी दिन मनबहाल को

पकड़ मँगाऊँ। तेरे सामने पेड़ में बाँधकर उसे कोड़े से पिटवाऊँ। पहले तू राजी भी तो हो। मनबहाल की दुर्दशा कराना तो मेरे लिए बायें हाथ का खेल है। तेरे देखते-देखते उससे त्राहि-त्राहि न करवा दूँ, तो असल बाप का बेटा नहीं। झूठ कहना दोगले का काम है। जनेऊ की शपथ खाकर कहता हूँ, उसे दिन-भर जलती धूप में एक टाँग पर खड़ा करके पानी बिना तरसाऊँगा। अगर जी चाहे, तो तू उसके मुँह में थूक सकती है, उसे पैरों से ठुकराकर जली-कटी सुना सकती है। कोड़ों से पीटकर अपनी छाती ठंडी कर सकती है। मुझे कोई उज्र नहीं है। तेरे लिए मैं सब-कुछ कर सकता हूँ। कह तो दिया कि मेरी बात मान जा; जिन्दगी-भर रानी बनी रह। बस तो अब पक्का हो गया। कल ही तड़के मनबहाल को पकड़ मगाऊँगा और नागफनी के काँटों पर सुलाकर मारे हंटरों के उसकी सारी देह तोड़ दूँगा। अच्छा अब तू कुछ जलपान कर।

दारोगाजी झट उठकर एक मुरादाबादी तस्तरी में भंग पड़ी हुई चार तबकदार बर्फियाँ और शीशे के गिलास में शराब मिलाया हुआ मीठा शरबत लाये। सुगिया के आगे तस्तरी रखकर अपने ही हाथ से उसे बरफी खिलाते हुए बोले--मनबहाल को पकड़ लाने के लिए आज ही रात को सिपाहियों से ताकीद किये देता हूँ।

सुगिया ने बर्फी खिलाने से उन्हें रोकते हुए कहा--आज मैं कुछ भी मुँह में न डालूँगी। उस जन्म में न जाने कौन ऐसा पाप किया था, जिसका फल भोग रही हूँ, इस जनम में भी तो कुछ सम्हलूँ।

दारोगाजी ने बड़े प्यार से कहा--यह तो फलाहार है। इसमें कोई दोष नहीं है। मैं खुद तुझे अन्न-जल न दूँगा। क्या मुझे अपने ईमान का डर नहीं है ?

भोली-भाली बेकस सुगिया किसी बहाने दारोगाजी का आग्रह टाल न सकी। बेचारी अपनी बेबसी पर मन-ही-मन कलप कर रह गई।

नाश्ता-पानी हो चुकने पर दारोगाजी का मन बढ़ा। सोचने लगे--क्या, ले लिया है। जरा नशे में चूर हो जाय, तब सब गहने उतार कर रख लूँ, आगे फिर देखा जायगा। अब तो चिड़िया के पंख में लासा लग गया, उड़ना मुश्किल है। भगवान जब देने लगते हैं, तब छप्पर फाड़कर देते हैं। कई

सौ का माल भी मिला, हौसला भी पूरा हुआ।

दारोगाजी का पाखाना तो कंठस्थ हो गया। तम्बाकू जल चुका था। पाखाने में लोटे का पानी धरा ही रहा।

खिड़की के चिक से छन-छनकर कमरे में चाँदनी आने लगी। पलँग पर बिछी हुई नैनसुख की साफ चादर चितकबरी हो गई !

सुगिया का नशा खिल उठा। उसके गहनों ने दारोगाजी की पेटी में आराम किया। उनकी शरारतों की बोटी-बोटी फड़कने लगी ! पनबट्टा और इत्र की शीशियाँ खाली हो चलीं। चोर-महल रंग-महल हो उठा !

5

गोबरधन का कच्चा चिट्ठा

जाके घर में नौलख गाय
सो क्या छाँछ पराई खाय

हमारे नाना के कोई लड़का नहीं था। वह बाबू सरबजीत सिंह के बड़े पुराने विश्वासी दीवान थे।

बाबू साहब की जमींदारी की सालाना आमदनी आठ-दस हजार से ऊपर थी। उस सारी जमींदारी के करता-धरता हमारे नाना ही थे। बाबू साहब केवल नाम के मालिक थे।

हमारे नाना पर उनका इतना विश्वास था कि कभी बहीखाता नहीं जाँचते थे। वह नाना को भी अपने बड़े भाई के समान–बल्कि उससे भी चार अंगुल अधिक ही–मानते थे। मरने के समय वह अपने इकलौते बेटे बाबू रामटहल सिंह को नाना के ही हाथ सौंप गये।

पर बाबू रामटहल सिंह अपने पिता की तरह हमारे नाना के हाथों के खिलौना न रहे। हाँ, जमींदारी के मामले में अब भी नाना का ही सोलहों आना हाथ था। स्याह-सफेद–जो कर देते थे, कोई हाथ पकड़नेवाला नहीं था। जिसे चाहते–बसाते, जिसे चाहते–उजाड़ देते।

लेकिन भरसक उनकी जानकारी-भर जल्दी किसी का कुछ बिगड़ने न पाता था। यहाँ तक कि उनके जाने में जमींदारी का कोई मामला अदालत का मुँह नहीं देखने पाता था। वह आप ही दूध-का-दूध और पानी-का-पानी करके दोनों पक्ष को समझा देते थे। और, हर मामले में बिलकुल बेलस और बेलाग रहने के कारण ही उनकी सिर्फ एक जबान हाईकोर्ट के हजार फैसलों से कम नहीं समझी जाती थी।

परन्तु, हजारों असामियों के भाग्य-विधाता और सारी जमींदारी के सर्वेसर्वा होने पर भी उनकी आँखों में चरबी नहीं छाई थी। हाँ, बाबू रामटहल सिंह के अत्याचार से वह एकदम नकिया गये थे ! सैकड़ों उपाय करके भी वह उनको अपने हाथों की कठपुतली न बना सके।

इसका एक बड़ा भारी कारण था। बाबू रामटहल सिंह के पीछे गाँव के बड़े-बड़े काइयाँ लगे हुए थे। यदि नाना के रूठने से जमींदारी में तखड़-पखड़ हो जाने का भय न रहता, तो गाँववालों के कान भरने से नाना के साथ वह कभी के उलझ पड़े होते। पर उन्हें अच्छी तरह यह मालूम हो गया था कि दीवानजी जिस दिन न रहेंगे, उस दिन मेरा लदा-लदाया जहाज मँझधार में डूब जायगा।

नाना के गुजरते ही बाबू साहब का यह खयाल बिलकुल सच निकला। शुरू में उनके कान फूकनेवालों ने बड़े प्रसन्न होकर कहा—लीजिए, अब अकंटक राज कीजिए।

पर जब सुबह-शाम में ही नाना के बिना काम अटकने लगा तब बाबू रामटहल सिंह ने हमारी नानी से कहा—अपने दमाद को बुलवाइए। नहीं तो मेरी जमींदारी मिट्टी हो जायगी और आपका काम-धाम भी चौपट हो जायगा।

नानी की बुलाहट पर बाबूजी और मइयाँ के साथ हम भी रामसहर गये। बचपन में भी एक बार हम वहाँ गये थे। उस समय दुधमुँहें बच्चे थे। इस बार पहले से बड़े हो गये थे। लोटा भर जल उठाकर अँगने से बैठकखाने में बाबूजी को दे आ सकते थे !

पर भरे घड़े में से लोटा-भर भी जल ढाल लेना हमारे लिए कठिन था ! यदि हम अभ्यास करने पाते, तो कोई कठिन न था। मगर जब कभी

बाबूजी के पानी माँगने पर हम लोटा लेकर घड़े के पास पहुँचते, मइयाँ दौड़कर हमारे हाथ से लोटा छीन लेती और कहने लगती--पानी लेना हो तो माँग लिया करो, भरें घड़े को उझलने से कलेजे पर बहुत जोर पड़ेगा। एक तो आप ही गिरगिट की तरह हो, दूसरे कलेजे पर जोर पड़ने से सूखकर अंठई हो जाओगे।

इतना ही नहीं, लोटे में पानी ढालकर बाहर की देवढ़ी तक वह स्वयं हमें पहुँचा देती थी। फिर वहाँ से जल-भरा लोटा लेकर जब तक हम बैठकखाने के चबूतरे पर नहीं चढ़ जाते थे, तब तक किवाड़ की ओट से वह देखती ही रहती थी !

माँ-बाप के लाड़-प्यार ने हमें रूई का फाहा बना दिया था। हमारी ही उमर के लड़के जामुन के पेड़ पर चढ़ अपनी रुचि से बढ़िया-बढ़िया झोझ तोड़कर खाते थे और हम मुँह ताका करते थे--हम पर दया करके जो दो-चार अधपके फल वे नीचे डाल देते थे, हमें उन्हीं को खाकर रह जाना पड़ता था--जूठन पर ही सन्तोष करना पड़ता था !

हम मइयाँ की आँखों की ठंढक और बाबूजी की आँखों की पुतली तो थे ही, अब नानी की पुरानी आँखों की भी नई जोत बन गये ! इसलिए न तो अँधेरे में अकेला रहने पाते थे और न कभी तिनका टालने-भर का कोई काम ही करने पाते थे !

बात असल यह कि आगे चलकर हमारे अहदी, डरपोक और कमजोर हो जाने की चिन्ता उनको नहीं थी। वे तो अपनी साध पूरी करने की धुन में मस्त रहा करते थे।

इसका नतीजा बुरा हुआ। सयाना होने पर भी हम बाबूजी के कन्धे पर ही चढ़े फिरते थे मानों ईश्वर ने हमारे लिए उनको घोड़ा बनाकर भेजा हो !

मगर हाँ, ननिहाल जाने पर बाबूजी की गोद की जीन-सवारी बहुत कम हो गई। हम नानी के अंग लग गये। वह हमें इतना प्यार करने लगी कि कुछ दिनों के बाद ही हम मइयाँ और बाबूजी को एक तरह से भूल गये !

एक तो हम अपने नाना के रास पर आये थे, दूसरे अपनी नानी की

इकलौती बेटी–मइयाँ–की इकलौती सन्तान थे। फिर हमारे 'कुँअर-कन्हैया' होने में क्या सन्देह था ?

खैर, हमें देखकर बुढ़िया नानी अपने सारे दुख भूल गई। हम स्कूल में पढ़ने लगे। जब हम अपने गाँव की पाठशाला में पढ़ते थे, तब हर सनीचर को–धोये हुए चावल, पैसा-भर गुड़ और एक गोरखपुरिये पैसे से पाठ पूजते थे। उसी दिन सब लड़के पहले पाठशाले में जाकर जमा होते थे। फिर गाय के टटके गोबर से पाठशाले को लीप-पोतकर गुरुजी के साथ गंगा नहाने चले जाते थे। गंगाजी का रास्ता हमारे घर के पास से जाता था। इसलिए गुरुजी हमें घर से पुकारकर अपने साथ ले लेते थे। नहा-धोकर, कपड़े कचारकर, अपनी-अपनी स्लेट और पट्टी माँजकर, सब लड़के अपने-अपने घर से 'शिरनी' लाने चले जाते थे।

चावल और गुड़ की शिरनी बनती थी। साथ में एक गोरखपुरिया पैसा भी होता था। अपने-अपने घर की शिरनी और पैसा लेकर सब लड़कों के आ जाने पर गुरुजी पाठ पुजवाना शुरू करते थे। शिरनी चढ़ाकर, गंध-धूप देकर, अपनी-अपनी जगह पर घुटनों के बल झुककर, सब लड़के धरती में सिर टेकते थे। गुरुजी एक तरफ से शुरू करके लगातार सब लड़कों की पीठ पर मीठी-मीठी छड़ी लगा जाते थे। कैसी सुहावनी पूजा थी !

बहुत से लड़के ऐसे थे, जो कभी चावल लाते थे तो गुड़ और पैसा नहीं, कभी पैसा–तो चावल और गुड़ नहीं, कभी गुड़–तो चावल और पैसा नहीं। उनके यहाँ गुरुजी का दरमाहा और सीधा भी बाकी पड़ा रहता था। कभी-कभी किसी लड़के का बाप आकर कहने लगता था–गुरुजी, इस साल पैदा बहुत नरम है। भदई और अगहनी ने कमर तोड़ दी। चैती का भरोसा है। खेत कमाते-कमाते तो पीठ की रीढ़ धनुही हो गई, मगर करम गवाही नहीं देता तो क्या करूँ ? और कोई धंधा भी तो नहीं है ! आप तो घर के आदमी हैं, हालत देखते ही हैं। आपसे क्या परदा है ? आप तो सब रत्ती-रत्ती जानते हैं। मगर चैत में सब बाकी-बेकाम कर दूँगा। दाम-दाम जोड़कर ले लीजियेगा। भगवान की दया से क्या हरदम सूखा ही पड़ेगा ? अपने ऊपर चाहे लाख बीते, मगर मैं किसी का खदुक रहना नहीं चाहता। किसी का मेरे यहाँ कौड़ी का एक दाँत भी बाकी नहीं है। पेट काटकर

तो मालिक की कौड़ी देता हूँ। आपकी दया से यह लड़का अगर कुछ पढ़ जायगा, तो मेरा दुख छूट जायगा। आपका नाम लेता रहूँगा। आपकी एक निसानी रह जायगी। मेरे यहाँ आपका नगद डेढ़ रुपया और साढ़े बारह सेर सीधा बाकी है। कहीं पुरजे पर टाँक लीजिए।

इसी प्रकार, कभी-कभी किसी लड़के की बेवा-बेकस माता भी आकर केवल अपना ही ओसाती थी, बेचारे गुरुजी कुछ कह नहीं पाते थे। कितनी-एक तो किसी-किसी पाठ-पूजा के दिन कौड़ी-भर गुड़ और एक लोहिया पैसा देकर अपने लड़के से कहला भेजती थीं—आजकल घर में चाउर ऊपर नहीं है, गुरुजी कहें तो उसके बदले में जौ और चने का—आज ही का पिसा हुआ—सीधा सतुआ भेज दूँ।

गुरुजी भी सत्तू के बड़े प्रेमी थे। पूरी-मिठाई छोड़कर सत्तू खा लेते थे। सब लड़के जो बँधा हुआ सीधा देते थे, उसे घर भेजने के लिए वह बटोरते जाते थे और सनीचर के दिन पाठ-पूजा पर चढ़ाये हुए पैसों से सत्तू खरीदकर खाया करते थे। रात को—रोटी या बाटी—कुछ बना लेते थे।

गरमियों में तो वह छूटकर सत्तू खाते थे; बल्कि जाड़े में भी कड़ाके की धूप में बैठकर बड़े प्रेम से सत्तू खाया करते थे। उनकी एक विचित्र कहावत थी—तीन टनक्कै सतुआ मीठ—टनक भूख, टनक लून, टनक घाम—और अगर टनक मिर्चा भी हो, तो फिर 'सीतल-बुकनी प्रसाद' का क्या कहना !

रामसहर के हिन्दी-मिडिल स्कूल में नाम लिखाते ही सनीचर की पाठ-पूजा तो छूट गई ! यहाँ किसी लड़के के माँ-बाप अपना दुखड़ा रोने नहीं आते थे। आते भी थे, तो हमारे गुरुजी की तरह कान लगाकर उनकी कोई सुनता न था। बेचारे रो-गाकर चले जाते थे। उनके लड़के का नाम कट जाता था। फ़ीस का रुपया और पुस्तकों का दाम समय पर न दे सकने के कारण उनके लड़के अच्छर-कट्टू ही रह जाते थे !

वहाँ चटाई पर बैठना था, यहाँ बैठने को बेंच मिली, वहाँ 'गुरुजी' थे, यहाँ 'मास्टर साहब' मिलें। वहाँ फूस की मँड़ई में पाठशाला थी, यहाँ टिपकारी की हुई लाल ईंटों से बनी पक्की छत वाली बंगलानुमा इमारत

में स्कूल था। वहाँ और यहाँ में पूरब-पच्छिम का भेद था ! वहाँ के गुरुजी एक ऊँची बेदी पर बैठते थे। उनकी खोपड़ी में एक फटी टोपी धँसी रहती थी। सफेद बाल टोपी के छेद से झाँकते रहते थे। कंधे पर एक मैला अँगोछा पड़ा रहता था। ढाई आने में खरीदे हुए चालीस बरस के पुराने चश्मे को नाक की नोक पर सरकाकर लड़कों को घूरा करते थे। चश्मे की बिचली रीढ़ पर लत्ता लपेटकर उसकी ठूँठी कमानियों में बँधे हुए मोटे सूतों को–घोड़े की अगाड़ी-पछाड़ी की तरह–अपने कानों में बाँधकर कँधे तक लटकाये रहते थे !

पर यहाँ के 'मास्टर साहब' तो कामदार चमरौधा जूता, कमीज-कोट और कंघी किये हुए बालों पर नीची दीवार की काली टोपी पहनकर कुर्सी पर बैठे हुए थे। इनकी बुलबुल का तेल टोपी की नीची दीवार से होता हुआ उसकी छत पर पहुँच गया था !

वहाँ, जब खेत से हलवाहे अपने कँधे पर हल और आगे-आगे बैल लिये आने लगते थे, गायों को चराकर चरवाहे बस्ती की ओर अपनी गौओं के साथ लौट पड़ते थे, लँगूरी पूँछ उठाकर दौड़ती और हँकरती हुई गायें खूँटें में बँधे हुए अपने उत्सुक बछड़ों के पास पहुँचकर उन्हें सूँघने और चाटने लगती थीं, तब गुरुजी बरतावन करने की आज्ञा देते थे, जिसके समाप्त होते ही, सब लड़के एक साथ ही, गुरुजी को सलाम करके अपने-अपने घर की ओर दौड़ पड़ते थे।

और यहाँ ? यहाँ तो घंटा बजने पर छुट्टी होती थी। घंटे का शब्द ही मुक्ति का मधुर मंत्र था।

सब नयापन तो था; पर छड़ी निगोड़ी ने यहाँ भी जान न छोड़ी ! वह उसी प्रकार मास्टर साहब के हाथ में विराजमान थी। उसे देखकर ईमान काँपता रहता था !

पर हमारे चचेरे मामा का छोटा लड़का केदारनाथ कभी छड़ी की परवा नहीं करता था। वह हमारे ही साथ पढ़ता था। उसी के साथ हम स्कूल जाते थे। छुट्टी होने पर फिर उसी के साथ घर लौटते थे। हम दोनों एक ही बेंच पर बैठते भी थे। यहाँ तक कि एक ही दवात और चाकू से हम दोनों का काम चलता था।

गोबरधन का छोटा भाई गोपाल भी हमलोगों के साथ पढ़ता था। पढ़ने में हम दोनों से बहुत तेज था। मालूम होता था, उसकी जीभ पर सरस्वतीजी बसती हैं !

न जाने गोबरधन क्यों ऐसा गोबर गनेश था कि पसुपत पाँड़े बरसों रटाते ही रह गये, वह एक श्लोक भी कंठ नहीं कर सका। और उसी के सगे छोटे भाई गोपाल का जिहन ऐसा खुल गया था कि जो चीज एक बार उसकी आँख तले पड़ जाती थी, वह उसी समय कंठ हो जाती थी !

हम और केदार बाबू रामटहल सिंह की ठाकुरबारी में, गोपाल के साथ बहुत जाया करते थे। हमलोग जब जाते थे, तब गोपाल हमलोगों को ठाकुरजी की प्रसादी देता–कभी मिसरी, कभी बताशे, कभी गुड़, कभी बेर, कभी अमरूद, कभी छुहारे-मुनक्के। प्रसादी के लोभ से हमलोग करीब-करीब रोज ही वहाँ एक बार जाते थे।

रामनौमी और जन्माष्टमी में वहाँ वृन्दावन की रासलीला होती थी। जब से बाबूजी के हाथ में बाबू साहब की जमींदारी का भार सौंपा गया, तब से ठाकुरजी के हर एक उत्सव में व्रजवासी रासमंडलवालों का नाच होने लगा। बाबूजी भी घर की खेतीबारी दूसरे आदमियों के जिम्मे कर–जगह-जमींदारी ठीकेदारों के हाथ बन्दोबस्त कर–हमेशा रामसहर में ही रहने लगे।

बाबू रामटहलसिंह ने उनको अपने रंग में रँग लिया। नाना के समान उनका प्रभाव न रहा। वह बाबू साहब की इच्छा से सब काम करने लगे। पर वह कभी बाबू साहब की हानि की परवा नहीं करते, सदा अपनी ही स्वार्थ-सिद्धि पर नजर रखते थे !

हमारी नानी उन्हें हरदम सिखलाया करती थी–भर-पेट कमा लो, नहीं तो पछताओगे, कुछ हाथ न लगेगा। तहसीलदार और पटवारी जहाँ-कहीं जाते हैं नोच-चोथकर खा-चबा जाते हैं, पर तुमको न जाने भगवान कब सुबुद्धि देंगे ! कायथ देवान ऐसा गँवार नहीं होता। कितने ही दरबारों के देवान देखते-ही-देखते राजा हो जाते हैं। आखिर सब लूट-पाटकर खा जायँगे और तुम्हारे हाथ हत्या रहेगी। भोलानाथ के नाना को मैं लाख समझाती

रह गई, मगर वह भी जिंदगी-भर अपनी दयानतदारी ही के पीछे फकीर होकर रह गये। मेरे जीते-जी अगर लड़की के पास कुछ जमा-जथा हो जाती, तो मुझे हमेशा के लिए संतोष हो जाता।

नानी की इन स्वार्थ-भरी शिक्षाओं के अलावा मइयाँ भी बाबूजी से कहा करती थी–अब भी न कमाइएगा, तो क्या बुढ़ापे में कमाई होगी ? भोलानाथ इसी कमाई पर राज रजेगा ? जिसके घर में आपके ऐसा कमासुत है, उसके घर में रोज सोना बरसता है। जब मैं अपने घर रहती थी, तब हरदम हाथ में कुछ-न-कुछ रहता ही था। यहाँ तो जब से आई हूँ, ऐसा हाथ खाली हो गया है कि अहिवात का सौदा करने के लिए भी एक चित्ती कौड़ी पास में नहीं है, अब वहाँ की आमदनी भी बाहर-ही-बाहर आपके पास आ जाती है, और यहाँ की आमदनी आप ऊपर-ही-ऊपर उड़ा डालते हैं। ऐसा छूँछा हाथ हो गया है कि कभी-कभी तो रुलाई आ जाती है। मैं यहाँ किस-किस से उधार लूँ ? एक तो यहाँ अपना हलकापन समझकर किसी के सामने मेरा मुँह नहीं खुलता, दूसरे आपका भी पानी रखना पड़ता है। मैं अगर माँ से कहूँगी, तो हरगिज जबान खाली न जायगी, मगर अपने ऊपर जो सौ घड़े पानी पड़ जायगा। मैं कितना भी कहती हूँ, आप कुछ ख्याल ही नहीं करते ?

नानी और मइयाँ के उकसाते रहने से बाबूजी अच्छी तरह पैसा पहचानने लगे। हमारे नाना गरीबों को सतानेवाले जबरदस्त जेठरैयतों को नाकों चने चबवाते थे। उनकी कलम के कोर के मारे हुए कितने चौधुरी लोग टूट गये थे। मगर जब से बाबूजी की दीवानी चमकी, चौधुरी लोग उनकी मुट्ठी गरमाकर अपना काम निकालने लगे।

बाबूजी को टेंट गरमाने का ऐसा चस्का लगा कि सारी जमींदारी के गरीब रोएँ गिराकर उन्हें बद-दुआ देने लगे। लेकिन उनको इसकी रत्ती-भर भी चिंता नहीं थी। खूब कमाते और खूब खर्चते थे। बाबू साहब जहाँ एक रुपया खर्च करने को कहते, वहाँ दस रुपये खर्च कर डालते। बड़े भारी खर्राच थे।

इसलिए हर साल सावन के झूलन में रासमंडलवाले और रंडियों के कई गरोह तीन पखवारे तक डेरा डाले पड़े रहते। रासमंडलवाले सावन-बदी

में आते और एक ही टिकाव में कन्हैयाजी का जन्म, छठी और बरही बिताकर भादो सुदी में जाते ! फिर श्रीपंचमी के दिन आते तो बसंत की लहर लेकर ही जाते।

इसी तरह हर साल 'बारे के रसिया वृजबसिया' लोग बरसात और बसंत-भर रामसहर में ही रहकर चाँदी काटा करते थे। जिस साल बाबू साहब के मन में लहर आ जाती थी, उस साल बनारस, आगरे और लखनऊ के नाच भी उतरते थे। नहीं तो गाजीपुर की घुड़चढ़ी कसबियाँ ही चहल-पहल मचाती थीं।

पर बनारस उतरे या सारा लखनऊ टूट पड़े, रामसहर के लोगों को उन टकाही रंडियों का नाच-गाना अच्छा लगता था ! आसपास के गाँवों से भी हजारों तमाशबीन आते थे। रासमंडलवाले ज्यों ही एक चौकी पूरा करके साज-बाज उतारने लगते, त्यों ही तमाशबीन चिल्ला उठते–अब बीबी जल्दी खड़ी क्यों नहीं होती ? बिहान नजदीक है। भैरवी की बेला बीत जायगी। वाह ! हमलोग पतुरिया का नाच देखने के लिए इतनी दूर से दौड़े आकर नींद भी गवाँ रहे हैं और पतुरिया का पता ही नहीं है ! समाजी साले अलग टाँग पसारे सो रहे हैं, बीबी अलग नाक बजा रही है। अजब हाल है ! घोड़ी को गंगापार हेला दिया जायगा, बस सारी कजाकी घुस जायेगी।

तमाशबीनों का गुलगपाड़ा सुन बेचारी तायफा झटपट उठकर झुँझलाती हुई पेशवाज पहनती और सफरदाई साज चढ़ाने लगते। जब नाच शुरू हो जाता तब–जैसे रासमंडल के छैल-छबीले छोकड़ों से लोग छेड़-छाड़ करते थे, वैसे ही–बीबी के साथ भी लोग जबानी छेड़ख़ानियाँ करने लगते ! तबला चाहे दिल्ली की ओर, सारंगी ढाके की ओर, और जोड़ी झाँसी की ओर और बीबी दारजिलिंग की ओर जा रही हों तो जायँ भले ही, तमाशबीनों को तबला, सारंगी और मंजीरे से कुछ मतलब नहीं, सिर्फ चुहलबाजी से काम; क्योंकि उनके लिए तो वही घुड़चढ़ी टकाही लाख 'छपनछुरी' से बढ़कर ! अंधे सियार को पीपर मिठाई।

उधर तमाशबीन मौज करते, इधर गोबरधन और बाबू रामटहल सिंह ! बाबू साहब पहले ही से गाँव की स्त्रियों के लिए ख़ास जगह तजबीज कर

देते। खासकर तमाशे का असली आनन्द लूटनेवाली स्त्रियाँ वहीं बैठाई जातीं। वह जगह ऐसी थी, जहाँ बे-खटके बाबू साहब का घात लग सकता था।

फिर उसके पास ही एक कोठरी और थी—गोबरधन और महादेई का मिलन-मन्दिर ! मजा यह कि उसी में ठाकुरजी की हंडिका चढ़ती थी ! इसीलिए वह ठाकुरबारी से मिली हुई थी। उसका दरवाजा ठाकुरजी के सिंहासन की दाहिनी ओर ठीक सामने परिकरमा में पड़ता था।

परिकरमा के आगेवाले ओसारे में एक तरफ बाबू साहब के घराने की स्त्रियाँ चिक के अन्दर बैठती थीं। उनके आगे पसुपत पांड़े आसन जमाये बैठे रहते और माला का गाँज अपने आगे रखकर उसे धीरे-धीरे खटखटाते जाते थे।

गोबरधन और महादेई की पहली मुलाकात बड़ी हवेली के घर में हुई थी। उसी दिन दोनों का मन मिला था। उसी दिन गोबरधन ने उस पर अपना जादू डाला था। उसी दिन बाबू साहब की खाट भी कटी थी।

बाबू रामटहल सिंह ब्रह्मपिसाच के फेर में पड़कर महीनों खाट से लगे रहे। कई बार खाट से उतारे भी गये। पर महादेई को इसकी कुछ चिन्ता न थी। वह घरवालों की आँखें बचाकर चुराई हुई चीजें अपने पीहर भेजा करती। सबलोग टोटका और दवा-दारू करने में फँसे रहते और वह किसी घर में अकेली बैठी झँखा करती।

बाबू रामटहल सिंह उसे बहुत चाहते पर वह उनकी कुछ भी परवा न करती। जब से वह आई, उसका रंग-ढंग कुछ और ही तरह का जान पड़ा। कई बार बाबू साहब की बूढ़ी माता ने उसका चटोरपन देखा, कई बार उसे गोबरधन के सामने बिना आँचल सँभाले बे-धड़क हँसते-बोलते देखा; पर सब पेट में डाल लिया।

पूजा-पाठ करने के लिए गोबरधन को रोज ही बड़ी हवेली में जाना पड़ता था। वह जब तक हवेली में रहता, उसके आस-पास महादेई मधुमक्खी की तरह मँड़राया करती। वह उसको भौजी कहता, वह उसे अपना लहुरा देवर समझती। पर यह नाता गुपचुप नहीं था !

गोबरधन कभी-कभी सबके सामने ही महादेई से गहरी चुटकी ले बैठता

था। यहाँ तक कि बाबू साहब के सामने भी कई बार वह ऐसी चुटकी भर देता था कि वह हँस पड़ते थे। महादेई सिर्फ औरों को दिखाने के लिए झल्ला उठती थी।

बात यह थी कि बाबू साहब महादेई के चोंचले ठीक समझ नहीं सकते थे। हाँ, उनकी बुढ़िया माता कुछ भाँपती थीं; किन्तु बड़े भाग्य से घर बसा हुआ समझकर नई बहू को वह कुछ कह नहीं सकती थीं। पसुपत पांड़े की लिहाज-मुरौवत से गोबरधन को भी कुछ कहते न बनता था। इसलिए वह दगे साँड़ की तरह हरी फसल चरने लगा–उँगली पकड़ते-पकड़ते पहुँचा पकड़ लिया ! ऊपर राम-राम, भीतर सिद्ध काम।

गोबरधन से जिस दिन पहले-पहल सामना हुआ था, उस दिन महादेई अपने घर में मचिया पर बैठकर नखों से जमीन खोद रही थी। मन-ही-मन सोचती जाती थी–हत्यारे बाप ने जान-बूझकर मुझे भाड़ में झोंक दिया। अब जिंदगी का एक भी सुख मुझे नसीब न होगा। दुख-ही-दुख मेरे लिलार में बदा है। जब काम निकालना होता है, तब कोई भतार बन जाता है, कोई सास बन बैठती है; पर जब बुधिया से पाला पड़ा, तब कोई बीच में न आया। वह सबके देखते पानी पी-पीकर गालियाँ देती हुई मेरे साथ झोंटाझोंटी करके चली गई। घर-भर खाली मुँह ताकता रह गया। किसी से कुछ करते-धरते न बना। मेरा पानी उतारकर वह यों ही चली गई। रहता कोई मेरी ओर का आदमी, तो उतने ही पर न जाने क्या-क्या कर देता। लेकिन जिसको मेरे लिये कुछ करना चाहिए था, उसकी तो मति ही मारी गई थी। यह उसी का करमभोग है, जो अब खाट पर पड़े-पड़े भोग रहे हैं। अपनी घरनी का रोना परतच्छ ही पड़ता है।

उधर वह घर में बैठी झँख रही थी, इधर पूजा पर से उठकर गोबरधन हवन-कुंड का थोड़ा-सा भस्म मुट्ठी में लिये हुए बाबू साहब के पास चला गया। बाबू साहब के मुँह में चुटकी भर भस्म डालकर उनके सब अंगों में थोड़ा-थोड़ा भस्म लगा दिया। फिर उनकी बूढ़ी माता से कहा–आप यहाँ से हट जातीं, तो भौजी को बुलाकर मैं एक तंत्र साधता।

बेचारी बुढ़िया को तो अपने लाड़ले की जान के लाले पड़े थे। वह तंत्र साधने का भेद समझ न सकी। पहले उसने कभी इस बात का सपना

भी नहीं देखा था कि पसुपत पाँड़े का बेटा, जो जन्म से ही बराबर हवेली में आता-जाता है, ऐसी खोटी नीयत का हो गया है।

बुढ़िया को पहले-पहल आज ही आस्तीन का साँप दिखाई पड़ा। आज से पहले उसने कभी महादेई के दोषों को न परखा था। अभी तक तो बेचारी अनायास घर बस जाने के कारण अपना अहोभाग्य ही मना रही थी।

गोबरधन के कहने से बुढ़िया उठकर बाहर चली गई। आँगन में आकर महादेई से बोली—जाओ बहुरिया, भभूत करा लो। अरे, तनिक इस बहाने से भी तो उस घर में कभी-कभी जाया करो। न जाने तुमसे कैसे बिना देखे रहा जाता है। भूले-भटके भी तुम उस घर की ओर नहीं जाती। कैसा तुम्हारा कलेजा है ?

घर के अन्दर से ही महादेई झुंझलाकर बोली—क्या करने जाऊँ ? मेरे साथ उन्होंने जैसी करनी की है, वह क्या आज ही भूल गई, जो मैं उनको देखे बिना बेचैन हो जाऊँ ?

बुढ़िया ने खीजकर अनादर से कहा—अच्छा, मत जाओ, मत देखो। चूल्हे में पड़े तुम्हारा जाना और देखना। तुम्हारे न जाने और न देखने से क्या होगा ? तुम्हारे ही पैर में सुदरसन चक्र का चिह्न है जो वहाँ जाते ही उसकी रोग-व्याधि हर लोगी ? तुम्हारी नजर में क्या अमृत का कुंड भरा है जो उसे पिलाकर जिला दोगी ? न जाओ, कहीं सुघर पैर के तलवे घिस जायँगे ! भला यह तो बताओ, तुम्हारे साथ उसने कौन-सी ऐसी बुरी करनी की है, जो तुम्हें आज तक नहीं भूलती ? अरे अपना अहोभाग मनाओ कि मेरे बेटे जैसा सूधा आदमी मिल गया, नहीं तो तुम्हारे ऐसे कुलच्छन का कहीं विवाह भी न होता।

महादेई झल्लाकर बोली—अच्छा तो अब एक सुर से बड़बड़ाती ही मत रह जाओ। मालूम तो हुआ कि तुम्हारे दिल में बेटे की लाग बहुत है, तो आप ही जाकर भभूत करा लो। मुझे क्यों बुला रही हो ? इतना जहर क्यों उगल रही हो ? मैं कुलच्छन हूँ और तुम बड़ी सुलच्छन हो !

गोबरधन ने बाबू साहबवाले घर से बाहर निकलकर महादेई के घर की ओर बढ़ते हुए कहा—अच्छा जाने दो चाची, तुम चुप रहो। मैं ही जाकर भौजी को मना लाता हूँ। अब इस समय उस घर में उनके जाने की कुछ

जरूरत नहीं है। सिर्फ भैरोनाथ की भभूत देनी थी, सो मैं वहीं जाकर दिये देता हूँ। फिर कल से तो उनको हवन-कुंड में से आप ही भभूत निकालकर लानी पड़ेगी। आज मैं काम चला देता हूँ।

यह कहते और मुस्कुराते हुए गोबरधन झटपट महादेई के घर में घुस गया। उसको घर में यकायक आया देख वह झट मुँह फेरकर बैठ गई। थोड़ा घूँघट भी सरका लिया।

गोबरधन उसके आगे बैठकर हँसते-हँसते बोला–मैं तो छोटा देवर हूँ। मुझसे लजाने का क्या दरकार है ? इस हवेली में और जितनी भौजाइयाँ हैं, सब मुझसे खुल्लमखुल्ला बतियाती हैं, तरह-तरह की चीजें खिलाती हैं, और तुमको तो इतने दिन यहाँ आये हो गये, न जाने क्यों मुझे देखते ही डेढ़ हाथ का घूँघट काढ़ लेती हो ?

यह कहकर गोबरधन ने महादेई का घूँघट उठा दिया! देह से गोबरधन का हाथ लगते ही महादेई के हृदय में सन-से एक बिजली दौड़ गई! उसने झट फिर घूँघट काढ़ लिया। वह अपने दिल की कँपकँपी को धड़कन से भरी हुई छाती के अन्दर दबाकर और घुटनों में सिर देकर, मुस्कुराती हुई. धीमे स्वर में बोली–देह छूना ठीक नहीं।

पहले-पहल आँखें चार होते ही ये चार शब्द सुन पड़े! इससे गोबरधन बड़ा निराश हुआ। उसका कलेजा धक-धक करने लगा। डबडबाकर बोला–भौजी ! यह भस्म लो, थोड़ा लिलार में लगा लेना और थोड़ा-सा मुँह में डाल लेना, मैं जाता हूँ।

गोबरधन धीरे-धीरे उठकर चला। उसे आशा थी कि कम-से-कम घर के अन्दर से निकलते समय भी महादेई उसकी ओर अवश्य देखेगी। इसीलिए वह घर के दरवाजे से निकलते समय तक पीछे की ओर बराबर देखता ही चला गया।

पर महादेई टस-से-मस न हुई। उसी तरह मचिया पर सहमकर बैठी रही। गालों पर ललाई छा गई, देह में पसीना हो आया, रोएँ-खड़े हो गये; पर आँगन में गोबरधन के चले जाने पर भी उसकी ओर आँख न उठा सकी।

गोबरधन की दी हुई भस्म की पुड़िया उसके पैरों के पास पड़ी थी।

काँपते हुए हाथों से उठाकर देखा, तो उसमें थोड़ी-सी भभूत और थोड़ा अच्छत था ! फिर काँपते हुए हाथों से ही उसे नीचे रख दिया।

बड़ी देर तक वहीं बैठी हुई मन-ही-मन कह रही थी–मैंने बड़ा बुरा किया। बेचारे का जी छोटा हो गया होगा। तनिक घूँघट ही उठा दिया तो क्या हुआ, देवर तो एक-से-एक दिल्लगी करता है। बड़े भाग से मसखरा देवर मिलता है। छोटे चाचा तो मेरी मैया से ऐसी बढ़-बढ़कर हँसी करते थे कि वह नाकों आ जाती थी। इसने तो बड़े प्यार से मुझे 'भौजी' कहकर भभूत दी है। बेचारा मेरे ही सोहाग के लिए तो दिन-रात पूजा-पाठ में लगा हुआ है। दुनिया में कौन किसके लिए इतना करता है। अब मैं उसके सामने होने में संकोच न करूँगी। आज उसका जी खट्टा हो गया होगा।

–पर क्या वह समझता न होगा कि आज पहला दिन होने से ऐसा हुआ। अच्छा, कल ठाकुरजी के दरसन को जाऊँगी, तो आप ही पता लग जायगा कि मैं उसके दिल से उतर गई हूँ या नहीं। अगर दिल खोलकर बोलेगा, तो उसका दिल न तोडूँगी। नहीं, एक बार जी टूट जाने से अगर कुछ सम्हल गया भी होगा, तो दूसरी बार फिर जी छोटा हो जाने से कभी मेरी ओर आँख उठाकर देखेगा भी नहीं। कभी-कभी सबको सुनाकर जो मुझसे हँसता-बोलता है, वह भी छोड़ देगा। वही तो एक है, जो आँगन में जब कभी आता है, सबसे पहले बुढ़िया से मेरी ही बात पूछता है। देखा-देखी न होने पर भी, हरदम मुझे ही ढूँढ़ता हुआ आँगन में आता है। मेरे सिवा और किसी से बहुत हँस्सी-ठट्ठा भी नहीं करता। जब मेरे लिए उसके दिल में प्रेम है, तभी तो इतनी खोज-पूछ करता है। उसके मन में मैल नहीं है। जो कुछ मन में रहता है, झट सबके मुँह पर ही कह देता है। मेरे साथ उसकी हँसी किसी को तनिक भी नहीं रुचती, मगर तब भी वह नहीं मानता। जो कोई अच्छी चीज पाता है, बड़े प्रेम से लाकर सबके आगे ही मुझे भेज देता है। देखकर घर-भर की गोतनी-दयादिनें कट जाती हैं, ताना मारने लगती हैं, लेकिन वह किसी की बोली-ठठोली को तिनका-बराबर भी नहीं गिनता। सुभाव ही से वह भीतर का भला आदमी जान पड़ता है। इतना सयाना होने पर भी उसका लड़कों के ऐसा सुभाव है। लल्लो-पत्तो करना तो जानता ही नहीं। और उसके ऐसा मिठबोलिया

भी कोई नजर नहीं आता। जी करता है कि वह जब तक आँगन में रहता, तब तक बोलता ही रहता।

–रूप भी भगवान ने वैसा ही दिया है, मुँह पर पानी कितना है। गेहुँआँ रंग, आम की फाक-सी बड़ी-बड़ी आँखें, इंगुर के ऐसे लाल-लाल ओठ, नग-जड़े हुए-से दाँत ! और बड़ी कौड़ी-सी आँखें देखकर तो मन करता है कि दिन-रात देखा ही करूँ। जिस सोहागिन ने उसके ऐसा वर पाया है, न जाने उसने कितने जनम तक तप किया था। उसको देखकर वह फूली-फूली फिरती होगी। एक मेरा भी नसीब ही है कि दिन-रात अपनी किस्मत को रो रही हूँ।

इधर अपने घर में बैठकर महादेई खीझती थी, उधर गोबरधन ठाकुरबारी में जाकर कभी उदास मन से, कभी अनखाकर, कभी नाक चढ़ाकर चिन्ता कर रहा था–दिन-रात 'भौजी-भौजी' कहते-कहते ओंठ पपड़ा गये, और भौजी मुझे देखकर नौ हाथ का घूँघट काढ़ लेती है। उसके लिए आज कई महीने से न मैं दिन को दिन समझता हूँ–न रात को रात। हवन और जप करते-करते जान निकल गई, इसका तो कुछ खयाल ही नहीं है। इतना अगर किसी और को मानता, तो उससे जो चाहता सो करा लेता। अपने मन को क्या कहूँ, समझाये भी नहीं समझता। अच्छा, आज पहला दिन है। कल-परसों और देख लूँ। अगर ऐसा ही रंग-ढंग रहा, तो चौथे दिन इसी ठाकुरबारी में उससे खोलकर कह दूँगा कि किसी तरह ब्रह्मपिसाच नहीं मानता, कहता है कि अब अगर बहुत दिक करोगे तो मैं तुम्हें और तुम्हारे बाप को भी ले बैठूँगा। जब इतने पर भी न मानेगी, तब ऐसा पुराचन करूँगा कि भैयाराम टन हो जायँगे। चाहे इसके लिए पिताजी घर में रहने दें या घर से निकाल दें। पड़े नौ या छः, जो बात मन में ठन गई है, उसे करके ही छोड़ूँगा। जिस भौजी की भलाई के लिए इतना जान लड़ा रहा हूँ, वही जरा-सा सिर का आँचर छू जाने पर, हाथ झटकाकर कहती है कि देह छूना ठीक नहीं !

–वाह री देह ! जिसके लिए नाक कटाई, वही कहे नकटा ! ऐसा अन्धेर ? क्या मेरी स्त्री से अधिक सुन्दर देह है ? उसके पैरों का धोवन भी तो नहीं हैं। न जाने मेरा यह हत्यारा मन क्यों बहक-बहककर उसी

की ओर खिंचा चला जा रहा है। इसे न जाने कैसी सनक सवार है। अगर मेरी स्त्री भी उसी की तरह निचिन्त होकर खाने-पहनने और घर में चुपचाप बैठी-बैठी नाइन से पैर दबवाने लगे, तो ऐसी सुघर हो जाय कि देखनेवाले को भी धरनेवाला चाहिए। उसको रोज अगर ढेंकी-चक्की चलाकर कूटना-पीसना और रसोई-पानी के साथ-साथ चौका-बरतन करना न पड़े, तो उसका रूप भी ऐसा हो जाय कि देख पड़ोसिन झख मारे। साल में कभी तीज-बहुरा के दिन मैया के बहुत कहने-सुनने पर जो साधारण रीति से बन-ठन जाती है, वह रूप देखकर न जाने मेरे मन में कितनी उमंग भर जाती है; लेकिन आफत तो यह है कि वह अपने सिंगार-पटार की ओर कुछ ध्यान ही नहीं देती। नहीं तो उसके आगे ऐसी-ऐसी भौजी में क्या रखा है !

—पर यह भी हो सकता है कि भौजी ने पहले-पहल अपनी लाज निबाहने के लिए ही ऐसा बर्ताव किया हो। अगर ऐसा न होता, तो फिर मुस्कुराती क्यों ? मसल है, हँसी सो फँसी। कुछ-न-कुछ दाल में काला जरूर है। ऐसा तो हो ही नहीं सकता कि तिलों में तेल न हो। बिना आग के धुआँ नहीं होता। मन में इच्छा तो जरूर रही होगी; पर यकायक खुलकर कैसे कहे। धीरे-धीरे परक जायगी, तो आप ही चहकने लगेगी। खैर, पहले-पहल का दरस-परस है—दुधैल गाय की लात ही भली !

6
चारों धाम

जो जाय बद्री, सो न आवे ओद्री
जो आवे ओद्री, तो न हो दरिद्री।

पसुपत पाँड़े बाबू रामटहल सिंह की बुढ़िया माता से एक हजार रुपये लेकर कमरू-कमच्छा चले गये। हजार रुपये तो घर में डाल दिये, और खाकी साधू का वेष बनाकर चारों धाम की यात्रा के लिए निकल पड़े !

बाल पहले ही से बढ़ा रक्खे थे। दाढ़ी लम्बी थी ही, बल्कि पेट में भी बड़ी लम्बी दाढ़ी थी ! भभूत रमाकर मूँज की करधनी पहने, कमंडल और मृगछाला के साथ घर से बाहर हो गये।

फिर तो दगे साँढ़ बन गये। सारी दुनिया उनकी अपनी ही जागीर बन गई। मुट्ठी भर राख देह में मलते ही अकंटक राज्य मिल गया, जैसे पियक्कड़ चार पैसे की ताड़ी पीकर बादशाह का बाप बन जाता है !

बिना टिकट के ही रेल का सफर शुरू हो गया। गाड़ी में जब कोई टिकट की जाँच करने आता, तब पूरे मौनी बाबा बनकर माला दूहने लगते। टिकट माँगने पर लँगोटी, माला, मृगछाला और कमंडल दिखला देते !

गाड़ी से जहाँ उतरते, मैदान में धूनी रमा देते। धूनी की राख में सौ-पचास लौंग गाड़कर रख लेते। चारों ओर लोग हाथ जोड़े घेरे रहते; आप चुपचाप आँखें बंद किये माला सरकाते चले जाते। लोगों के सामने अपने हाथ से कभी पैसे न छूते। ऊपर पक्के परमहंस, भीतर कालनेमी के काका !

साथ में एक चेला भी था–खेदू कहार का छोटा बेटा सजीवन। वह अपने बड़े भाई बहोरन के साथ कलकत्ते में रहता था। वह तो बिना टिकट के सफर करने में पक्का उस्ताद था।

बहोरन एक अंगरेज का बेहरा था और सजीवन एक सेठ का नौकर। दोनों भाई खूब कमाते थे। बहोरन को मेम साहब और सजीवन को सेठानी बहुत मानती थी ! दरमाहा तो पाई-पाई बच जाता था। खाने-पीने में भी बहुत किफायत खर्च था।

बहोरन बढ़िया चाय, बिस्कुट, शराब और सिगरेट मुफ्त ही लाता था, और सजीवन भी आटा, घी, चीनी, चावल और पापड़ से घर भरे रहता था। साहब-मेम और सेठ-सेठानी के छाड़न-उतारन से ही मजे में कपड़े-लत्ते का काम चल जाता था।

दोनों की स्त्रियाँ परदे में रहती थीं। कभी सेठानी और कभी मेम साहब की मोटर पर कालीघाट जाकर दोनों कालीजी के दर्शन कर आती थीं। दोनों मोटरों के हाँकनेवाले हँसी-खेल में ही परखते-परखते बहोरन-बहू और

सजीवन-बहू से बड़ी और छोटी भौजी का नाता जोड़े हुए थे।

दोनों गोतिनी जब मोटर पर चढ़कर चौरंगी सड़क के बहुरंगी दृश्य देखते किले के मैदान की हवा खाते चली जाती थीं, तब उन्हें भूलकर भी उस दिन की कभी सुधि नहीं आती थी, जिस दिन बाबू रामटहल सिंह के नौकरों ने उनको बे-पानी किया था। पर बहोरन और सजीवन को वह दिन फाँसी की तारीख की तरह याद रहता था।

सेठ-सेठानी के साथ सजीवन बैजनाथजी गया हुआ था। वहीं मंदिर में पसुपत पाँड़े से भेंट हो गई। पाँड़ेजी घर से सीधे बैजनाथजी ही आये थे। सजीवन क्या पहचाने ? ठाठ-बाट ही निराला था ! मगर पाँड़ेजी ने सजीवन को पहचान लिया। सजीवन तो उन्हें खाकी नागा के भेष में देखकर अकचका गया।

पाँड़ेजी उसको अलग ले जाकर बड़े ढंग से बोले–तू मेरे साथ चल। दूध-मलाई, खोवा, रबड़ी, मालपुआ-मलीदा, हलवा-पूरी–जो खायेगा, खिलाऊँगा। मगर याद रहे, मेरा चेला बनकर रहना पड़ेगा। मैं जो कुछ सिखलाऊँगा, वही बोलना और करना होगा। उससे बाल-भर भी इधर-उधर होगा, तो खेल बिगड़ जायगा। तुझे ऐसे-ऐसे तंत्र-मंत्र सिखलाऊँगा कि सब ओझों का मेठ तेरा बाप भी तेरा हुनर देखकर चकरा जायगा। अपने मालिक से एक साल की छुट्टी लेकर चल। रुपये-पैसे की चिन्ता मत कर। पहले चल तो सही, हमलोग जहाँ जम जायँगे, वहीं तोड़े बरसने लगेंगे। मगर देर न कर पट्ठा। बहोरन को चिट्ठी लिखकर आज ही डाकघर में छोड़ दे।

सजीवन बड़ी दुविधा में पड़ गया। इधर सेठानी की चिंता, उधर तंत्र-मंत्र सीखने की चोखी चाह ! सोचा--तंत्र-मंत्र सीखे बिना बाबू साहब से उस दिन के अन्याय का बदला नहीं लिया जा सकता। बाबूजी नामी ओझा हैं तो क्या, उनसे कसर निकालना नहीं सपरेगा। हमलोग दोनों भाई अगर लाखों रुपये कमाकर घर में डाल देंगे, तो भी अपने गाँव में बाबू साहब के सामने सिर न उठा सकेंगे। इस जन्म में हमलोग उनसे आँख बराबर नहीं कर सकते। मगर तंत्र-मंत्र करके बदला चुकाना बहुत आसान है। बात भी जाहिर न होगी और काम भी सिद्ध हो जायगा। पाँड़ेजी अपनी

देहात में दस कोस के बीच एक ही तान्त्रिक हैं। एक साल के संग में तो मुझे पलीता बना देंगे। जरूर इनके साथ चलना चाहिए। सेठानी अगर जल्दी छुट्टी न देंगी, तो भाग जाऊँगा। लौट आने पर फिर तंत्र साधकर सेठानी को भी मुट्ठी में कर सकता हूँ। तंत्र साधने से भूत भागता है, दुश्मन डरता है, बड़े-बड़े अदालती मामलों में डिगरी होती है। स्त्री अपने काबू की हो जाती है, राजा प्रसन्न होता है, देवता कृपा करते हैं, सभी काम फतह हो जाते हैं, मनचाही चीज भी मिल सकती है ! अगर निष्ठा से सीख लूँगा तो सिद्ध ही हो जाऊँगा।

सजीवन नौजवान छोकरा था। पाँड़ेजी की धूर्तता को समझ न सका। अनायास आ गया पंजे में। बेचारे को ऊँचा-नीचा कुछ न सूझा।

तान्त्रिक होने की लालसा ने तो सजीवन को और अधिक बेचैन कर दिया। उसने सेठानी की बेचैनी न देखी। उनके समझाने-बुझाने को ताक पर रखकर चल पड़ा पाँड़ेजी के संग !

पाँड़ेजी ने ऐसा चेला मूँड़ा कि यात्रा बन गई ! जहाँ-कहीं लक्कड़ जलाकर बाबा का आसन जमा देते, वहीं चेला रंग बाँध देता। घटाटोप भूमिका बाँधकर कहता—बाबा अपने हाथ से रुपया-पैसा नहीं छूते ! जिसका नसीब तेज होता है, उसी को अपने हाथ से भभूत उठाकर देते हैं। अगर कोई नेह लगाकर आवे और बाबा उसके सिर पर अपना हाथ फेर दें, तो उसका भाग जग जाय। परिच्छा ले लो। हाथ कंगन को आरसी क्या ?

चेला बड़ा चलता-पुर्जा निकला ! जहाँ-जहाँ गया, हर जगह बाबा का डंका पीट दिया। बाबा तो सिर्फ 'कोईरी के देवता' बने रहते, और चेला अपनी कथक्कड़ी से लोगों पर धाक जमाये रहता ! गुरु सेर-भर, चेला सवा सेर !

पाँड़ेजी और सजीवन उसी दिन बैजनाथजी के दर्शन करके जगन्नाथ पुरी जाने के लिए कलकत्ते की गाड़ी पर सवार हुए। गाड़ी में बहुत-से तीर्थ-यात्री साथी मिले। सब-के-सब अपनी आसपास की देहात के ही थे—कोई आजमगढ़, कोई मिरजापुर, कोई गोरखपुर, कोई बनारस, कोई बलिया। एक सूरदास भी था। गाड़ी खुलते ही वह खँजड़ी पर गाने लगा—

सिरी जानकी-जीवन बिना जीना निकाम है।

खटरस प्रकार अन्न का खाना हराम है।
दस-आठ चारि छव सभी बकना बेकाम है।
करिके करार क्या कियो मन में न स्याम है।
आखिर गुलामी चाम की बिधि कर्म बाम है।
जीवन जगत इस जीव का बस राम नाम है।
ज्ञानी अली छन पल सदा भजु आठो जाम है।

भजन गाने के समय बीच में भक्ति-भाव के कवित्त भी एक निराली लय से कहता गया–

कैसे सूझि परै वह साँवरो सलोना स्याम,
पर-धन-दारा तेरी आँखिन समायी है।
चाहे सुख सबदा पै बोवत बिथा को बीज,
बुरो फल पाई देवै राम की दुहाई है।
'गोपीचंद' सपनेहू सुमति की न मानी बात,
कुमति-कसाइनि ने नटी-सी नचाई है।
अजौं मतिमन्द भवसिंधु तरिबो जो चहे,
भजो रघुराई बस एक ही उपाई है।
ए रे मन मूरख तू भूल्यो क्यों जगत माँहि,
उमिरि वृथा ही माया मोह में गँवाई है।
सुत-बित धन-धाम दारा-परिवारा छल-
छदम को अगारा तेरा न कोऊ सहाई है।
अजहूँ बिचारा निज धर्म का प्रचार करु,
भवसिंधु अगम अगाध दुखदाई है।
'सोभाराम' राम-राम जपो आठो जाम धाम,
मानुस के देह बड़े भागन सो पाई है।

चारों ओर से लोग बोल उठे–वाह सूरदास ! तुमने तो अमृत बरसा दिया। भगवान ने तुम्हारी बाहर की आँखें बन्द करके भीतर की आँखें खोल दी हैं। तुम्हारा गला तो इतना मीठा है कि बाँसुरी ससुरी क्या होगी। कैसी सुन्दर चीज गाई है कि वाह जी वाह ! धन्य सूरदास !

एक यात्री–कहाँ तक चलोगे सूरदास ?

सूरदास—राम-इच्छा से जगदीश-धाम की डोरी लगी है।

सब लोग आनंद से गदगदाकर बोल उठे—ओहोहो ! खूब साथी मिले भाई ! यात्रा सुफल हो गई। अच्छा, चलो, हमलोग तुम्हारी सेवा करते चलेंगे, और तुम कभी-कभी भजन गा-गाकर सुनाते रहना। रास्ता भी कटेगा, भगवान का भजन भी होगा। बोलो भाइयो जगदीस सामी की जै ! जै !!

रेल का डब्बा जैजैकार से गूँज उठा। बगल के डब्बेवाले झाँकने लगे। तब तक एक यात्री ने आप-ही-आप कहा—हमने तो भाई आज तक जितने सूरदास देखे हैं, सब-के-सब भजनानंदी। मालूम होता है, ईश्वर ही के यहाँ से सूर लोग गाने-बजाने में उस्ताद होकर आते हैं। उनके बाहर अँधेरा और भीतर उजेला रहता है। सुनते हैं, वृजमंडलवाले भक्त सूरदास वेदव्यासजी के अवतार थे, जैसे बालमीकजी के अवतार गोसाईं तुलसीदास। एक दफे वही सूरदास एक बहुत गहरे कुएँ में गिर पड़े। बस उसी में मगन होकर भजन गाने लगे—

हम भक्तन के भक्त हमारे,
सुन अर्जुन परतिज्ञा मेरी, यह व्रत टरत न टारे।
भक्तै काज लाज हिय धरि के, पायँ पियादे धाऊँ,
जहँ-जहँ भीर परै भक्तन पै, तहँ तहँ जाइ छुड़ाऊँ।

—कुएँ में जब आदमी की आहट मिली, तब लोग निकालने दौड़े। मगर सूरदास ने बाहर निकलने से इनकार किया। कहने लगे कि नाग-नथैया की बड़ी लम्बी बाँह है, वही निकालेगा तो निकलूँगा, डोरी पकड़कर ऊपर आना बेकार है; क्योंकि जो भगवान भवकूप से उबारता है, वह क्या इस जलकूप से न उबारेगा ?

—बस इसी पर सब लोग झुँझलाकर यह कहते हुए चले गये कि मरने दो इस हठी अंधे को इसी अन्धकूप में। बड़ा दिमागी है।

—मगर भगवान से भक्त का कष्ट न देखा गया, दौड़े हुए पहुँचे। झट कुएँ में हाथ डालकर सूरदास से बोले—निकलो बाहर, मैं खुद तुम्हें निकालने आया हूँ।

—सूरदास ने दीनानाथ की यह मधुर बानी सुनते ही कुएँ में टटोलकर उनका हाथ पकड़ लिया—दबाकर, सहलाकर देखा, बड़ा कोमल और चिकना

हाथ था। उसमें से ऐसी सुगन्ध निकलती थी कि सूरदास मस्त हो गये। उनके रोएँ खड़े हो गये। खूब जोर से हाथ पकड़ लिया। सूर लोग भी 'बानरमूठ' की तरह कोई चीज पकड़ते हैं। लेकिन त्रिलोकीनाथ के सामने बानरमूठ क्या और ऊँट की पकड़ क्या! बाहर निकलने पर ज्यों ही सूरदास ने भगवान को भर-अँकवार पकड़ना चाहा, त्यों ही लीलाधारी अन्तरीछ हो गये। यह छू-मन्तर देखकर सूरदास बहुत बिगड़े। ललकार कर बोले–

कर छुटकाए जात हौ, निबल जानि के मोहि,
हिरदै से जब जाहुगे, मर्द बखानौं तोहि।

इसी समय एक दूसरा यात्री बीच ही में बोल उठा–इस कथा में आपने जो यह कहा है कि सूरदासजी के कुएँ में गिर जाने पर जब लोग उन्हें निकालने दौड़े, तब वह डोरी के सहारे बाहर निकालने पर राजी नहीं हुए, सो झूठी बात है, सूरदास खुद लिख गये हैं–

परो कूप पुकार काहू सुनी ना संसार
सातवें दिन आइ जदुपति कियो आप उधार।

–सो सात दिन तक तो किसी ने खबर ही नहीं ली थी। आपने यह कथा कहाँ सुनी कि लोग निकालने दौड़े और सूरदास निकले ही नहीं ? ऐसा किस ग्रंथ में लिखा है ? कोई प्रमान दे सकते हैं ? मैंने तो प्रमान दे दिया।

बीच ही में छेड़े जाने से पहले यात्री को बड़ा रंज हुआ। अक्खड़ ठेठ देहाती था, तनकर बोला–तुम किस देश के जंगली आदमी हो जी, बीच में छेड़नेवाले तुम कौन होते हो ? तुम्हीं कथा के बड़े जानकार बने फिरते हो ? अगर एक छोटी-मोटी बात पूछ दूँ, तो बोल बन्द हो जाय।

दूसरा यात्री भी दोआबा का था। अपनी जगह पर उठ खड़ा हो गया। अकड़कर बोला–तुम्हें अपने गुरु की कसम, पूछकर देख लो, झट जवाब न दे सो असल बाप का जना नहीं। मगर याद रहे, फिर एक ही सवाल में दिमाग झाड़ दूँगा।

इस पर सब यात्री दोनों बुद्धुओं को बढ़ावा देते हुए बोल उठे–अच्छा तो अब इसी बात पर फैसला ही हो जाय! देखा जाय, कौन कितने पानी में है। पहले कौन पूछेगा ?

दूसरा यात्री हाथ फटकारता हुआ बोला—पहले मैं ही पूछूँगा !

सब यात्री एक सुर से पूछ बैठे—क्या पूछोगे ?

दूसरे यात्री ने तमककर कहा—जो जी में आवेगा सो पूछूँगा। यह पहले ही क्यों बतलाऊँ कि क्या ? वृजविलास, भक्तमाल, विस्रामसागर, दसासुमेध, बालमीकी, भागवत, गीता—सब देखे हैं। जहाँ से इच्छा होगी, बस वहीं से सवाल करूँगा। मगर एक बात पंचों के बीच में पहले ही कह देता हूँ—अगर बच्चू जवाब न देंगे, तो 'जंगली' कहने का मजा चखा दूँगा।

पहला यात्री नाक फुलाकर और भवें जुटाकर अपना सिर झोरते हुए बोला—चलो जी, मजा चखानेवाले की सूरत बहुत देखी है ! तुम किस खेत की मूली हो ? कसकर एक घूँसा जमा दूँ, तो उठकर पानी न पी सको।

दूसरे यात्री का चेहरा तमतमा उठा। उसने आँखें तरेरकर आस्तीन चढ़ाते हुए कहा—ऐसा ? मजा चखानेवाले की सूरत अभी तुमने कहाँ देखी ? देखोगे ? है गुर्दा ? अगर बारह बरस तक तुमने अपनी माँ का दूध पिया हो, तो बस आओ, इसी जगह दो-दो हाथ हो जाय।

पहला यात्री गरजकर बोला—बस खबरदार ! चिताये देता हूँ, आँख दिखाओगे, तो इसी जगह पटककर दोनों आँखें निकाल लूँगा। मुँह सम्हालकर बोलो, नहीं तो राख लगाकर सट-से जीभ खींच लूँगा। भले आदमी की तरह वहीं बैठ जाओ, नहीं तो गेंद की तरह उठाकर चलती गाड़ी से नीचे फेंक दूँगा, पुर्जे-पुर्जे उड़ जाओगे। हड्डियों का भी कहीं पता न लगेगा।

हाँ, हाँ, हाँ, यह क्या, जाने दो, बैठ जाओ, मान जाओ—चारों ओर से लोग कहते ही रह गये, मगर कौन किसकी मानता है ! दोनों कटकटाकर आपस में भिड़ गये; बीच-बचाव करने पर भी दोनों गुर्राते, हाँफते और नीचे-ऊपर होते रहे। घुटने, केहुनी और सिर लहू-लुहान हो गये। तीतर-बटेर लड़ाकर मन बहलानेवालों ने बड़ी-बड़ी मुश्किल से उन्हें धर-पकड़कर अलग किया।

सूरदास ने अपनी बैठी हुई आँखों को फैलाते हुए कहा—राम-राम ! दाल-भात में ऊँट की टाँग पड़ गई ! कहाँ भजन-भाव हो रहा था, कहाँ यह मार-पीट की नौबत आ गई। हरे नारायण !

एक यात्री–हाँ सूरदास, तो भजन-भाव होता चले, यह सब तो होता ही रहता है ! यह भी एक लहर थी, आई और चली गई। मर्दों का तो यही काम है, लड़ना और कटना-मरना। यह कोई नामूसी की बात नहीं है। दोनों के बल-विद्या की जाँच भी हो गई, कुछ देर गुलजार भी रहा ! यही क्या कम है ! सच पूछो तो कसूर दोनों का है–जैसे उदई तैसे भान, न इनके चुटिया न उनके कान !

बस इतना कहना था कि सूरदास की सधी हुई उँगलियाँ खँजड़ी पर थिरकने लगीं। इस बार सूरदास ने बड़े पक्के सुर से भजन उठाया–

हरि भजु रे मन मूढ़ गँवारा।
धरि जग जन्म भज्यो नहीं रामहिं,
लादि लियो सिर पाप पहारा।
चौदह लच्छ छियालिस जोजन,
बिखम पंथ यम दक्खिन द्वारा।
दस हजार योजन कटक मग,
ग्रीखम बरखा दसम हजारा।
'दुल्हमदास' अजहुँ हरिपद भजु,
हरि बिनु कोउ नहिं करत उबारा।

इस लयदार भजन के साथ भी सूरदास ने बड़े अनुराग से एक कवित्त गाया–

दुइ बेर द्वारिका त्रिवेनी जाइ तीन बेर,
चार बेर कासी गंग अंग हूँ नहायते।
पाँच बेर गया जाइ छंव बेर नैमिख बन,
सात बेर पुस्कर में मंजन कराय ते।
रामनाथ जगनाथ बद्री केदारनाथ,
दसासुमेध दस बेर पग धाये ते।
जेते फल होत कोटि तीरथ असनान किये,
तेते फल होत एक राम-नाम गाये ते।

यह भजन पहले से भी अधिक जम गया। सब लोग गद्गद हो गये। वाह-वाह की आवाज से डब्बा गूँज उठा; पर किसी ने सूरदास से यह नहीं

पूछा कि अभी तक कुछ चना-चबेना हुआ है या नहीं !

सजीवन ने वाहवाही का तार टूटने पर पूछा—कहो सूरदास, कुछ खाओगे ? दम लगाते हो या नहीं ? इच्छा हो तो साफ बोलो। सब सामान अपने पास है।

सूरदास ने अपनी फूटी आँखों में आनंद छलकाते हुए कहा—अगर इच्छा होगी, तो आगे के किसी टेसन पर थोड़ा-सा कुछ खा लूँगा। बैजनाथ-धाम में थोड़ा चिउरा-दही भोग लगाया था। राम-इच्छा से कोई हर्ज नहीं है, अच्छी तरह से पा लिया है। हबड़े तक के लिए निश्चिंत हो गया हूँ। गयाजी का एक जजमान चेत गया, आध सेर के करीब चिउरा दे दिया। वह इतना बारीक था कि हाथ में लेने पर नाक की हवा लगते ही उड़ जाता था ! और फिर बूढ़े बैलवाले बाबा के धाम का दही पड़ने से ऐसा खिल उठा कि मोहन-भोग बन गया। एक पंडाजी ने ऊपर से मुट्ठी-भर चीन्नी भी डाल दी, बस समझिए कि चार ही गफ्फे में मन भर गया ! दम मारने की इच्छा तो है, मगर कोई दाता चेते तब न ? अगर इस घड़ी दम लगाने का सामान हो जाता, तब तो पेट भी हलका होता, और भजन-भाव में भी मौज रहती।

सजीवन ने गाँजा मलकर चिलम चढ़ाई, सूरदास को गाँजा पिलाया, सेठानी का दिया हुआ उमदा लड्डू खिलाया और अपने पास बैठाकर बाबा का गुण-गान सुनाना शुरू किया।

बाबा की बड़ाई सुनकर सूरदास ने सिर झुकाया। बाबा ने भी चुपचाप आशीर्वाद का हाथ उठाया। सजीवन मन-ही-मन मुस्कुराया।

सूरदास ने पूछा—बाबा हमको अपना चेला बनावेंगे ?

सजीवन—सच्ची लगन हो, तो क्यों नहीं बनावेंगे ? यही तो दिन-रात की खेती-बारी है। संसार के जीवों का उधार करने के लिए ही तो बाबा हमारे-तुम्हारे बीच में नजर आते हैं, नहीं तो कहीं पहाड़ की खोह में पड़े होते। बाबा का तो यही काम है—

मूँड़ लिया चेला, छोड़ दिया अकेला,
न पास में रखें धेला, न झंझट न झमेला।

सूरदास—बाबा बोलते नहीं ?

सजीवन—बारह बरस से मौन हैं ?

सूरदास ने अचरज के साथ कहा—बारह बरस से ?

सजीवन—और क्या ? पहले बारह बरस खाली फरहार पर रहे। उसके बाद मौन रहने लगे। आजकल खाली गोरस पीकर रहते हैं। अबकी बार ठाकुरद्वारे से लौटने के बाद गंगा-तट पर खाली गंगा-जल पीकर बारह बरस तप करेंगे। उसके बाद हिमालय पर चले जायँगे। फिर इन्हें कोई न देख सकेगा।

सूरदास—अहोभाग कि आज एक ऐसा महात्मा के दरसन हो गये। रामजी की बड़ी कृपा हुई, क्योंकि 'बिनु हरि कृपा मिलहिं नहिं संता' और 'संत-मिलन सम सुख जग नाहीं।' फिर कबीरदास ने भी कहा है—'ते दिन गये अकारथे, संगति भई न संत।'

एक मुसाफिर—क्यों सूरदास, मौनी साधू माला भी जपते हैं ? सुना है, वह तो कहीं आते-जाते भी नहीं।

सूरदास—भाई, भगवान का सुमिरन करना तो हर हालत में अच्छा ही है। मौन रहने का मतलब यह है कि राम-नाम के सिवा मुँह से फजूल बात न निकले। सुमिरन के सिवा हमलोग जो कुछ बोलते हैं, सब माया का परपंच है। राम-नाम का सुमिरन ही मूल पदारथ है, और सब मिथ्या है। विधाता ने जीभ दी है—राम-नाम जपने के लिए, कान दिये हैं—राम-कथा सुनने के लिए, आँखें दी हैं—भगवान के दरसन के लिए, मुँह दिया है—महाप्रसाद खाने और राम-गुन गाने के लिए, नाक दी है—भगवान का प्रसाद-फूल सूँघने के लिए, हाथ दिये हैं—संतों की सेवा करने के लिए, और पैर दिये हैं—तीरथ करने के लिए। गोसाईंजी ने साफ कह दिया है—

देह धरे का यहि फल भाई, भजिय राम सब काम बिहाई।

कागभसुण्डजी ने भी गरुड़जी से कहा है—

स्रुति सिद्धान्त इहइ उरगारी, राम भजिय सब काम बिसारी।

एक मुसाफिर—सूरदास, तुम तो पूरे सतसंगी जीव हो। कहाँ इतना ज्ञान सीखा है ? रामायण तुमने पढ़ी है ?

एक दूसरा मुसाफिर—वाह ! 'सारी रामायन हो गई, सीता किसकी जोय' ! इतना भी नहीं समझे ? 'सतसंगति महिमा नहिं गोई'।

एक तीसरा मुसाफिर–और क्या बिना सतसंग के इतना उजियार कहाँ से हो सकता है ? 'बिनु सतसंग विवेक न होई'।

एक चौथा मुसाफिर–यह भी तो रामायन में ही लिखा है कि 'तबहिं होइ सब संसय भंगा, जब कछु काल करिय सतसंगा'।

सूरदास–बस सतसंग ही ज्ञान, भजन, भक्ति और मुक्ति की जड़ है। सबरी से खुद बड़े सरकार ने कहा है–'प्रथम भगति संतन कर संगा'।

पहला मुसाफिर–इसीलिए तो गोसाईंजी ने यहाँ तक कह दिया है कि–'सतसंगति दुर्लभ संसारा, निमिख दंड भरि एकउ बारा'।

सूरदास–आपलोगों के सतसंग से आज बड़ा आनन्द आया–'धन्य घरी सोइ जब सतसंगा'।

दूसरा मुसाफिर–भला यह तो बताओ सूरदास, तुम्हारा अस्थान कहाँ है ? अयोध्याजी ?

तीसरा–अजी रमता जोगी के अस्थान का क्या ठिकाना ? सूरदास तरंगी जीव ठहरे–'जहाँ साँझ, वहीं बिहान'।

चौथा–चाहिए भी ऐसा ही–'बहता पानी निर्मला, बँधा गंदा होइ, साधू जन रमते भला, दाग न लागे कोइ'।

दूसरा–ऐसा क्योंकर हो सकता है ? कोई-न-कोई अस्थान तो जरूर होगा। चिड़िया भी अपना एक ठिकाना रखती है।

सूरदास–अस्थान तो असल में रामजी की सरन में है, मगर इधर कुछ दिनों से पटने के पास गंगा-तट पर फूस-फास की एक राम-मड़ैया बन गई। चारों ओर घूम-फिरकर वहीं जाता हूँ। भजन के भरोसे ही जीता हूँ। भजन ही खोराक-पोसाक और भजन ही धंधा-पेसा है। पेट से अधिक जो मिल जाता है सो संचता जाता हूँ, पटने में अंधों के लिए एक स्कूल बनवाऊँगा।

एक मुसाफिर–बड़ी हिम्मत बाँधी है, सूरदास !

सूरदास–मेरी हिम्मत इसमें क्या है, भगवान का भरोसा-भर दम है। अपना कुछ बल-बूता तो है नहीं। उन्हीं की दया से माँग-चाहकर एक-दो हजार बटोर लिया है। 'राम भरोसे जो रहे, परबत पर हरिआय'।

सजीवन–वाह, पैसा-पैसा बटोरकर हजार-हजार से बेसी फंदा दिया है। चन्दा क्यों नहीं उगाहते ? अच्छा, स्कूल बनेगा कितने में ?

सूरदास–जितने में बने, बनेगा जरूर। रामजी की ऐसी ही इच्छा है। आप चन्दे की बात पूछते हैं, तो भला भिखमंगे अन्धे को चन्दा कौन देगा ? रामजी का ही आसरा ठीक है–'जब खुश रहेगा मौला, तो क्यों न देगा सुराजुदौला'।

सजीवन–बाबा के साथ चलो, तुम्हें स्कूल के लिए बहुत रुपये दिलवायेंगे ! बाबा खुद रुपये नहीं छूते, जो पूजा चढ़ती है, गरीब-गुरबा को बाँट देते हैं। और-और साधुओं की तरह बाबा कभी भण्डारा नहीं करते। आज जो हजार रुपया पूजा चढ़े, तो आज ही सब लुटा देंगे ! अमल कोई खाते ही नहीं और खर्च ही क्या है ? साथ रहोगे तो बाबा के प्रसाद से बढ़िया-बढ़िया माल चाभोगे, देस-देसान्तर देखोगे, टके सीधे करोगे, सतसंग से लाभ उठाओगे और निचिन्त रहकर भगवत-भजन में भी मस्त रहोगे।

मौनी बाबा के चेले की बात सुनकर सब लोग सूरदास से कहने लगे–चले जाओ सूरदास, बड़ा अच्छा मौका है। अपना अहोभाग मनाओ कि ऐसे महात्मा से भेंट हो गई। सतसंग भी भगवत-भजन से कम नहीं है। भगवान के भक्त का साथ मिल जाना परम-पद से क्या कम है ? तुम तो जानते ही हो–'राम ते अधिक राम के दासा'। बस पकड़ो मौनी बाबा का सहारा। आनन्द से भजन भी करोगे, तिरथाटन भी हो जायगा, स्कूल भी बनवा लोगे। परलोक तो सुधर ही जायगा, इस लोक में भी तुम्हारी एक कीर्ति रह जायगी ! 'गोरस बेचत हरि मिले, एक पंथ दो काज'।

सूरदास ने मुस्कुराते-ही-मुस्कुराते बेधड़क कहा–रामजी का सहारा पकड़ ही लिया है, तो अब इधर-उधर कहाँ भटकता फिरूँ। देखा जायगा। देगा वही, आज दे या कल, खुद दे या किसी से दिलवा दे। बड़ा भारी दाता है। खलक को रोजी पहुँचाता है। जो उसका आसरा छोड़कर किसी आदमी का पल्ला पकड़ता है, वह ऐसे अथाह में पड़ जाता है कि किनारा नहीं पाता। उसी के दरबार में पड़ा रहूँगा, कभी कनखी से भी ताकेगा, तो बेड़ा पार हो जायगा। मैं उसको दिन-रात भजता हूँ, वह क्या इतना भी न करेगा कि मेरा हौसला पूरा हो ? मैं तो बेटा-बेटी, राज-पाट, महल-अटारी, हाथी-घोड़ा, मोहर-असरफी–कुछ नहीं चाहता। अपने लिए मुझे चुटकी-भर चून की भी चिन्ता नहीं है। परलोक के लिए परजटन कर

रहा हूँ। पेट के धंधे की जरूरत क्या है ? मैं अपनी कुटिया में बैठे-बैठे दो-चार अभागत को रोज खिला सकता हूँ। इस्कूल तो सिरिफ इसलिए बनवाना चाहता हूँ कि धनी लोग मुझ-जैसे अंधे भिखमंगे की हिम्मत देखकर लजाएँ और कंगाल लोग भीख माँगकर भी अच्छे काम में पैसे लगाना सीखें। कितने भिखमंगे बीड़ी-सिगरेट, गाँजा-भाँग, चरस-अफीम और दारू-ताड़ी पीकर दाता के पैसे पानी में फेंकते हैं। कई भिखारियों के पास सैकड़ों रुपये जमा हैं। मैंने तो कुछ भिखारी ऐसे देखे हैं, जिन्हें गरमी-सुजाक की बीमारी है ! कुछ लोग भूठ-मूठ लड़की का ब्याह करने के लिए भीख माँगते फिरते हैं। भिखमंगी करके कोई इनारा-पोखरा खुदवाता है, कोई मंदिर-मठ बनवाता है, कोई घाट बँधवाता है, कोई गौसाला खोलता है, कोई भंडारा करता है। अजब अन्धेर है—"मुफ्त की गंगा, हराम का गोता'। मैं तो और कुछ न करके इस्कूल ही बनवाऊँगा। विद्या-दान सबसे बड़ा दान है। सेठ लोग सूद की कमाई से जो लाखों रुपये लुटा देते हैं, वह दान क्या मेरे इस भजन की कमाई से दिए हुए कुछ ही हजार के दान से बढ़कर होगा ?

एक यात्री—नहीं, बढ़कर कैसे होगा ? प्रेम और सरधा का एक पैसा भी धन-मद के करोड़ों तोड़े से बढ़कर है। धरमसास्तर भी तो यही कहता है कि 'जथा सक्ति तथा भक्ति' होना चाहिए।

सजीवन ने उदास होकर कहा—बाबा को कुछ गरज नहीं है, चाहे कोई साथ चले या न चले। यह तो खुद लहँड़ा बटोरना नहीं चाहते। अगर अपने सब चेलों की जमात साथ लिए फिरें, तो पूरी फौज ही बन जाय। इन्हें किसी से क्या मतलब ! इनके साथ जो रहेगा, अपने फायदे के लिए। इनसे कुछ लेगा ही, देगा नहीं। मैं भी अपने ही गरज से पीछे लगा फिरता हूँ। सूरदास अगर साथ चलेंगे, तो अपना काम बनावेंगे, इसमें बाबा का कुछ नफा-नुकसान नहीं है।

सूरदास—अच्छा, गंगा-सागर से ठाकुरद्वारा तक अब सतसंग रहेगा ही, आगे की बात रामजी की इच्छा पर छोड़ दीजिए।

एक यात्री—बस, सूरदास ने सौ बात की एक बात कह दी। अच्छा तो अब जिससे जो बन पड़े सो इसको दे। मैं तो इसी समय बस सोलह

आना नगद देता हूँ–'नौ नगद न तेरह उधार'।

यह कहते हुए उसने सूरदास के हाथ में एक रुपया रख दिया। फिर क्या, और लोगों ने भी देना शुरू किया।

लोग जो कहते हैं कि 'रुपये को देखकर रुपया आता है' और 'रुपया ही रुपये को बुलाता है' सो बहुत ठीक है। अधेली-सूका सबने दिया। बाबा का इशारा पाकर सजीवन ने भी जोड़ा रुपया निकालकर दिया। एक खासी मोटी रकम हो गई–'दस की लाठी एक का बोझ'।

हबड़ा स्टेशन पर गाड़ी लगते ही सब मुसाफिर ताबड़तोड़ उतरने की धुन में लग गये। सूरदास की खोज किसी ने नहीं की। पर सजीवन सदा सूरदास की सेवा में लगा रहा।

सूरदास मन-ही-मन अनुभव करने लगा कि मौनी बाबा न होते, तो यहाँ के धक्के में पिसकर मैं मर ही जाता। उसने हबड़े का हाहाकार सुनकर सजीवन से पूछा–मालूम होता है कि हमलोग एक नये मुलुक में पहुँच गये। यहाँ तो बड़ा हल्ला हो रहा है। कहीं आग तो नहीं लगी है ? मुझे तो जान पड़ता है कि 'बुढ़िया आँधी' आ रही है। जोर-जोर से पानी पड़ रहा है क्या ? समुन्दर नगीच है ?

सजीवन ने हँसते-हँसते कहा–चुपचाप चलो। अभी तो हबड़ा है, पुल पार करके जब कलकत्ते में चलोगे, तब कहोगे कि बाप रे बाप–यह कलकत्ता तो हरिहर-छतर के मेले का लकड़दादा है ! यहाँ से लौटकर अपनी कुटिया पर जाओगे, तो मालूम होगा कि सिर का बोझ उतर गया, देह हलकी हो गई, भीतर से एक हाहाकार निकल गया।

मौनी बाबा ने गंगा-तीर पर एक अच्छी जगह तजबीज करके चिमटा गाड़ दिया। धूनी रम गई। भीड़ जम गई, आडम्बर फैल गया। फिर सूरदास ने उस आडम्बर पर और भी गाढ़ा रंग चढ़ा दिया।

दो दिन बीत गये। तीसरे दिन मौका पाकर सूरदास ने सजीवन से पूछा–बाबा का आसन कब उठेगा ? आज तीसरा दिन है, अब तो चिमटा उखड़ना चाहिये। एक ही जगह जम जाने से मरजाद घटती है।

बाबा ने सूरदास को प्रसन्न रखने के लिए उसी दिन अपना डेरा-डंडा उखाड़ दिया। गंगा-सागर का टिकट कटा लिया गया।

रात को जहाज खुलनेवाला था। शाम होते-होते खा-पकाकर सूरदास के साथ गुरु-चेले चढ़ चले। जहाज पर भी सूरदास की चाँदी रही। कुल खर्चा निकल आया !

गुरु-चेले ने मेले में बड़ा रंग बाँधा। इतनी पूजा चढ़ी कि रुपया ठीकरा हो गया ! पाव-भर लौंग और अच्छत से बाबा ने पोठिया की तरह रुपया बिछा दिया !

गंगा-सागर नहाकर तीनों एक साथ ठाकुरद्वारा चले। फिर वहाँ का अटका लेकर गुरु-चेले ने कामरू-कमच्छा की तैयारी की। सूरदास चला घर को। उसने गुरु-चेले से यह भी नहीं कहा कि आपलोग उधर जाते हैं, तो मैं अंधा इधर अकेला कैसे जाऊँगा।

परन्तु संग छोड़ने से पहले उसने बाबा से बड़ा आग्रह किया कि लौटती बेर मेरी कुटिया को जरूर पवित्र कीजिएगा। एक साँझ भी मेरे यहाँ जूठन गिराइएगा।

जब वह बाबा को दंडवत् करके बिदा होने लगा, तब सजीवन ने कहा—सूरदास, तुम घबराओ मत। ठहरो, मैं भी तुम्हारे साथ चलूँगा।

सूरदास ने बड़े हर्ष से पूछा—तो क्या बाबा वहाँ अकेले जायँगे ? आप मेरे साथ कैसे चलिएगा ? बाबा को एक टहलुआ चाहिए न ?

सजीवन—वहाँ बाबा के कई चेले हैं।

सूरदास—रास्ते में कैसे काम चलेगा ?

सजीवन—मैं तो कहता ही हूँ कि मुझे साथ ले चलिए, मगर बाबा मानते ही नहीं। बार-बार यही कहते हैं कि सूरदास के साथ जाओ, उसको कष्ट होगा।

सूरदास—ना बाबा, आपका आसिरबाद चाहिए, मैं बड़े मजे में चला जाऊँगा। कुछ कष्ट न होगा। मेरी तो दिन-रात की यही आदत है—घूमता ही फिरता हूँ।

सजीवन—लो, अब क्या, बाबा भी हमलोगों के साथ ही चलेंगे, वहाँ न जायँगे। तुम्हारी कुटिया का भाग जग गया !

सूरदास मारे खुशी के उछल पड़ा। हँसकर बोला—वाह ! तब तो सोने में सुगन्ध ! 'जा पर कृपा राम की होई, ता पर कृपा करे सब कोई' !

'धनि धनि भाग हमारो' गाकर खँजड़ी बजाने लगा ! क्रूर भावों का नचाया हुआ नाच नाचने लगा !

बाबा अपने चेले के साथ सूरदास की कुटिया पहुँचे। सूरदास ने बड़ी आवभगत की। स्थान रमणीक था। बाबा का मन रम गया। मगर डीठ सूरदास की थाती पर ही गड़ी थी !

आसपास के गाँवों में बाबा के नाम का नगाड़ा पिट गया। स्त्रियाँ झुंड-के-झुंड आने लगीं। किसी को प्रेत लगा था, किसी के लड़का नहीं होता था, किसी के दूध नहीं उतरता था, किसी को डायन सता रही थी ! रोग-बला का कुछ ठिकाना न था।

बाबा चुपचाप बैठे-बैठे माला के मनके गिनते रहते थे। चेले को ही भभूत के साथ लौंग और अच्छत बाँटना पड़ता था। एक पसेरी चावल और सौ फूल लौंग से बाबा ने ठीकरों की तरह रुपये बुहार लिये। और चेले ने चुन-चुनकर भगतिनियों को भरमाया।

स्त्रियों के सिवा अनेक पुरुष भी पैदावार का हाल और अदालती लड़ाइयों का फल पूछने के लिए पहुँचते थे। अहीर दूध-दही लाते, कोइरी साग-भाजी लाते, बढ़ई खड़ाऊँ लाते, ब्राह्मण जनेऊ लाते, बाबू और बनिये नगद लाते। रात-दिन भंडार भरा रहता !

सजीवन आप भी खूब तर माल चाभता और आधी रात के बाद बाबा को भी तर माल चभाता। सूरदास से तो उसकी ऐसी पटरी बैठ गई कि 'दो चोला एक प्राण' की तरह दोनों में कोई भेद-भाव ही न रहा। किसी-किसी दिन तो रात-रात भर दोनों अपना सुख-दुख बतियाते रह जाते !

पन्द्रहवें दिन बाबा की आज्ञा से पूजा पर चढ़ा हुआ अन्न-वस्त्र बेचकर चेले ने रात में स्थान छोड़ देने को ठानी। सूरदास को या और किसी को भी इस बात की कुछ खबर न थी ! और खबर हो भी कैसे ? कालनेमि काका ने माया जो फैला रक्खी थी !

रात को जब चारों ओर सन्नाटा छा गया, तब बाबा अपने चेले के साथ सूरदास की थाती-पूँजी लेकर चम्पत हो गये !

इस यात्रा में दो-तीन हजार से कम पाँड़ेजी के हाथ न लगा। पर बेचारे सजीवन को दो-ढ़ाई सौ ही देकर फुसला दिया। वह गाँव के मालिक के

गुरु-पुरोहित से कुछ कहने की हिम्मत न कर सका—लहू का घूँट पीकर रह गया !

पाँड़ेजी के चले जाने पर वह सोचने लगा—बाबाजी ने तो मुझे खूब सब्जबाग दिखाया ! इसी दो सौ रुपल्ली पर सेठानी से नाहक साल-भर की छुट्टी मँगवाई ! तंत्र-मंत्र सिखाने की बात भी झाँसा-पट्टी ही रही ! मैं न होता, तो कोई धेला न देता। मैं जानता कि ऐसी चाल चलेंगे, तो साथ ही न देता। अच्छा, गरीब के रोएँ दुखाने का फल भगवान देंगे। बेचारे सूरदास के कलेजे की सूई इनके कलेजे से फार होकर निकलेगी। अन्धे की आह कभी बेईमानी का धन भोगने न देगी। एक-एक पैसा रोआँ फोड़कर निकलेगा—नून की हँड़िया की तरह गलाकर छोड़ेगा। हराम का माल पचाना ठट्ठा नहीं है।

इसी तरह की बातें सोचता और मन-ही-मन कुढ़ता हुआ सजीवन कलकत्ते चला गया। रास्ते में कभी-कभी उसकी इच्छा होती थी कि रामसहर लौटकर पाँड़ेजी की धूर्तता का भंडा-फोड़ करना चाहिए; पर रह-रहकर उसकी आँखों के आगे वही दिन नाच उठता था, जिस दिन एक अदना-सी बात के लिए उसके घर-भर पर बे-भाव की पड़ने लगी थी—सौ जूते पड़ने पर भी एक ही गिना गया था।

7
रंग में भंग

रोग की जड़ खाँसी, झगड़े की जड़ हाँसी।

चैत का महीना था। गोधूली बेला थी। गोपाल, केदार और हम रामसहर के 'पंचमंदिल' के ऊँचे चौतरे पर बैठे हुए थे।

रसे-रसे हवा डोलती थी। आम के मंजराने, नीम के फूलने और महुए के गदराने से दसों दिशाएँ गमगमाती थीं। पास ही की घनी अमराई में कोयल कुहुकती थी—हमलोग जितना ही चिढ़ाते थे, वह उतना ही उभड़ती

जाती थी। दिन-भर खेतों में दाना चुगकर अपने बसेरे पर आई हुई चिड़िया अपने अँखफोड़ बच्चों को पंखों के आँचर में छिपाकर चहचहाती थी। बस्ती के इर्द-गिर्द बाँसों के झुरमुट में गौरैया और छोटी मैना चहक रही थीं। खेत-खलिहानों में बूढ़े-जवान किसान अपनी मौज से चैत का तान अलापते थे !

बड़े हुलास का समय था। ऐसा सुहाता था कि–इतना भाता था कि–चैती बहार की मस्ती से मन नाच उठता था !

पीपल, पाकड़ और नीम के लहलहे टूसे बड़े सुहावने देख पड़ते थे। लहालोट फूले हुए टेसू की ललाई अपने चारों ओर की हलकी हरियाली पर अजब रंग बरसा रही थी !

गाँव के रेख-उठान छोकड़े घर लौटती हुई गौओं के पीछे-पीछे, कंधे लाठी लिए, कान पर अँगुली दिये, पिहकते चले आते थे ! एक तरफ कोई तान लड़ाता था–

अहो राम–टूठी रे पकड़िया
सीतल जुड़ि छहियाँ–ए रामा !

दूसरी तरफ कोई दूसरा अलापता था–

सुगना बोले हो, पिया की अटरिया–ए रामा !

तीसरी तरफ कोई तीसरा लहर लेता था–

सइयाँ निरमोहिया रे, अजहुँ ना आये–हो रामा !

इसी तरह धीरे-धीरे पागुर करती और बस्ती की ओर मधुरी चाल से आती हुई भैंसों की पीठ पर बैठे हुए अहीरों के लंगोटबंद लड़के भी कानों में उँगलियाँ डालकर पंचम सुर से बिरहा गाते चले आते थे–

बार-बार तोके हम बरजी बलमुआँ,
पुरुब मुँह के जनि खोलु दुआर।
इहै पुरवइया जनमवाँ के बैरी,
बाँधल आँचल खुलि जाइ !

मालूम होता था–कान, नाक और आँख की राह से कोई रस की छाक पिला रहा हो। पल-पल मन उमगता था। बाग-बगीचे में, खेत-खलिहान में, बस्ती में, बहरी तरफ–चारों ओर बसन्ती लहर हिलोरे ले रही थी !

'पंचमंदिल' के चौतरे पर गाँव के और भी बहुत-से आदमी बैठे हुए थे। जगह-जगह तरह-तरह की बातें हो रही थीं। कहीं रामायन-महाभारत और कहीं सुखसागर-प्रेमसागर की कथा का बखान हो रहा था और कहीं गोसाईंजी की चौपाइयों के अर्थ पर विचित्र तर्क-वितर्क हो रहे थे। नाना भाँति के चर्चा छिड़ी हुई थी !

हमलोग हर जगह घूम-घूमकर बत-रस का मजा लेते थे। एक जगह कुश-लव की बड़ाई-छोटाई पर हुज्जत हो रही थी।

एक आदमी ने कहा–जानकीजी के बेटों में कुश बड़े थे और लव छोटे।

यह सुनते ही दूसरा बोल उठा–नहीं, लव बड़े थे, और कुश छोटे। पहिले लव ही जन्मे थे। एक दिन ऐसा हुआ कि पलने में लव रोने लगे। सीताजी काम से खाली नहीं थीं–बालमीकजी की कुटी को लीप-पोतकर ठीक करना था–फूल और तुलसीदल चुनकर रखना था। मगर इससे बच्चे को क्या, वह तो–पत्थर पड़े या वज्र गिरे–दूध पिये बिना मान नहीं सकता, लव हाथ-पैर उछाल-उछालकर रोते ही रहे। आखिर महतारी का कलेजा कैसे माने ? सीताजी ने उनको गोद में उठाकर हलराते हुए, उनके मुँह में छाती लगा दी। लव चुप होकर घुटुर-घुटुर दूध पीने लगे। सीताजी उनको छाती से लगाये ही कुटी लीपने चली गईं। महतारी बड़े-बड़े कष्ट झेलकर बच्चे को पालती है !

–इतने में मुनिजी नहा-धोकर, जटा फटकारे, कमण्डल लिए, खड़ाऊँ चटचटाते हुए पहुँचे। देखा कि पलना सूना पड़ा है ! नीचे से ऊपर तक सूख गये। ऐसा हाल हो गया कि मुँह में धान डालो, तो लावा फूट जाय ! सोचा–बेटी सीता कुटी लीपती होगी; जब आकर पलना देखेगी, तब तो कटे रूख की तरह गिर पड़ेगी ! जान पड़ता है, कोई जंगली जीव बच्चे को उठा ले गया।

–यह सोचकर मुनिजी ने कुश उखाड़कर पलने में रक्खा और मंत्र पढ़कर उस पर जल छोड़ दिया। बस, उसी दम एक बच्चा पलने में "किहाँ-किहाँ" कर रोने लगा। जब कुटी को लीप-पोतकर सीताजी पलने के पास आयीं, तब लव के समतूल ही सुघर-सुभेख एक दूसरा बालक देखकर अचंभे में पड़ गईं।

–फिर मुनिजी ने जब सच बात बता दी, तब उनके मन को विश्राम मिला। इसीलिए कुश से लव बड़े हैं।

कुश के जन्म की कथा सुनकर हमलोग दूसरी जमात में जा बैठे। वहाँ लोग रामायन और महाभारत की लड़ाई पर माथापच्ची कर रहे थे।

एक ने कहा–राम-रावन की लड़ाई के जोड़ की दूसरी लड़ाई कभी नहीं हुई–'भयउ न अहई न अब होनिहारा'।

इतना सुनते ही एक दूसरा आदमी बोला–चाहे जो कहो, लेकिन महाभारथ-जैसी गठी हुई लड़ाई मेरे ध्यान में तो कोई नहीं आती। खूब ठाट से, मोर्चेबन्दी के साथ, डटकर वह लड़ाई हुई थी। और सबसे बड़ी बात यह है कि उसमें दोनों तरफ बराबर बलवाले वीर थे। लंका की लड़ाई उसके आगे क्या है ? 'कहाँ राजा भोज, कहाँ गंगु तेली'। राई-पहाड़ का बीच है। लंका की लड़ाई तो खाली 'हुलेलेले' है–बानर-भालु हूह देकर दौड़े, कुम्भकरन ने चुटकी में चीलर की तरह मींज डाला। बस चलो, खतम हो गई लड़ाई।

यह सुन पहले आदमी ने जोर से खँखारकर चौतरे के नीचे थूक फेंकते हुए कहा–वाह ! तुम्हारे कहने से खतम हो गई लड़ाई। था कोई कुम्भकरन-ऐसा वीर महाभारथ में ? महाभारथ के नामी वीर भीम गये तो थे एक बार लंका में–कुम्भकरन की आधी खोपड़ी को पोखरा जानकर ज्यों ही नहाने के लिए पैठे, त्यों ही गचक्का खाने लगे–डूबते-डूबते जान बची। अरे ! वह ऐसा-वैसा वीर था ? दैत था दैत। भला जिसकी 'योजन एक मोंछ रह ठाढ़ी'–उसके बल का कोई पारावार है। तभी तो दुआपर में भभीखन के पास जब महाभारथ का न्योता पहुँचा, तब पहले उसने दूत से लस्कर की गिनती ही पूछी ! दूत ने अठारह छोहिनी बताई। उसने ठठाकर हँसते हुए कहा–ऐसी छोटी-मोटी लड़ाई देखकर हम क्या करेंगे ! हमारे भैया की फौज में तो इससे कहीं अधिक बाजेवाले थे।

दूसरे आदमी ने अपने सिर में बँधा हुआ अँगोछा खोलकर पीछे की ओर फेंकते और बैठकर उसके घेरे में घुटनों को कसते हुए कहा–इससे क्या, भीम और कुम्भकरन में बड़ा भेद है। कुम्भकरन बड़ा भारी सराबी था। सड़क की मिट्टी बराबर करनेवाले रोलर की तरह लुढ़कता और

बानर-भालुओं को चपेटता फिरता था; मगर भीम सब तरह के हथियार चलाना जानते थे। पट्ठा जब गदा लेकर मैदान में उतर जाता, तब कौरवों के दल में हैजा फैल जाता था–लोगों को मारते-मारते खलिहान लगा देता था। सकुनी को तो भीम खटमल के बराबर भी नहीं गिनते थे। अदबदा कर उसी को सताने के लिए औढर-दानी महादेवजी को खुस करके उन्होंने एक विचित्र बरदान पाया था। वह जो कुछ खाते, सकुनी बेचारा उसे दिसा की तरह राह से निकालता। एक बार जवान समूच चरखा ही लील गया। अब तो सकुनी की नानी मरने लगी। काँखते-काँखते गाभिन गाय की दशा हो गई। मामा की सारी जुआखोरी घुस गई। बताओ न, लंका में भी कोई चरखा लीलनेवाला वीर था ?

भीम की कथा सुनकर हँसते-हँसते हमलोग तीसरी जमात में गये। वहाँ गोसाईंजी की रामायन पर दलील चल रही थी।

एक कहता था–'मोह न नारि नारि के रूपा, पन्नगारि यह नीति अनूपा'–यह चौपाई गोसाईंजी की इस चौपाई से बे-लाग कट जाती है–'रंगभूमि जब सिय पगु धारी, देखि रूप मोहे नर नारी'। ऐसी विपरीत बात गुसाईंजी ने क्यों लिखी ? वहाँ 'मोह न नारि नारि के रूपा' और यहाँ 'देखि रूप मोहे नर नारी' यह कैसा झमेला ? नारी को देखकर नर मोहित हो गया, यहाँ तक तो ठीक है; मगर नारी को देखकर नारी कैसे मोहेगी !

तब एक दूसरा आदमी भी बोल उठा–और भी तो है। लखनलाल को जब मेघनाद का सक्ति-बान लगा तब भगवान रोने लगे। उसी समय की एक चौपाई है–'निज जननी के एक कुमारा' ! मगर लखनलाल तो अपनी जननी के एक ही कुमार नहीं थे ! वह तो दो भाई थे–लखनजी और सत्रुघनजी ! फिर वहीं ऊपर की चौपाई में भगवान ने लखनजी को सगा भाई बतलाया है–'मिलत न जगत सहोदर भ्राता !' क्या गोसाईंजी को मालूम नहीं था कि कौसिल्याजी के पेट से अकेले भगवान ही हुए थे !

इस पर एक तीसरा बूढ़ा, जो बड़ा भारी रामायनी समझा जाता था, हंसकर बोला–गोसाईंजी ने सब सही लिखा है। नारी को देखकर नारी के मोहने की बात भी ठीक है। हाँ, दोनों चौपाइयों के भाव में भेद है। गरुड़जी

से कागभसुंडीजी के कहने का मतलब यह है कि स्त्री को देखकर स्त्री कभी पुरुष की तरह मोहित नहीं होती, और जनकपुरवाली चौपाई का अभिप्राय यह है कि सीताजी को देखकर स्त्रियों के मन में यह लालच पैदा हुई कि हमारे घर में भी ऐसी ही सुघर-सुसील बहू उतरती।

—फिर 'निज जननी के एक कुमारा' का भाव गोसाईंजी ने अगले पद में साफ खोल दिया है—'तात तासु तुम प्रान अधारा'। पहिला पद भगवान अपने आप पर कह रहे हैं कि निज जननी के हम एक ही कुमार हैं, और हे तात ! उसके तुम प्रान के आधार हो—तात्पर्य यह कि तुम्हारे न जीने से मैं न जीऊँगा, और मेरे मरने से मेरी माता निपूती हो जायगी, उसकी कोख का चिराग ही बुझ जायगा।

—इस प्रकार भगवान की 'सहोदर भ्राता' वाली बात भी कुछ अटपट नहीं है। अगिन-देवता की दी हुई खीर से ही तो चारों भैया अवतरे थे ? फिर खीर बाँटने के समय की यह चौपाई क्या कहती है—'कौसिल्या केकई हाथ धरि, दीन्ह सुमित्रहिं मन प्रसन्न करि'। कैसा दरपन की तरह भाव झलका दिया है ? जो अब भी न बूझे, वह क्यों न जूझे।

इतने में एक चौथा आदमी पूछ बैठा—बाबा, इस चौपाई में क्या अक्कल लड़ाओगे—'जो जनतेऊँ बन बंधु बिछोहू, पिता बचन मनतेऊँ नहिं ओहू' ? कौन पिता-वचन ? पिता ने कब मुँह खोलकर बनवास का हुकुम दिया था ? दसरथजी ने तो केकई की दूसरी थाती को दुहराया भी नहीं था। सिरिफ इतना ही कहा था कि 'एकहि बात मोहि दुख लागा, वर दूसर असमंजस माँगा'।

इस पर बूढ़े रामायनी ने बड़ी शांति से कहा—अरे भाई, इस पर एक कथा कही गई है। मेघनाद को पता लगा कि लछमनजी के हाथ हमारा काल बदा है। वह मगर बनकर सरजू के घाट पर चला गया। चारों भैया वहीं नहाते थे। मगर ने लछमनजी की टाँग पकड़ ली। बस चारों भैया उसे टाँग-टूँगकर रेत पर ले आये। हल्ला हुआ कि राजकुमारों ने एक मगर पकड़ा है। दसरथजी धावते हुए पहुँचे। रामचन्द्रजी धनुही चढ़ाकर तीर तान चुके थे। बेचारे मगर को हाँफते-काँपते देखकर राजा का कलेजा पसीज गया—'दया लागि नृप दीन्ह छुड़ाई'।

—वही बात भगवान कह रहे हैं कि उस समय अगर मेघनाद की यह करनी मालूम होती, तो पिताजी की बात न मानकर हम वहीं इसका काम तमाम कर दिये होते।

—फिर एक कथा है। यह किसी दूसरे जुग की बात है—'कलप भेद हरि चरित सुहाये, भाँति अनेक मुनि सन गाये'। एक दफे रावन के पेट में बड़े जोर का सूल उठा। वह बीसों हाथ से पेट पकड़कर छटपटाने लगा। कोटि उपाय करने पर भी कुछ फायदा नहीं हुआ। एक बैद ने बताया कि छीर-सागर में सेसनाग पर सोये हुए विश्नु भगवान की नाभी में जो कँवल का फूल है, उसकी जड़ अगर कोई उखाड़ लाये, तो उसे घिसकर पेट पर चढ़ाने से दरद नरम हो जायगा—बस मेघनाद उसी दम चल पड़ा। जाकर देखा कि भगवान सोये हैं, लछिमीजी पैर दबाती हैं। निडर तो वह एक ही था, आव देखा न ताव, झट हाथ लगा दिया उखाड़ने में! उसी समय नाभी पिराने से भगवान की आँख खुल गई। अब कहाँ जाते हैं बच्चू, धर दबाया साले को जाँघों के बीच में। जैसे जाड़े में पिल्ले किंकियाते हैं, वैसे ही किंकियाने लगा। बूढ़े ब्रह्मा बाबा ने बहुत कह-सुनकर जान छुड़ा दी।

वही पिछले जुग की बात भगवान त्रेता में कह रहे हैं कि उस समय अगर आज की यह नौबत पहुँचने की सुधि होती, तो उसी जगह इसको जाँघों में जाँतकर जान ले लेता। पिता—सृष्टिकर्ता ब्रह्मा—की बात न मानता!

'पंचमंदिल' का लंबा-चौड़ा चौतरा इसी तरह की चर्चा का अखाड़ा था! रोज गाँव-भर के रामायनी और सतसंगी जुटते और सतसंग के बहाने दन्त-कटाकट किया करते थे। तुलसीदास को तो चन्दन की तरह रगड़ डालते थे। कभी-कभी विचित्र-विचित्र चौपाइयाँ सुनने में आती थीं। एक कोई कह उठता—

राम नाम सुन्दर करतारी,
संसय बिहँग उड़ावनहारी।

दूसरा इसको यों दुहराता—

राम नाम सुन्दर तरकारी,
पूरी संग उड़ावनहारी।

तब तक कोई तीसरा बोल उठता—

आवत जानि भानुकुल-केतू,
सरितन्ह जनक बँधाये सेतू ।

इसी को चौथा यों दुहराता—

आवत जानि भानुकूल केतुआ,
सरितन्ह जनक घोराए सतुआ ।

आज इसी सतुआवाली चौपाई पर लाठी चल गई ! एक बूढ़े बाबू साहब इमली के अचार का नाम सुनकर बहुत चिढ़ते थे ! लोगों के उकसाने से एक शोख लड़के ने उनसे कह दिया—ए बाबा, इधर ताकिए, आजकल नये मटर के सतुए पर इमली का अचार खूब मजा देता है !

बस, बाबा तो आग-बबूला हो गये। बगल में पड़ा हुआ एक सोटा उठाकर दौड़ते हुए बोले—खड़ा रह बदमास, मारते-मारते सतुआ झाड़ दूँगा !

लड़का भाग चला। बाबा पीछे पड़ गये। ढीली धोती में पैर फँस जाने से लड़का गिर पड़ा ! बाबा ने कसकर सोटा जमा दिया। पीठ पर सोटे की साट उखड़ आई ! फिर क्या, उसका बड़ा भाई, जो बड़ा उपटा जवान और अखड़िया था, लट्ठ लेकर घर से गाली देता हुआ निकला।

बाबू साहब के घरवाले भी बड़े लठबन्द थे। गाली सुनकर निकल आये मोरचे पर ! लगीं लाठियाँ हरहराने। जमकर थोड़ी ही देर लाठी चली होगी कि बाबू साहब के एक भतीजे की खोपड़ी खुल गई ! धन्य है—इमली का अचार !

उस समय तक चैती चाँदनी खिलकर धरती पर नैनसुख की चादर बिछा चुकी थी। गाँव में कहीं कोई अपनी गाय-भैंसों को दूहता था, कोई खा-पीकर सुरती-चूना मलते हुए अपने खलिहान की ओर जा रहा था, कोई अपने दालान के ओसारे में बैठे-बैठे चैत गाकर ढोलकी घुड़काता था—किसी को इस झगड़े की खबर नहीं थी।

जब तड़ातड़ लाठी बजने लगी, तब चारों ओर से दौड़े हुए लोग पहुँचे। मगर लोगों के जमा होने से पहले ही बाबू साहब के भतीजे का कपार फूट जाने पर लठैत लोग तितर-बितर हो चुके थे। बीच-बराव करने से पहले

ही फैसला हो चुका था ! अब फौजदारी के फैसले के लिए तैयारी हो रही थी।

किन्तु वह अखड़िया जवान बाबू साहब के भतीजे का कपार फोड़कर पहले ही थाने की ओर दौड़ गया। तब तक इधर बाबू साहब के बेटे ने उसी रात को उसका खलिहान फूँक दिया !

आधी रात से कुछ अधिक रात ढल चुकी थी। सारा गाँव इस झगड़े की चर्चा करते-करते सो गया था। चाँदनी रात में गाँव के कुत्ते भी सुख की नींद लें रहे थे। ऐसा सन्नाटा छा रहा था कि कहीं तिनका खिसकने का भी शब्द नहीं सुन पड़ता था। हाँ, कहीं-कहीं कुछ लोगों की नाक बजने से मालूम होता था कि कहीं किनारे में गेहुँअन साँप फुफुकार छोड़ रहा है या भैंस की पड़िया हँकड़ रही है !

इसी समय पूरब के खलिहान से अचानक बड़े जोर का हल्ला उठा। एकाएक सैकड़ों आदमी एक साथ ही जग पड़े। सबने उठते ही झट अपनी-अपनी लाठी सम्हाली। एक बार कान लगाकर सुना–खलिहान में आग लगी है ! सब अपने-अपने खलिहान की ओर दौड़ पड़े।

बस्ती से बाहर होते ही जब पूरब ओर के खलिहान में आकाश की ओर उठती हुई आग की लहर देख पड़ी, तब हूह देकर सब लोग चारों ओर से उसी तरफ दौड़ पड़े। मगर लोगों के पहुँचते-पहुँचते गेहूँ और चने के बोझों की टाल स्वाहा हो चुकी थी ! चना पड़ापड़ उड़ रहा था, मानो भड़भूजे के भाड़ में मकई के दाने भुने जा रहे हों।

खलिहानवाले अगर अपना-अपना गल्ला बचाने के धुन में न लग जाते, तो मैदान मारकर थाने में गये हुए उस अखड़िया जवान के बाल-बच्चों के सामने से परसी हुई थाली न छिन जाती ! पर यह निगोड़ी दुनिया अपनी दाढ़ी की आग पहले बुझाती है।

वह बेचारा भोर होते ही थाने में इत्तला लिखाकर दूसरे रास्ते से घर लौटा, इसलिए कि बाबू साहब के घरवालों से कहीं राह में देखा-देखी न हो जाय। रास्ते-भर मन-ही-मन फूलता आया–कपार भी मारा और फौजदारी भी दाग दी। अब जायँ सब लोग सात-सात साल जेहल का तसला माँजें। बड़े सहसबाहु बने हैं। मेरे घर में भी दो-चार लठबन्द होते, तो अच्छी

तरह आटा-दाल का भाव मालूम हो जाता। अच्छा, अब अगर फिर लोग बमकेंगे, तो मँझले चाचा का लोहबन्ना निकालूँगा, चूल्हे के दुआर तक खदेड़-खदेड़ कर खबर लूँगा। अभी उनलोगों को किसी टेढ़े से काम ही नहीं पड़ा है। समझते हैं कि दुनिया में हमलोग सिकन्दर बादसाह हैं! यह नहीं जानते कि दुनिया में हाथी के पैर से दबने पर चींटी भी जोर-भर काटे बिना नहीं मानती। बला से खाने को कुछ न बचेगा, इस साल की सारी चैती बेचकर खेल खेला दूँगा।

यह आखिरी बात सोच रहा था कि किसी राही ने बड़े जोर से छींका। बेचारा अचानक चौंक उठा; पर भाबी की तो कुछ खबर थी ही नहीं, घर की ओर ताबड़तोड़ पैर बढ़ाता चला गया।

थोड़ा दिन चढ़ते-चढ़ते घर पहुँचा। गाँववालों की आँखें बचाकर चमरटोली की गली से अपने घर में घुसा। स्त्रियाँ रो रही थीं। उसे आँगन में खड़ा देख और भी छाती पीटने लगीं। पूछने लगीं। जब उसे खलिहान के जलकर खाक हो जाने की बात मालूम हुई, तब ढाड़ मारकर आँगन के बीच में थस-से बैठ गया!

8
पाँड़ेजी का प्रपंच

झूठे लेना झूठे देना,
झूठे भोजन झूठे चबेना।

कामरू-कमच्छा के बहाने से चारों धाम की यात्रा के लिए निकले हुए पाँड़ेजी अपना असल मतलब गाँठकर घर आ गये।

तीर्थयात्रा से लौट आने पर बाबू रामटहल सिंह की बुढ़िया माता से पाँड़ेजी कहने लगे–कामरू-कमच्छा जाकर पूजा-पाठ और तंत्र-मंत्र कराने के लिए जो हजार रुपये मिले थे, वह तो जाने-आने, खाने-पीने और पूजा-पाठ में कौड़ी-कौड़ी खर्च हो गये। बैजनाथजी पहुँचने पर एक अपने

चेले को भी साथ ले लिया। उसके साथ रहने से बड़ा आराम रहा। सेवा-टहल के लिए वह काफी था।

बुढ़िया ने पूछा—आपको तो चूल्हा फूँकना सुहाता नहीं, खाते क्या थे ? परदेस में पेट ही के सिर बीतती है।

पाँड़ेजी ने हँसकर कहा—एक और दूसरा चेला भी तो था। उसने बड़ा सुख पहुँचाया। वह पाँच पीढ़ी का चेला भी तो है। सबसे बड़ी बात यह कि अपनी जाति का था, इसलिए बनी-बनाई रसोई मिल जाती थी। आपको तो मालूम ही है कि हमारी जाति में चूल्हे-चौके का कितना बखेड़ा है—'तीन कनौजिया, तेरह चूल्हा'। वहाँ—कामरू-कमच्छा में—आचार-विचार बहुत कम है। इससे खाने-पीने की पवित्र चीजें बहुत महँगी मिलती थीं। और तो जाने दीजिए, तंत्र साधने के लिए सामग्री जुटाने में बड़ा दाम लगा। समझिए कि तेली की खोपड़ी खोजने में पचासों रुपये लग गये। बानर की हड्डी और स्यार की खाल के लिए बड़ी झँझट उठानी पड़ी। बाम्हन के लड़के का टटका मुर्दा मँगाने में एक मूठ दो सौ रुपया देना पड़ा। आधी रात को अकेले नदी-तीर जाकर धोबी के पाट की लकड़ी काट लानी थी। सिर्फ इतने ही काम के लिए वहाँ पचीस रुपये एक आदमी को दिये गये। मेरी तो छाती फट गई। यहाँ अगर चाहूँ, तो धोबी के पाट की तो बात ही क्या, आधी रात को गंगा-पार से धरन मँगवा लूँ। मगर असल बात है कि देश में जो चीज कौड़ी के मोल की भी नहीं होती, परदेस में उसी के लिए रुपया खर्चना पड़ता है। अब अधिक आपसे क्या कहूँ, घर आते-आते कौड़ी का एक दाँत भी नहीं बचा। वहाँ के एक सिद्ध औघड़ को पाँच सौ रुपये और भेजने पड़ेंगे। मैं वचन दे आया हूँ कि घर पहुँचते ही दच्छिना भेज दूँगा। पुरनाहुति मेरे सामने ही हुई। उसने मेरे आने के समय साफ कह दिया कि दच्छिना भेजने में देर करोगे, तो पुरनाहुति से एक पखवारे के भीतर ही पाँच सौ के बदले पाँच-दूना दस सौ का कोई माल नुकसान हो जायगा !

बुढ़िया ने डर से चौंकते हुए कहा—बाप रे बाप, दच्छिना बाकी रखने से क्या फायदा ! उसका परतवाय कौन लेगा। दच्छिना एक तरह का पराछित है। उसको जहाँ तक जल्दी हो सके—अपने सिर से उतार देना चाहिए।

आज ही पाँच सौ लेकर भेज दीजिए। इस मौके पर रुपये का मुँह देखने से काम न चलेगा। मेरा लड़का सुख से रहेगा, तो वही मेरे लिए असरफियों का गगरा है। आज मालिक होते तो थैली की पेंदी काट देते। अपने लड़के की जान के आगे मुझे रुपये का तनिक भी मोह नहीं है। दुनिया में बेटा-बेटी से बढ़कर और दूसरा धन ही क्या है ? कोख भरी-पूरी रहेगी, तो आँखों में रुपये का भी मोल बना रहेगा। नहीं तो क्या रुपये ही देखकर जुड़ाऊँगी ? 'मोहर लुटाय कोयले पर छाप'।

पाँड़ेजी ने बड़े ढब से पूछा–तो दीवानजी से लेकर आज पाँच सौ भेज दूँगा ? पर आप उनसे पहले कहवा दीजिए। नहीं तो देने में हुज्जत करेंगे।

बुढ़िया ने अपने हाथ से सुनहले कड़े को घुमाते हुए कहा–हुज्जत क्यों करेंगे। क्या वह अपने घर से देंगे ? और उनसे कहने या माँगने की जरूरत क्या है ? मैं अपने पास से दूँगी। फिर हिसाब करके मैं उनसे लेती रहूँगी। हाँ, एक बात मैं पूछना चाहती थी, भूल ही गई। भला वह बाम्हन के पाँच बरस के लड़के का टटका मुर्दा किस काम आया ?

पाँड़ेजी ने अपनी नसदानी से दो चुटकी नस निकालकर अपने नथनों में झोंकते हुए कहा–उसी मुर्दे में यहाँ के इस ब्रह्म-पिसाच को बुलाकर बातचीत की गई, बिन्ती की गई, समझाया गया, मनाया गया, पूजा हुई, आरती हुई, चौरा बनवाने और पुस्त-दर-पुस्त पूजा देते रहने का संकल्प हुआ।

बुढ़िया–फिर वह मुर्दा क्या हुआ ?

पाँड़ेजी–जहाँ से जिस तरह उखाड़कर आया था, उसी तरह, फिर गड़वा दिया गया, उसी रात को। जो उखाड़ लाया था, वही गाड़ आया। दो दफे उसे अकेले आना-जाना पड़ा। समझिए कि वह भी एक महाप्रेत ही था। दो सौ रुपये लेकर उखाड़ लाने गया था, और गाड़कर लौटा तो फिर एक सौ लेकर ही उठा !

बुढ़िया ने प्रसन्नता और विश्वास के सुर में कहा–बार-बार रुपये-पैसे का जमा-खर्च आप क्यों चुकाते हैं ? मैं आपसे हिसाब माँगती हूँ ? आपके हाथ से कई बार कई हजार रुपये खर्च हुए हैं, मैंने कभी लेखा-जोखा लिया है ?

पाँड़ेजी सन्तोष से फूलकर बोले–कभी नहीं, कभी नहीं। आपको तो याद होगा, इसी बबुआजी के जन्म में मैंने अँजुरियों रुपये लुटाये थे, इसी छोटी चौकी पर, जिस पर बैठा हुआ हूँ, तोड़े-के-तोड़े रुपये लेकर, मैं इसी आँगन में बैठा था। लेनेवाले निहाल हो गये। ओह ! बड़े बाबू साहब का क्या जमाना था ! गाँव-जवार में कोई वैसा दरियादिल और एकबाली नहीं है। उनके पेसाब से चिराग जलता था। रुपये खर्च करने में तो राजा भोज थे। मिट्टी भी छूते थे, तो सोना हो जाता था।

बुढ़िया ने लम्बी साँस खींचकर कहा–महाराज, अब उस जमाने की बात मत चलाइए। याद आता है, तो कलेजे में बर्छी चुभ जाती है। जो आँखों देखी बात थी, वह कहानी हो गई ! अब तो आपके करते मेरे बबुआ का संकट टल जाता, बस मैं नीरोग हो जाती। मन में खटका लगा रहता है। रोग उनकी देह में है, रोगी असल में मैं हूँ। खाना-पीना, सोना-बैठना, चलना-फिरना, हँसना-बोलना, कुछ अच्छा नहीं लगता। मालिक बड़े भागवान थे, सुख से चले गये। मैं भी जाती, तो दिन-रात इस कुढ़न से बच जाती। न जाने जमदूत कहाँ रास्ते में सोये हुए हैं।

–आज लड़का अगर हँसता-खेलता रहता, तो देखकर मन भरा रहता। उसका कलेस देखकर रोते-रोते छाती पक गई। किसी तरह दिन भर रही हूँ। बेटा-भतार का दुख देखा नहीं जाता, मगर क्या करूँ ? जो उसके नसीब का भुगतान है, उसमें अपना कुछ हाथ नहीं। अब तो राम का भरोसा है–

बार बराबर बार है, तापर बहुत बयार,
झाँझर नैया डोलती, कान्हा खेवनहार।

पाँड़ेजी ने अपने बटुए से सुरती निकालकर टेट में रखी हुई चुनौटी की ओर हाथ बढ़ाते हुए कहा–यह तो ठीक ही है। भगवान छोड़ किसी और का भरोसा करना भी नहीं चाहिए। अगर ऐसा विश्वास है, तो समझ लीजिए कि उन्हीं के करते बेड़ा पार भी होगा। गोसाईंजी ने तो साफ लिख दिया है–

राम बिना दुख कौन हरे,
बरखा बिन सागर कौन भरे,
गैया बिनु भव विधि कौन तरे,
मैया बिनु आदर कौन करे।

बुढ़िया ने पूछा—तो चौरा बनवाने की सायत कब है ? महाराज, हाथ जोड़ती हूँ, ऐसी अच्छी सायत में बनवाइए कि घर में अब उत्पात न मचाने पावे। एक तो लड़के के रोगी रहने से नींद-भूख बिला गई है, दूसरे पतोहू को भी मति-भरम हो गया है। मालूम होता है कि वह सनक जायगी। पहले-पहल आई तो बबुआ के बहुत मन भाती थी। दोनों का मेल-जोल देखकर मैं अपने भाग को सराहा करती थी। सपूत बेटा-पतोहू भगवान की बड़ी भारी देन है। मगर डायन-चबायन बुधिया ने मेरा सोने का घर माटी कर दिया। उससे और इससे ऐसा रँड़हो-पुतहो हुआ कि मेरा आँगन भठियारिन का घर हो गया ! मेरी बड़ी हेठी हुई। मैं तो कीच में गड़ गई। लाज के मारे मुझे किसी से मुँह दिखाते न बना। बबुआ कुछ बोले ही नहीं। बुधिया बाघिन बन गई। दोनों झोंटा-झोंटी कर बैठीं। हवेली-भर के लोग-लुगाई के देखते-देखते यह तमासा हुआ। कोई बीच-बिचाव करने नहीं आया। उसी दिन से इसको इरखा का करखा हो गया, बबुआ को देखकर जलने लगी। अब तो यहाँ तक नौबत पहुँच गई है कि जिस घर में बबुआ है, उसकी चौखट पर लात तक नहीं देती ! न जाने इसका मन ही क्या-से-क्या हो गया है। कभी-कभी बोली ऐसी बोलती है कि सुननेवाले के कलेजे में छेद हो जाता है। इसका भी कोई उपाय कीजिए नहीं तो बंस बूड़ जायगा।

पाँड़ेजी ने हथेली पर सुरती-चूना मलते हुए कहा—अच्छा, घबराइए मत,—'एकहिं साधे सब सधे, सब साधे सब जाय।' जब चौरा बन जायगा, पूजा होने लगेगी, तब कोई उपद्रव न रहेगा। बेटे-पतोहू का मन भी मिल जायगा, बंस भी बढ़ेगा, जान-माल की भी खैरियत होगी, और देह भी भली-चंगी कायम रहेगी। ब्रह्मपिसाच तभी तक सताता है, जब तक अस्थावर होकर पूजा नहीं पाता। जब देवघर में उसको अस्थावर करके उसकी पूजा होने लगेगी, तब वह हर तरह से कल्यान करने लग जायगा। फिर तो आपका गृह-देवता बनकर ब्याह-सादी में भी पुजावेगा। पुस्त-दर-पुस्त का कुलदेवता बन जायगा।

बुढ़िया—कब और क्या पूजा देनी होगी ?

पाँड़ेजी—सावन की पुरनमासी को, राखी के दिन, नहा धोकर, पीताम्बर

पहनकर, घर ही का कोई आदमी गाय के दूध में अरवा चाउर की बढ़िया खीर बनायेगा। वह खीर चौरा पर चढ़ाकर फिर अलवाँती गाय को खिला दी जायगी ! उसके साथ-साथ एक जोड़ी फीताकोर की धोती, एक जोड़ा लँगोटा, एक जोड़ा कोरा चदरा, एक जोड़ी खड़ाऊँ और चार जोड़े जनेऊ भी चढ़ाये जायँगे। अन्त में पहलौंठी ब्याई हुई गाय के घी से आम की लकड़ी की आग में होम किया जायगा। सब के बाद ब्रह्मभोज होगा।

बुढ़िया गिड़िगिड़ाकर बोली—तो महाराज, यह सब जल्दी करवाइये। सुभ सायत कब होगी ? पत्रा देखकर अभी ठीक कर दीजिए।

पाँड़ेजी ने बाईं हथेली पर मली हुई सुरती को दाहिने हाथ में पीटते हुए कहा—जैसे इतने दिन बीत गये, वैसे अब खरमास को भी बीत जाने दीजिए। खरमास में अच्छी सायत नहीं मिलती।

बुढ़िया—अच्छा, यही सही। मगर यह तो बतलाइए, देवघर बनेगा कहाँ ? पहले ही से कोई जगह तजबीज करके रखिए।

पाँड़ेजी—इसी हवेली के अन्दर, अगिन-कोन में, पूरब मुँहवाले घर में चौरा बनेगा। वही देवघर होगा।

बुढ़िया—पोखरे के किनारे अपनी ठाकुरबारी के पास बनाया जायगा, तो क्या कुछ नुकसान होगा ? ब्रह्म का चौरा तो गाँव से बाहर बर या पीपर के पेड़ के नीचे बनवाया जाता है। घर में भूत बैठाना ठीक नहीं।

पाँड़ेजी ने अपना निचला ओठ बिदोरकर नीचे के सामनेवाले काले-पीले दाँतों के पास चुटकी-भर सुरती ठूँसते हुए कहा—बाप रे बाप, यह आपने क्या कह दिया ? खबरदार, सपने में भी ऐसी बात मुँह से न निकालिएगा ! नहीं तो आँगन में हाड़ बरसने लगेगा।

बुढ़िया डरकर हाथ जोड़ती और ब्रह्मपिसाच के ध्यान में सिर नवाती हुई बोली—अच्छा, जैसे बने वैसे ही बनाइए। कुछ भी हो, मेरा लड़का उठ बैठे, देवघर चाहे हवेली में रहे या वन में।

पाँड़ेजी—सब बना-बनाया है। कुछ नहीं बिगड़ेगा। धीरज धरिए। ब्रह्म ने वचन दिया है, पूजा देते रहने पर घर दूध-पूत से भरा रहेगा। ब्राह्मन का अगर पेट भरता रहे तो वह सदा जजमान का जै-जैकार मनाता रहेगा।

बुढ़िया—हाँ, बात भली याद पड़ी, मैं पूछना ही चाहती थी, बातों ही

में रह गई। बड़ा भुलक्कड़ मन हो गया है। कोई बात याद नहीं रहती, एक चीज कहीं रख देती हूँ, तो फिर काम पड़ने पर याद नहीं आती कि कहाँ क्या रक्खा था। हाँ, यह बताइए कि ब्रह्म बाबा ने और क्या-क्या कहा ?

पाँड़ेजी–और जो कुछ कहा, सो सब आपको मालूम है। कोई नई बात नहीं है। जैसे भूत बकता है, वैसे ही बकता था। अपने मारे जाने का हाल सुनाता था। रोता था। धमकाता भी था। कटकटाता बहुत था।

बुढ़िया ने रुआँसी-सी होकर पूछा–रोता और धमकाता क्यों था ?

पाँड़ेजी ने पीछे की दीवार के एक कोने में सुरती की पीक फेंकते हुए कहा–मरने के समय उसको जो पीड़ा हुई थी, उसी की याद करके रोता था। पूजा न देने पर संघार कर देने की धमकी देता था। सबसे अचम्भे की बात तो यह है कि अपनी माता और स्त्री को वह भूला नहीं है ! उनके दुखों को याद करके तो वह ऐसा रोता था कि सुनकर पत्थर का कलेजा भी पिघल गया। अगर उसकी पूजा न होगी, तो वह बड़ा प्रचंड ब्रह्मपिसाच होगा। बहुत तंग करेगा। कुल में कोई पितरों को चुल्लू-भर पानी देनेवाला भी न बचेगा !

बुढ़िया–मैं इतना ही भर जानती हूँ कि एक बिगहा खेत के लिए मालिक ने उसको जान से मरवाया था। यह नहीं जानती की वह कब, कहाँ और कैसे मारा गया। न मैंने उनसे कभी पूछा और न उन्होंने मुझसे कभी कहा। वह अपनी जिस माता और स्त्री के लिए रोता था, उन्हें बुलाते-बुलाते मैं हार गई, आती ही नहीं। अगर वे आ जातीं तो अब मैं कुश-गंगा-जल लेकर वह एक बिगहा खेत उन्हें दे देती, बल्कि उसके साथ-साथ पाँच बिगहा और देती, कुछ महीना बाँध देती, सीधा और जड़ावर दिया करती। कोई आवे भी तो।

पाँड़ेजी ने बुढ़िया को समझाते हुए कहा–जिसका बेटा-भतार जबरदस्ती से मारा जाता है, उसी का दिल जानता है। दूसरा कोई उस भीतरी घाव के दर्द का अन्दाज भी नहीं लगा सकता। अगर वह कुछ दिन खाट पर पड़कर मरा होता, बेचारी स्त्री और माता को उसकी सेवा करने से कुछ संतोष हुआ होता, तो किसी तरह से 'भगवान की मर्जी' कहकर

धीरज धरतीं। मगर वह तो खसी-भेड़े की तरह मारा गया था। भला महतारी का कलेजा उसको कैसे भूले ! आपको मालूम नहीं है, मैं सब जानता हूँ।

बुढ़िया के मन में यह जानने की बड़ी इच्छा हुई कि वह कैसे मारा गया था। उसके बार-बार पूछने पर पाँड़ेजी ने सुरती की सीठी फेंकते हुए कहा—फागुन का महीना था। बड़े जोर से फगुनहट बहती थी। वह ब्राह्मन मामले की तारीख पर इजहार देकर उधर से लौटा आ रहा था। इधर बाबू साहब के आदमी बीच रास्ते में छिपकर बैठे हुए थे। साँझ हो गई थी। अँधेरा होता आ रहा था। चारों ओर से घेरकर लोगों ने उसको पकड़ लिया। हाथ जोड़ता, पैर पड़ता, दाँत दिखाता और गिड़गिड़ाता ही रह गया; लेकिन महतारी ने तो खर-जिउतिया की नहीं थी, जान बचे तो कैसे ? मुँह में कपड़े ठूँसकर लोग एक बगीचे के पगार की खाल में ले गये। फिर पटककर तले-ऊपर दो लाठियों के बीच में गरदन दबा दी ! बस फटाक-फटाक जीभ और आँखें निकल आईं। ऊपर से लोगों ने गँड़ासे की भी चोट दी, मगर वह तो पहले ही टन हो गया था !

बुढ़िया का कोमल कलेजा काँप उठा ! कलपकर बोली—हाय-हाय, कसाई भी ऐसे निठुर नहीं होते। अगर मारना ही था, तो जहर दे देते। क्या वह संखिया पचा जाता ? जब वह इस तरह तड़प-तड़पकर मरा है, तब तो इतना उत्पात कर रहा है। राम-राम, मरद बड़े कठकरेज होते हैं !

पाँड़ेजी ने नसदानी की ठेपी निकालते हुए कहा—आपको मालूम नहीं है कि वह कितना बड़ा फरफंदी था। सन् संतावन के गदरवाले बाबू कुँवर सिंह की तरह वह भी कहा करता था कि मामले की मुक्ति हाईकोर्ट में होती है। उसका बाप सैकड़ों बिगहा खेत छोड़ गया था। मगर उसने अदालती मामले लड़ते-लड़ते सब बेच डाला। बड़ा भारी मुँहफट भी था। जबान में लगाम थी ही नहीं। एकदम बेहया मँगता था। उसने किससे दो-चार-दस लेकर न खाया-पचाया होगा ! 'ल' अच्छर के सिवा वह 'द' अच्छर तो पढ़ा ही नहीं था। पाजी तो ऐसा था कि एक दिन 'बड़ी डेवढ़ी' के चौतरे पर चढ़कर पचासों आदमी के सामने बाबू साहब को गण्डों गालियाँ दे गया ! उसी दिन की गाली तो उसकी जान की गाहक हो गई।

बुढ़िया की आँखें डबडबा गईं। रुँधे कंठ से बोली—राह चलते ब्राह्मन को कोई नहीं मारता। जब वह छप्पर पर चढ़कर ऊधम मचावे, तभी तो उसे बचाना चाहिए। लुच्चे-लफंगे के गाली देने से किसी भलेमानस की बेइज्जती नहीं होती। जो भलामानस है, वह हमेशा भलामानस ही रहेगा; और जो नंगा-लूचा है, वह हरदम नंगा ही रहेगा। महादेवजी पर कौआ बीट कर देता है, तो क्या इससे इनका महातम कम हो जाता है ? बड़े आदमी को अपनी इज्जत अपने हाथ में रखनी चाहिए।

पाँड़ेजी ने लगातार दो-चार बार नस सुकड़ते हुए कहा—जाने दीजिए, जो होना था सो हो गया। 'बीती ताहि बिसारि के, आगे की सुधि लेहु'। सनीचर के दिन अच्छी सायत है। महावीरजी का दिन है। भूत-प्रेत की बाधा महावीरजी की कृपा से जल्दी दूर होती है। उसी दिन देवघर में ब्रह्म-स्थान बने तो अच्छा है।

बुढ़िया बेचारी लम्बी साँस खींचकर तलमलाती हुई उठ खड़ी हुई। पाँड़ेजी लाठी टेकते और खाँसते बाहर चले गये।

9
महँगे चने

करघा छोड़ि तमासे जाय,
नाहक चोट जुलाहे खाय।

रामसहर में आज दारोगाजी आये हुए हैं। बाबू रामटहल सिंह की बड़ी डेवढ़ी पर उतरे हैं। खलिहान की आग-लगीवाले मामले की जाँच हो रही है। गाँव के लोगों के बयान लिये जा रहे हैं।

दारोगाजी की खातिरदारी में सब लोग बड़े परेशान हैं। कहीं खसी कटता है, कहीं गरम मसाले पिसते हैं, कहीं कड़ाही छन-छनाती है; कहीं छौंक-बघार की सोंधी सुगंध उड़ती है और कहीं प्याज का अर्क चुवाया जाता है।

रसोई की गमक सूँघकर कनस्तबल बेचारे बैठे-बैठे अपने ओठों पर जीभ देते हैं। बयान लेने में देर करने से दारोगाजी पर मन-ही-मन कुढ़ते भी हैं !

देहात में दारोगा को जो दावत दी जाती है, वह दुनिया में दामाद को भी दुर्लभ है ! भगवान अगर किसी पढ़े-लिखे को पेट दें तो कहीं मुफस्सिल की थानेदारी भी किस्मत में लिख दें।

गाँव-भर के अहीर अपने-अपने घर से दही के मटके लेकर पहुँच रहे हैं। चिथरू अहीर हर-एक दहेड़ी के दही का माथ मारकर सबसे बड़ी दहेड़ी में खाली छाली बटोरता चला जाता है।

जब पिलुआ अहीर दही की एक छोटी मटकी लेकर आया, तब दारोगाजी उसको गाली देते हुए गरजकर बोले—काहे को सितुई-भर दही लाया है रे ? क्या दामाद को परछने के लिए दही-अच्छत का टीका लगाने आया है ? चला जा सामने से, नहीं तो एक जूता भी नीचे नहीं पड़ेगा—चाँद के बाल उड़ा दूँगा ! अबकी बार खेत-चराई की फौजदारी में फँसाकर तेरा सब माल-मवेशी नीलाम करा दूँगा।

पिलुआ ने अपनी गरदन में अँगोछा डालकर हाथ जोड़ते हुए कहा—सरकार ! आजकल एक भी माल-मवेशी नहीं है। बाल-बच्चे तो मट्ठे के धोवन के लिए तरसते हैं ! खेसारी की लिट्टी भी दूलम्ह हो रही है। दिन-भर खेत कोड़ने पर भी उनके मुँह में दाना नहीं पड़ता। यह तो आपके डर के मारे टोल-पड़ोस से माँगकर ले आया हूँ। आपने मारने के लिए कहा, तो मैं हाजिर ही हूँ। कहाँ भागकर जाऊँगा ? ढाका से मुलतान तक तो आप ही का राज्य है। जूते से पीटिए या दुलारिए, आप ही का सब अखतियार है।

दारोगाजी ने झुँझलाकर नूरू मियाँ चपरासी से कड़कते हुए कहा—हटाओ इसको सामने से। इसकी मटकी को पटक दो चौतरे के नीचे। आया है दुखड़ा सुनाकर जान छुड़ाने ! इससे इक्के के घोड़े के लिए एक पसेरी चना वसूल करो। अगर न दे, तो इसके घर में घुसकर बरतन-बासन निकाल लाओ।

नूरू मियाँ ने पिलुआ को गरदनियाँ देकर चौतरे से नीचे उतार दिया।

दहेड़ी पटक दी ! गली के कुत्ते चुल्लू-भर दही पर जूझने लगे। पिलुआ को दही से बढ़कर मटकी के फूटने का दुख हुआ। बेचारा तलमलाता हुआ घर चला।

पीछे से सोटा लेकर नूरू मियाँ भी चला। पिलुआ ज्यों ही अपने घर पहुँचा, त्यों ही नूरू एक पसेरी चने के लिए उसकी खोपड़ी पर सवार हो गया !

घर में तो बेचारे के भूँजी भाँग भी नहीं थी। कहीं एक मटर का दाना भी नहीं डगरता था कि उठाकर लड़के मुँह में डालें–एक हाथ से कमाना, दूसरे हाथ से खाना था–गरीबी के मारे पड़ोसियों से भी उधार मिलने की आस नहीं थी–एक लोटा-थाली के सिवा कोई ऐसी धरोहर की चीज भी नहीं, जिसको रख़कर चपरासी के ऊधम से जान बचावे !

पिलुआ की स्त्री अपने रोते हुए बच्चे को संग लेकर लोटा-थाली बन्धक रखने चली। मगर काँसे का फूटा बरतन ले कौन ? गाँव में बेचारी गली-गली की धूल फाँकती फिरी, किसी के मन में ईश्वर न बसा !

अन्त में पचासों घर का चक्कर काटकर बेचारी एक बुढ़िया तेलिन के घर गई। उसके पास बैठकर बहुत रोई-कलपी। बुढ़िया के मन में भगवान जागे–उसने बिना धरोहर लिए ही एक चँगेली में पसेरी-भर चना दे दिया ! बड़े आदमियों के इतने बड़े गाँव में बस यह एक ही भलेमानस निकली !

पिलुआ की स्त्री ने रुँधे कंठ से कहा–बहिन, जब तक जीऊँगी, यह उपकार न भूलूँगी। भगवान चाहेंगे तो यह एक-एक रहिला इसी साल तुम्हारे घर में एक-एक कोठी भरेगा। तुमने जैसे मेरा रोआँ जुड़वाया, वैसे ही भगवान तुम्हारा रोआँ जुड़वावेंगे। एक बात कहते बड़ी लाज लगती है–आँचर एकदम फट गया है–सूई-तागा बिना गाँठ जोड़-जोड़कर देह पर परदा डाला है–फाँड़ में लेने से सब रहिला गिर जायगा–तुम कहती तो मैं चँगेली ही उठा ले जाती, फिर साँझ को अपने लड़के से भेज देती।

तेलिन के मन में ईश्वर बस गया था, खुशी से बोली–ले जाओ, मगर बहिन हाथ जोड़ती हूँ, दारोगा के यहाँ इसको मत जाने देना ! बीस बरस की बेंत की चँगेली है, तेल लगते-लगते रीठ गई है।

पिलुआ की स्त्री ने चने से भरी चंगेली को उठाकर सिर पर रखते

हुए कहा–नहीं बहिन, भला मैं चँगेली वहाँ जाने दूँगी ? अभी तो दही की एक रीठी हुई मटकी लेकर मालिक गये थे, दाढ़ीजार ने फोड़ दिया है, अब उसके लिए भी गंडों गाली सुनूँगी।

यह कहते हुए बेचारी अपने घर चलने के लिए एक पग भी आगे न बढ़ी होगी कि उसके लड़के–उसके घुटनों और जंघों से लिपटकर, उसके सिर पर रक्खी हुई चँगेली की ओर देखते हुए–ठिनकने लगे ! बेचारी ने अपने छलछलाये हुए आँसुओं को रोककर लड़कों की ठुड्डी सहलाते और उन्हें फुसलाते हुए धीरे से कहा–बाप रे बाप ! इसमें एक दाना भी कम होगा, तो हत्यारा हाड़ तोड़ देगा ! घर चलो, जोखने पर एक पसेरी से बेसी होगा, तो थोड़ा-थोड़ा तुम सब को दूँगी !

फुसलाने से लड़के समझ तो गये, पर बेचारी के आगे बढ़ते ही वे जल्दी-जल्दी घर में बिखरे हुए अनाज के दाने चुगने लगे ! यह देख बुढ़िया तेलिन के मन में बड़ी दया आई। उसने सबको एक-एक मुट्ठी चना देकर बिदा किया।

लड़के कूदते-फाँदते और चना चबाते माँ के पीछे दौड़े। उन्हें आशा थी कि घर पहुँचने पर आज भर पेट चना मिलेगा; किन्तु यहाँ तो पहले ही से नूरू मियाँ दरवाजे की टाटी पीट रहा था। दूर ही से बेचारी को देखकर आगे बढ़ता हुआ बोला–इधर कहाँ लिए चली आती है ? वहाँ क्या मैं पहुँचाऊँगा ?

यह सुन घर के दरवाजे का ठट्टर लगाते हुए बाहर आकर पिलुआ ने कहा–मैं अपने सिर पर ले चलकर पहुँचाऊँगा मियाँजी, वह पचासों आदमी में वहाँ कैसे जायगी ?

पिलुआ की बात सुनकर नूरू मियाँ हँसता हुआ बोला–यह कहीं की महारानी है कि वहाँ जाने से छोटी हो जायगी।

पिलुआ ने अपनी स्त्री के सिर से चँगेली को अपने सिर पर लेकर आगे बढ़ते हुए कहा–मियाँजी, मैं आपके मुँह लगकर पार पाऊँगा ? नहीं सुना है कि 'कमजोर की स्त्री गाँ-भर की भौजाई' ? वह स्त्री है, मैं पुरुख हूँ। मुझे कोई दो बात कह देगा, तो सह लूँगा और उसे कह देगा, तो न मैं सहूँगा–न वह सहेगी।

आगे-आगे जाता हुआ नूरू मियाँ फिर हँसकर बोला–स्त्री जवान भी तो नहीं है कि वहाँ कोई उससे हँसी-मसखरी करेगा ? बुढ़िया पर इतना दिमाग ? खेत-खेत मारी फिरती है, तब इज्जत नहीं जाती ?

यह बात पिलुआ के कलेजे में तीर की तरह चुभ गई ! सारी देह का खून खौल उठा। उसने सिर से उतारकर चँगेली वहीं रख दी। आगे बढ़े हुए नूरू मियाँ को बड़े क्रोध से पुकारकर कहा–हे, मियाँ-टियाँ होकर बहुत ठसके मत दिखाओ। घर में सनहक और बधना भी न होगा, यहाँ सिर पर लाल पगड़ी बाँधने से नवाब मत बनो। दस ठो चानी की टिकुली पाते हो, बस समझते हो कि दुनिया में और कोई इज्जतदार है ही नहीं। मेरी स्त्री तुम्हारी मियाँइन की तरह उड़ाई-फँसाई नहीं है। गरीब होने से मैं अपनी स्त्री की बेइज्जती न सहूँगा। ले जाओ अपना रहिला !

पिलुआ को गिरगिट की तरह रंग बदलते हुए देखकर नूरू मियाँ दंग रह गया ! थोड़ी दूर तक अपनी ही जगह पर ठिठककर खड़ा रहा। उसे अपने कानों पर विश्वास नहीं हुआ।

पर जब उसने पिलुआ को अपने घर की ओर मुड़ा हुआ देखा, तब मारे क्रोध के उसकी दाढ़ी हिलने लगी। सोटा सम्हालकर दौड़ा बेतहाशा।

तब तक पिलुआ की स्त्री, जो चँगेली के मोह में पड़कर रास्ते में ही खड़ी-खड़ी पछता रही थी और उसके लड़के, जो चने के लोभ से रो रहे थे, नूरू मियाँ को दौड़े आते देखकर एकाएक बड़े जोर से चिल्ला उठे।

पिलुआ ने झट पीछे मुड़कर देखा। इतने में नूरू मियाँ दौड़ा हुआ आ पहुँचा। पिलुआ कज होकर बगल में हट गया, मियाँजी धड़ाम से वहाँ मुँह के बल गिर पड़े–मुँह और दाढ़ी में धूल भर गई–सोटा हाथ से छूटकर अलग जा पड़ा। गाँव के लड़के ताली पीट उठे !

बेचारे के पेट और छाती में गहरी चोट लगी। घुटने फूट गये; कराहता हुआ उठा और चँगेली लेकर लँगड़ाते-लँगड़ाते 'बड़ी देवढ़ी' की ओर चला गया। लाज के मारे सोटा तक न उठा सका !

वहाँ दारोगाजी खा-पीकर आराम कर रहे थे। चपरासी भी लेटे-लेटे थकावट मिटा रहे थे। बेचारा चुपके-से जाकर एक तरफ लेट रहा। अपनी हार और मेहर की मार किसी से कहते नहीं बनती !

कुछ देर आराम करके दारोगाजी थाने में जाने के लिए तैयार होकर बाहर आये तो इक्केवान से चने के बारे में पूछा। उसने कहा–सरकार, घोड़ा दाना खाकर तैयार है, हुक्म हो तो एक्का कसूँ, बेर बहुत ढल गया।

दरअसल चने के बारे में दारोगाजी को बेचारे नूरू मियाँ से पूछना चाहिए था। भला इक्केवान को क्या पता था कि चने महँगे पड़े हैं।

10
ब्रह्मपिसाच का देवघर

भूत भरम से होत है, डर से होत बिनास।
फैलत दम्भ-विडम्बना, जगत करत उपहास।।

सनीचर के दिन ब्रह्मस्थान बननेवाला था और बुध के दिन गोबरधन पर भी ब्रह्मपिसाच ने सवारी कस दी! पहले-ही-पहल इतने जोर की चढ़ाई हुई कि गोबरधन साँड़-भैंस की तरह हँकड़ने लगा।

पाँड़ेजी का तंत्र-मंत्र तो हवा हो गया। ओझैतों के मेठ खेदू की बुलाहट हुई। ओझाई शुरू हो गई।

खेदू से पाँड़ेजी ने बहुत घबड़ाकर पूछा–गोबरधन को एकाएक यह क्या हो गया खेदू?

खेदू ने थोड़ी देर तक हाथ से माथा पकड़कर सोचते हुए कहा–बाबा, यह रकतमढ़ी है। जल्दी नहीं छोड़ेगी। तपावन लेगी।

पाँड़ेजी ने शंका और निराशा के साथ कहा–नहीं खेदू, यह न कोई रकतमढ़ी है, न कोई चुड़ैल; हो न हो यह वही ब्रह्मपिसाच है, जो बाबू साहब के घर में उपद्रव मचा रहा है!

ब्रह्मपिसाच का नाम सुनते ही खेदूराम का कलेजा दहल गया। वह बड़े भय के साथ चौंककर बोला–ऐं! यह वही ब्रह्मपिसाच है? तब तो बाबा, यह मेरा दाब न मानेगा। यह बड़ा जबर ब्रह्म है। आप ही इसको मनाइए। भला वह ब्रह्म आपके घर कैसे आया? इससे तो बड़े-बड़े तांतरिक

हार मानकर चले गये हैं। इसके सामने मेरी कोई कला न लहेगी।

यह कहते-कहते खेदू धीरे-धीरे घर के अन्दर से बाहर निकल आया। पाँड़ेजी कमर पर हाथ रक्खे लम्बी साँस खींचकर चुपचाप वहीं खड़े रह गये !

पँड़ाइन ने गाँव-भर के ओझों को बुला भेजा। मगर वे खेदू-जैसे दबंग ओझैत का भागना सुनते ही अपने-अपने घर के कोने में मुँह छिपाकर बैठ रहे। बाबू साहब के घरवाले ब्रह्मपिसाच का नाम सुनकर ही सबकी धोती ढीली हो गई !

बेचारे पसुपत पाँड़े छ-सात में पड़ गये। ओझों पर मन-ही-मन दाँत कटकटाने लगे। रोती हुई पँड़ाइन को चुप कराते हुए बोले–ओझों के न आने से इतना घबराती क्यों हो ? जिंदगी रह गई और यह लड़का हँसता-खेलता उठ खड़ा हुआ, तो इन दगाबाज ओझों के छप्पर पर एक खपड़ा न रहने दूँगा।

क्रोध से काँपते हुए पाँड़ेजी घर से बाहर निकले। झटपट धोती बदलकर एक हाथ से कुएँ का एक लोटा पानी खींच लाये। उसी से गोबरधन की खाट के पास क्वाँरी बछिया के ताजे गोबर का चौका लगाया। फिर गुग्गुल जलाकर बारी-बारी से 'हनुमान-चालीसा' और 'संकट-मोचन' का संपुट पाठ शुरू कर दिया।

पाँड़ेजी रात-भर गोबरधन की खाट के सिरहाने के पास पाठ करते ही रह गये। खाट की दाहिनी पाटी के पास–सामने–गोबरधन के मामा जुरजोधन तिवारी पीतांबर और तुलसीमाला पहनकर गोसाईंजी की रामायन का पाठ करते रहे।

पैताने की ओर गोबरधन की माँ बैठी हुई थी। वह रात-भर देवता-पितर मानती रही। सैकड़ों मन्नतें मानीं। पहले गंगोटी से जमीन लीप-पोतकर लुहबान जलाया। फिर घुटने के बल झुककर, दोनों हाथ पीछे की ओर जोड़कर, नाक रगड़ती हुई बोली–हे ब्रह्मबाबा, मेरे लड़के को मत सताओ। तुम जिसके हो, उसी के घर जाओ। मेरी कोख बकसो। मुझे यही भीख दो। दुहाई ब्रह्मचारी की, मैं गाय के घी से हूम कराऊँगी, अबकी बार कैलान करो, ब्राह्मन होकर ब्राह्मन को मत पेरो।

इसके बाद एक जगह से नाक उठाकर वहीं दूसरी जगह रखते हुए कहा–हे बिन्धाचल की देवीजी, जोड़ा खसी और चुनरी चढ़ाऊँगी, मेरे लड़के को चंगा करो।

फिर तीसरी जगह नाक रगड़ती हुई बोली–हे बाबा बिसेसरनाथ, तुम्हारी सरन आई हूँ। लाज रखना ए बाबा, अच्छा होते ही यह आपको जल चढ़ाने काशीजी जायगा।

काशी विश्वनाथ का पिंड छोड़कर गंगाजी के पीछे पड़ी–हे गंगामाई, पियरी चुनरी का तनाव तनवाऊँगी, दोनों पार चँदवा से छवा दूँगी। अबकी बेर मेरा लड़का उठ बैठा, तो गरहन-नहान में 'भुँइपरी' लेटकर जायगा !

बाहर के देवताओं से बिनती कर चुकने पर ग्राम-देवता को सुमिरने लगी–हे गाँव की सती-देई, बाजे-गाजे के साथ तुम्हारे सती-स्थान पर चुनरी चढ़ाने आऊँगी, मेरी गोद जुड़ाओ।

अंत में अपनी इष्टदेवी से बोली–हे काली-भवानी, इस लड़के के बदले में एक खसी और एक भेड़ा चढ़ाऊँगी, इसको जल्दी अच्छा करो।

यदि विश्वास पक्का हो, तो इसमें सन्देह नहीं कि तत्काल फल मिलता है। गोबरधन की माता-जैसी करकसा स्त्री के मन में पहले कभी देवताओं पर ऐसा विश्वास उपजा था या नहीं, यह ईश्वर जाने; पर आज पुत्र के प्रेम से निकले हुए आँसुओं ने उसके ऊसर मन में विश्वास की हरी-हरी दूब उगा दी।

स्त्रियाँ स्वभाव से ही श्रद्धा और विश्वास की मूर्त्ति होती हैं। पर गोबरधन की माता ऐसी स्त्रियों में नहीं थी ! आज से पहले कभी उसने देवता-पितर का नाम न लिया होगा। कभी सपने में भी उसे ईश्वर याद नहीं पड़ा होगा। वह तो घर-भर में बढ़ी-चढ़ी करकसा थी। गाँव-भर में 'पताल की डाइन' कहलाती थी !

एक ही आँगन में उसके और कई हिस्सेदार थे। रोज ही किसी एक से झगड़ा कर बैठती। झगड़ा किये बिना उसके पेट का पानी ही न पचता। आँगन-भर की स्त्रियाँ उससे डरती रहतीं; क्योंकि गाली देने का सुर उठाती, तो एक ही साँस में कोख-माँग चबाकर पार कर देती। रँड़हो-पुतहो करने में कोई पार न पाता।

गालियाँ बकने लगती, तो मालूम होता कि तरह-तरह की गालियों की कई पोथियाँ घोख गई है और कुलंजन खाकर गला साफ कर लिया है। अगर बीच में कोई मर्द दखल देता, तो करिखाही हाँड़ी लेकर सिर फोड़ने को तैयार हो जाती।

पाँड़ेजी की मजाल नहीं कि जीभ हिलावें ! उनको तो जब चाहती–मदारी के बंदर की तरह नाच नचाती।

बेचारी भोली-भाली पतोहू को भी किसी-न-किसी काम में नाधे ही रहती–आधी रात तक तेल लगवाती, देह दबवाती, पंखा झलवाती, बरतन मँजवाती, भनसा-घर लिपवाती, चक्की पिसवाती, बेचारी को हरदम फिरिहिरी की तरह नचाती रहती !

अजी, वह जिसके पीछे पड़ जाती, उसे रात-रात-भर सरापती ! टोले-मुहल्ले के लोग नकिया जाते–बेचारों की नींद हराम हो जाती।

सूरज बाबा के सामने आँचल पसारकर पराये का संहार मनाते रहना तो उसका नित्य कर्म था।

शुरू में जब उसके कई लड़के मर चुके, तब सोनिया को मारकीन की एक धोती और छींट की एक कुर्ती देने का करार करके एक बच्चेवाली पड़ोसिन का आँचल फाड़ मँगाया। साथ एक चमारिन को एक पसेरी चावल देकर एक दूसरी पड़ोसिन के लड़के का नाल भी कटवा मँगाया था। आँचल का टुकड़ा जलाकर नाल के टुकड़े के साथ खाने के लिए ही उसने अपनी जिंदगी में पहले-पहल पान का बीड़ा खाया था !

उस दिन तो भूले-भटके भी ईश्वर की याद न आई ! पान के बीड़े के साथ दो-दो कोख चबाते समय यह समझ में न आया कि सबके दिल में अपनी औलाद की आग एक-सी होती है ! उस समय तो अपना घर बसाने के लिये दूसरे का घर उजाड़ने में तनिक भी आगा-पीछा न हुआ !

जब तक अपने ऊपर नहीं बीतता, तब तक कान खड़े नहीं होते। जब एकाएक अपने ऊपर पड़ जाता है, तब आप-से-आप आँखें खुल जाती हैं। घोर संकट में नास्तिक भी ईश्वर का सहारा ढूढ़ने लगता है ! शायद संसार में अगर दुख न होता, तो लोग ईश्वर को एकदम भूल ही जाते।

पँड़ाइन की पुकार अन्दर से उठी थी, बिनती आँसुओं से भींगी थी, मन्नतें विश्वास से उपजी थीं, नाक श्रद्धा से घिसी थी, सिर आदर से झुका था; इसलिए मनोरथ छूछा न रहा।

इधर पाँड़ेजी ने भी आज खूब बक-ध्यान लगाया ! बाबू साहब की ठाकुरबारी में वह रोज ही पूजा-पाठ और आरती-स्तुति किया करते थे; पर आज अपने घर में उन्होंने जैसी लगन से संपुट पाठ किया, वैसी निष्ठा से अब तक कभी कोई काम नहीं किया था।

ठाकुरबारी में पूजा-आरती करते, माला जपते और भोग लगाते समय भी उनका मन केवल धन कमाने की ही धुन में मस्त रहा करता था और आज तो ऐसा ध्यान लगाया कि पहरों आँखें न खुलीं ! पर जब आँखें खुलीं, तब देखा कि गोबरधन उनकी ओर टकटक ताक रहा है !

जिस गोबरधन की आँखें कुछ ही देर पहले भयानक रूप से चढ़ी हुई थीं, जो चार-चार आदमियों के दबाकर पकड़ने पर भी ऐसा उछलता था कि चारपाई चरमराने लगती थी, जिसका डाँट-डपट और चीख-चिल्लाहट सुनकर अड़ोस-पड़ोस के लोग भी अपने कानों पर हाथ रक्खे ब्रह्म बाबा की दुहाई दे रहे थे, उसी गोबरधन को चुपचाप अपनी ओर ताकते देखकर पाँड़ेजी ने बड़े उछाह से पूछा—बेटा, कहो अब कैसी तबीयत है ? कुछ तो अच्छी मालूम होती है।

गोबरधन ने पहले ही की तरह टकटक ताकते हुए चुपचाप सिर हिलाकर कहा—हाँ, कुछ अच्छी है।

सुमिरनी और गोमुखी के साथ अपना हाथ उठाकर जुरजोधन तिवारी ने भी मुस्कुराते हुए आशीर्वाद दिया। पँड़ाइन ताबड़तोड़ राई-नोन उतारने लगीं !

दिन-भर का पूजा-पाठ और रात-भर का जागरन सफल हो गया। पाँड़ेजी अपने आसन से उठे, तो गोबरधन की खाट पर बैठकर उसकी देह सहलाने लगे।

तिवारीजी अपनी आसनी में रामायन लपेटे हुए पाँड़ेजी से बोले—कल तो रात-भर सोरहो डण्ड एकादसी रही, आज अँतड़ी कुलकुला रही है, आत्माराम को कलेवा कराना चाहिए।

पाँड़ेजी ने हँसकर पँड़ाइन की ओर देखा। भाई को भूखा समझ उन्होंने झट बाटियाँ बनवाईं। मसालेदार खिचड़ी पकी, आलू और बैगन का भुरता बना, हरा चना घी में तला गया, कई तरह के खट्टे-मीठे अचार भी निकाले गये। बहिन को अपने भाई का प्यारा भोजन खूब मालूम था !

तिवारीजी पीढ़े पर पलथी मारकर खाने बैठे। बहिन पंखा लेकर खिलाने बैठी। पाँड़ेजी गोबरधन के घर की देहरी पर बैठ गये।

खाने के लिए बैठते समय तिवारीजी ने पाँड़ेजी से मुँह-छुआई की—तुम भी आओ न; पर उन्होंने यह कहकर टाल दिया कि रोगी को घर में अकेला नहीं छोड़ना चाहिए।

तिवारीजी ने चुपचाप हथेली पर पानी लेकर अपने आगे परसी हुई थाली के चारों ओर गिरा दिया। फिर आँखें बन्द कर, हाथ जोड़कर, सिर नवाया। उसके बाद उँगली से ठोककर लोटा बजाते हुए कहा—

विश्व भरन पोखन कर जोई,
ताकर नाम भरत अस होई।

जैसे बिनौले की खली और सत्तू मिलाकर गोती हुई नये भूसे की सानी पर दिन-भर हल में जुता बरद चोट करता है, वैसे ही तिवारीजी थाली पर हाथ साफ करने लगे।

तिवारीजी के लगभग आधा सामान चट कर जाने पर पंखा झलते-झलते पँड़ाइन ने पूछा—भैया, खिचड़ी कैसी बनी है ?

तिवारीजी ने बायें हाथ से लिलार का पसीना पोंछते हुए कहा—क्या बहिन, मुँह से नहीं छूटती !

पँड़ाइन—खूब छौंक-बघारकर बनी है।

तिवारीजी ने मुँह बाकर ऊपर ही से भर-लोटा जल ढरकाने के बाद अपनी तोंद निहारते और सुहराते हुए कहा—सब सरंजाम भी तो है—

घी पापड़ अरु दही अचार,
ये खिचड़ी के चार भतार।

पँड़ाइन—बाटियाँ कैसी बनी हैं ?

तिवारीजी—ओह ! पूछो मत ! एक तो खस्ता बनी हैं, दूसरे घी में चभोरी हुई हैं ! पककर फट जाने से नस-नस में घी पैवस्त हो गया है।

पँड़ाइन–ऊपर से चीनी भी पड़ी है।

तिवारीजी–तभी तो मालपूए का मजा दे रही हैं ! छूते ही टूक-टूक हो जाती हैं–मोहनभोग की तरह थाली भर में बिखर जाती हैं। इसी को मियाँ लोग मलीदा कहते हैं। घी-चीनी में चभोरी हुई बाटी बालमकुन्द कृश्न भगवान को बहुत प्रिय है। इसीलिए इसको 'मकुन्दी' भी कहते हैं।

पँड़ाइन–और आलू-बैंगन के चोखे में अन्दाज से रामरस पड़ा है न ?

तिवारीजी ने दाँतों से आम के अचार की रीढ़ खखोरते हुए कहा–चोखे तो बस चोखे ही बने हैं ! कड़ुआ तेल तो ऐसे अन्दाज से पड़ा है कि बाह-रे-बाह ! रामरस भी बड़े हिसाब से पड़ा है। संसार में बैंगन के भरते से बढ़कर किसी चीज का भरता अच्छा नहीं बनता। अगर बढ़िया बन जाता है, तो सब तरकारियाँ मात हो जाती हैं। देखने में बसौंधी का-सा मालूम होता है। इसके आगे लच्छेदार मलाई भी मात है !

पँड़ाइन–तनिक धनिया-पुदीने की चटनी भी चीखो।

तिवारीजी ने एक उँगली से उठाकर चटनी को जीभ के छोर पर रखते हुए कहा–चीखा तो था। आला दरजे की बनी है। जीभ-रूपी घोड़ी के लिए भगवान ने यह कोड़ा बनाया है !

पँड़ाइन–आलू का चोखा तुमको बहुत रुचता है। थोड़ा और देती हूँ।

तिवारीजी–हाँ, आलू का चोखा बेसक दुबारा लेने लायक है। दे दो थोड़ा-सा। आलू तो सब तरकारियों का राजा है। बकला छील देने पर मोतीचूर बन जाता है। मालूम होता है कि सोने का लड्डू है। अरे आलू-बैंगन तो भगवान को इतना रुचा कि खाते-खाते वह खुद आलू-बैंगन-मय हो गये। देख लो सालिग्रामजी को !

पँड़ाइन ने बाँस की मरदानी कँघी के आकारवाले अपने बुलाक में मुस्कुराहट को छिपाते हुए कहा–ऐसी बड़ाई मत करो कि पतोहू आकास पर चढ़ जाय।

तिवारीजी–मैं झूठ बड़ाई नहीं करता। सचमुच बड़ी लायक पतोहू है। रसोई में खूब हाथ साफ है। तुम्हारे इस रामसहर के कनौजिया-परिवार में किसी के यहाँ ऐसी पतोहू न उतरी होगी।

पँड़ाइन–जितना सराहा उतना खाया नहीं।

तिवारीजी डकारते हुए बोले—अब क्या चाहती हो कि लोटा-थाली भी खा जाऊँ ? कितना खाऊँ, खूब अघा गया।

पँड़ाइन—अच्छा, चने की घुघनी सब खा जाओ। फसली चीज है। फायदा करेगी। पेट खुलासा हो जायगा।

तिवारीजी—अच्छा, तुम्हारा कहना भी मान लूँ। नहीं तो कहोगी कि भैया ने मेरी बात उठा दी। चना भी खूब चटपटा बना है।

पाँड़ेजी घर की देहरी पर बैठे हुए ही बोले—थोड़ा और ले लो। बड़ा पुष्ट पदार्थ है। लोग इसको हिन्दुस्तान का बदाम कहते हैं।

तिवारीजी—अजी इसका तो नाम ही हिन्दुस्तानी मेवा है। बनानेवाला हो तो इससे छप्पनों प्रकार बनाकर रख दे। दिल्ली के बादसाह नारंगसाह ने अपने बूढ़े बाप साहजहाँ को जब कैद किया, तब उसे खाने के लिए कोई एक ही अनाज देने का हुकुम दिया। साहजहाँ खाने-पीने में बड़ा अमीर था। आगरे में उसका बनवाया ताज-बीबी का रौजा देखने ही लायक है। मथुरा, बृन्दावन की यात्रा में मैंने भी देखा था। सुना कि विलायत से लोग उसको देखने आते हैं। अँजोरिया रात में निखरने पर जान पड़ता है कि कपूर या फिटकिरी के ढोकों का बना हुआ राजमहल है ! उसके सामने, जमुना के पार, साहजहाँ के वजीर का रौजा है। वह छोटा होने पर भी बड़ा सुन्दर है। लोग कहते थे कि ताजमहल के पत्थरों की कतरन से वह बना था। सचमुच उसमें रंग-बिरंगे पत्थरों के छोटे-छोटे टुकड़े जड़े हैं। अलग से देखने पर मालूम होता है कि भाँति-भाँति के रंगदार फूल तले-ऊपर गँजे हैं।

पाँड़ेजी सुरती बना रहे थे। हथेली पर सुरती पीटते हुए बोले—तुम क्या कह रहे थे, और क्या कहने लग गये ! नौरंगसाह ने अपने बाप से खाने के लिए एक ही अनाज माँगने को कहा, तो साहजहाँ ने फिर क्या तजबीज किया ?

तिवारीजी—हाँ, तो साहजहाँ बादसाह ने अपने बबरची की सलाह से इसी चने को पसंद किया। संच पूछो तो दुनिया में मर्द के खाने लायक अनाज यही है। गेहूँ और जौ का दरजा इससे नीचे है। उनको बिना कूटे-पीसे कोई खा नहीं सकता। और इसको कच्चा-पक्का, जैसे चाहो, चबा जाओ, मजा ही देगा। नहीं सुना है ?

यहि रहिला की पूरी कचौरी, यहि रहिला की दाल
यहि रहिला के खाइ खिरौरा, खूब मोटैहें गाल।

पाँड़ेजी सुरती फाँकते हुए बोले—इसीलिए तो इस पर भगवान का भी मन डिग गया था। यह कथा तुमने सुनी है या नहीं ?

तिवारीजी ने चौके से उठकर आँगन में हाथ धोते-धोते कहा—सो कब ?

पाँड़ेजी—अहा ! यह किस्सा नहीं जानते ? सतजुग की बात है। चना गया छीर-सागर में सिकायत करने कि हे भगवान, मेरी जान की खैर नहीं है, बड़ी आफत में हूँ—हलवाहा खेत बोने के समय फंका-पर-फंका मारकर मुझे चबा जाता है। खेत में ढेले से ऊपर सिर उठाते ही लोग साग खोंटकर मेरी गरदन उतार लेते हैं ! छीमी लगते ही लोग हरी कचरी उड़ाने लगते हैं। फिर ज्यों ही फली पकने लगती है, त्यों ही आग में झुलसकर मेरा सरबस जला देते हैं। कटनी के समय बनिहार भी मेरी सूखी फलियों को अपनी हथेलियों से मलकर फंका मारते हैं। खलिहान में दौंरी हाँकने के समय भी बनिहार मेरी जान नहीं छोड़ते। खलिहान से मालिक की बखरी में जब जाने लगता हूँ, तब भी ढोनेवाले से जान नहीं बचती। बखार में रखते समय 'बया' भी अपनी तौलाई वसूल कर लेता है ! फिर गाड़ से निकालते समय भी वही हालत होती है। भड़भूजे के भाड़ और जाँता-चक्की में जो दुर्गती होती है, वह कहने से तो कभी पार न पाऊँगा। मेरी जान को एक दिन भी चैन नहीं। दया करके कोई उपाय कीजिए, नहीं तो मेरा संघार हो जायगा।—भगवान ठठाकर हँसे और बोले—हटो भागो मेरे सामने से, नहीं तो तुम्हारा स्वाद लेने के लिए मेरे मुँह में भी पानी भरा आता है ! —बेचारा वहाँ से मुँह टेढ़ा करके भागा, सो आज तक मुँह टेढ़ा ही रह गया। देख लो ससुरे का मुँह कितना टेढ़ा है !

तिवारीजी ने अपनी बनात की मिरजई के बंद बाँधकर गंजी खोपड़ी में कनटोप धँसाते हुए कहा—हरे राम, हरे राम ! अन्नदेव को ससुरा न कहो। असल देवता तो यही हैं। कलजुग में अन्न ही प्रतच्छ देवता हैं। अन्न में भगवान बसते हैं। आजकल अन्न ही में तो प्रान है। अन्न बिना सारी बुद्धि और चतुराई हवा खाने चली जाती है। भगवान का भजन भी नहीं सँपरता—

भूखे भजन न होइ गोपाला, ले लो अपनी कंठी माला।

पाँड़ेजी–तुमने तो चने को आकाश पर चढ़ा दिया !

तिवारीजी–वह चीज ही ऐसा है। नहीं सुना है–

सब देवों में महादेव बड़े, सब अन्नों में चकबरत चना।
लम्बी दाढ़ी-सी डार गुलाब-सा फूल, खूँटत खाँटत होत घना।
कहें बीरबल सुनो साह अकब्बर, नून और मिर्च से अजब बना।

पाँड़ेजी–चाहे जो कहो, चना राम को भगवान ने छकाया खूब !

तिवारीजी–सब गढ़न्त दंत-कथा है। चना तो ब्रह्मा का बनाया ही नहीं है। वह छीर-सागर में क्यों फरियाद करने जायगा ? उसे तो विश्वामित्रजी ने बनाया है। उसको जाना होता, तो मुनि के पास जाता। कथा गढ़नेवाले ने इतनी भूल की है।

पाँड़ेजी झपाटे से उठकर सुरती की पीक के कुल्ले से आँगन को सींचते हुए बोले–बड़े-बड़े बेदुआ पंडित कहते हैं कि ब्रह्मा ने यह संसार सिरजा और तुम न जाने कहाँ से यह लबेद उठा लाये कि विश्वामित्रजी ने चना बनाया था ! बाह रे गपोड़बाजी !

तिवारीजी–आहाहा ! तुम जानते ही नहीं। विश्वामित्र राजा त्रिसंकु को सदेह स्वर्ग भेज रहे थे, सो देवताओं के राजा इन्द्र ने त्रिसंकु को ऊपर से ढकेल दिया। विश्वामित्रजी ने इसको अपना अनादर समझा। उन्होंने अपने तपोबल से त्रिसंकु को बीच ही में रोक दिया। नीचे की ओर मुँह और मटर की ओर पैर हो जाने से त्रिसंकु अधर में लटक गया। उसकी लार से नदी बह चली। वही अब 'करमनासा' नदी कहलाती है, जो गाजीपुर जिले की दक्खिनी-पुरबी चौहदी पर पड़ती है। गाजीपुर में ही विश्वामित्रजी का घर था। वह गाधि-राज के लड़के थे। गोसाईंजी ने रामायण में लिखा है–'गाधि तनय मन चिंता ब्यापी, हरि बिनु करहिं न निसिचर पापी'। असल में गाजीपुर का पुराना नाम गाधीपुर है। वहीं से त्रिसंकु को सदेह स्वर्ग भेजा था। जब वहाँ जगह न मिली, तब मुनि की कृपा से उसने नक्षत्रों में जगह पा ली। वही अब त्रिसंकु-तारा उगता है। उसी त्रिसंकु के पीछे इन्द्र से और मुनिजी से खटक गई। बस खिसियाकर नया इन्द्रासन बनाने लगे। इस पर ब्रह्मा से भी अनबन हो गई। तब डाह के मारे नई सृष्टि करने लगे। ललकारकर कह दिया कि ब्रह्मा अगर आदमी पैदा करते हैं,

तो हम पेड़ में आदमी फरावेंगे। इसी नीयत से नारियल बनाया। देख लो, ठीक खोपड़ी की तरह उसका फूल होता है। दो आँखें होती हैं। बाल होते हैं। भीतर मगज में गुदा भी होता है। इतना ही नहीं, अब आदमी का सीस होने ही से सुभ कामों में बरता जाता है। बड़ा मंगलदायक है। उसके बनते ही ब्रह्मा घबड़ा उठे। बहुत कोसिस-पैरवी से सृष्टि रुकवाई! यही तो खटकने की असल बात है।

पाँड़ेजी—नहीं-नहीं, खटकी थी एक दूसरी बात पर। ब्रह्माजी विश्वामित्र को ब्रह्मरिषी नहीं मानते थे। इसी से बिगड़कर मुनिजी ने नई सृष्टि की।

तिवारीजी—अच्छा, यही सही, मगर विश्वामित्रजी ने अपने तेजबल से ऐसा घटा-टोप घन घमंड बाँधा कि बाबा चतुरानन चकरा गये। उन्होंने जो कुछ रचा था, सबका ऐसा उलटा जवाब बनाया कि सारी चतुराई कूच कर गई। उन्होंने बनाई थी गाय, इन्होंने बना डाली भैंस। वह दो सेर दूध देनेवाली, तो यह पाँच सेर की मटकी भरनेवाली! वह पाव भर गोबर करनेवाली, तो यह एक ही बार में एक टोकरी भरनेवाली। उसके सींग छोटे, इसके इतने बड़े-बड़े कि एक-एक में दर्जनों कंघियाँ बनें। उन्होंने बनाया था आम, इन्होंने बनाया कटहल! वह फूलकर फलता है, यह बिना फूले ही फलों से लद जाता है। उसके सिर पर फल, इसके सरबांग में—रोम-रोम में! वह आकास में फलता है, यह आकास-पाताल दोनों में। उसके फल में एक ही गुठली, इसके फल में सैकड़ों गुठलियाँ। उसके कच्चे फल का अचार बनता है, तो इसके कच्चे फल से तरकारी और अचार दोनों! उसका छिलका दाँत से छिला जाय; इसका वसूले से। उसकी लकड़ी उकठनेवाली, इसकी चीमड़। उसकी लकड़ी से घर का चौखट बने, इसकी लकड़ी से मृदंग। इसी तरह बाबा ने हाथी बनाया, तो बाबाजी ने ऊँट बनाकर रख दिया! उसकी सूँड़ नीचे लटकी हुई, इसकी गरदन ऊपर उठी हुई! उसकी पीठ जितनी ऊँची, इसकी पीठ उससे एक रद्दा और बेसी! वह जंगल-झाड़ में बसे, यह खुले मैदान रेत में। वह आगे से मूते, यह पीछे से! वह लकड़ी चबाय और यह अगर काँटे को भी सूँघे, तो वह फूल की तरह नरम हो जाय! लड़ाई में उस पर सिपाही चढ़े और इसपर चले आगे-आगे नगाड़ा! अब जाते कहाँ हो, लो बात-में-बात! चचाजी ने बाबा

की अक्कल गुम कर दी !

पाँड़ेजी–अच्छा, इन ओझों को किसने बनाया ?

तिवारीजी–सब विश्वामित्रजी की बरन-संकरी सृष्टि के हैं। मुनिजी ने तांत्रिकों के जवाब में इन्हें बनाया। तांत्रिक अपना मंत्र चुपचाप जपते हैं, ओझा अपने पचरे गला फाड़कर गाते हैं। वे काली या भैरव को इष्ट मानते हैं, ये डाकिनी-पिसाचिनी या भूत-मलेछ को।

पाँड़ेजी–इसलिए, ओझों से भूत-प्रेत भागते हैं।

तिवारीजी–खाक भूत भागते हैं। रात ही तो देख चुके हो कि ओझों से कैसे भूत भागते हैं; फिर भी तुम्हारा संदेह दूर नहीं हुआ ?

पाँड़ेजी–सच मानो, खेदू बड़ा जबरजंग ओझा है। वह चाहता, तो भूत को हटा देता। मगर यह तो ऐसा अगड़धत्त ब्रह्मपिसाच है भाई कि इसने कितने ओझों को दोनों राह से खून निकालकर मार डाला है ! ब्रह्मपिसाच की आँच खेदू से सही न गई, इसीलिए वह फिर सामने नहीं आया। बस उसे पछाड़ खाते देख सब ओझा भड़क गये।

तिवारीजी–तुम इन्हें क्या पहचानोगे, सब एक ही साँचे के ढले हैं–ये जीते-जागते प्रेत हैं। मैं इनकी नस-नस पहचानता हूँ। कई बार काम पड़ चुका है।

पाँड़ेजी–मेरे साथ तो इसी बार काम पड़ा है। मगर मैं एक ही दफा में अच्छी तरह सीख गया। देखना, कल 'बड़ी देवढ़ी' पर बुलाकर अगर सबसे पाँच-पाँच रुपये डंड न ले लूँ, तो मेरे नाम पर कुत्ता पोस देना।

तिवारीजी–डंड-फंड वसूल करने की बात जाने दो। मेरी बात मानो। बस एक ही दवा है–

कायथ खुस कुछ दिये-दिलाये, बाह्मन खूब खिआये।
धान-पान-पौधे पनिआये, राड़ जाति लतिआये।।

पाँड़ेजी–तुम नहीं जानते, गरीबों को लात-मुक्के से बढ़कर रुपये की मार अखरती है। कल देख लेना।

तिवारीजी–तो फिर मेरे दिल की कसक कैसे कढ़ेगी ?

पाँड़ेजी–क्या चाहते हो ?

तिवारीजी–गोबरधन की बीमारी में ओझों ने दगा दिया है। मैं उसी

की कसक निकालने के लिए इन ओझों की ओझाई करना चाहता हूँ। ये अधमाधम हैं, बिना धमाधम के नहीं बूझेंगे। परसों बाबू साहब के घर में ब्रह्म-स्थान बनेगा। उस दिन देवघर में ही मैं अपनी करामात दिखाऊँगा। गाँव के नामी ओझों को उस दिन जरूर बुलवाओ।–हाँ, एक बात और। मैं अगर उछल-कूद करूँ तो तुम मेठों से घबराकर कहना–इनकी देह पर एक राकस आता है।

पाँड़ेजी–यह कौन-सी बड़ी बात है। बहुत-कुछ कह दूँगा। मेठ ओझों को नेवता दे दूँगा। दौड़े हुए आवेंगे। सब भुक्कड़ तो हैं।

तिवारीजी–आज कौन दिन है?

पाँड़ेजी–आज गुरुवार है। कल बीच देकर परसों सनीचर पड़ेगा। बस एक दिन की कसर है।

तिवारीजी–तो बस देख लेना परसों।

सचमुच सनीचर के दिन तिवारीजी ने विचित्र लीला की। देवघर में रामसहर के मेठ-ओझैत जुटे! वह कूदने-फाँदने लगे।

उनका ताल ठोंकना और छरकना देखकर पाँड़ेजी बहुत घबराये। मेठों से बोले–यह क्या हुआ, इनकी देह पर कभी-कभी एक राकस आता है! वह इस समय कैसे उपट गया?

मेठों ने कहा–कुछ हरज नहीं बाबा, राकस को तो हमलोग गाजर की तरह चबा जायेंगे।

तिवारीजी एक तो खुद ही हट्टे-कट्टे और ऊँचे-पूरे मर्द, दूसरे पुरोहिती करते-करते भोजन-भट भी हो गये थे–सुख का शरीर कसरत से और भी चुस्त-दुरुस्त हो गया था। मेठों की हैंकड़ी सुनकर और भी तूफान मचाने लगे। उनके पैरों की धमक से देवघर दलक उठा।

मेठ एक दूसरे का मुँह ताकने लगे। पाँड़ेजी ब्रह्म-स्थान के पास बैठकर हवन-कुंड में शाकल्य डालते हुए बोले–भाई, तुमलोग चारों आदमी मेठ-ओझैत हो। मेरे इस नातेदार को किसी तरह राकस से उबारो।

गोबरीराम बड़ा शोख ओझा था। अपनी जटाएँ हिलाते हुए तिवारीजी को डाँटकर बोला–तू कौन है? कहाँ से आया? यहाँ तेरा क्या काम? इस बेचारे ब्राह्मन की देह पर आने से क्या लाभ? कहीं और जाकर कोई

दूसरी देह धर, इन्हें छोड़ दे।

तिवारीजी ने उसी तरह उछलते और हाथ भाँजते हुए चौगुने जोर से कहा—मैं इसी की देह पर रहूँगा। मैं जाति का नट हूँ ! मसान-घाट के पीपर पर रहता हूँ। यह रोज उसी तरफ डोल-डाल करने जाता है। क्या दिशा-जंगल फिरने के लिए इसको दूसरी जगह नहीं मिलती ? इसका परकना छुड़ाऊँगा !

अब तक तिवारीजी का गरजना सुनकर ओझा मन-ही-मन डरकर भीगी बिल्ली हो रहे थे, वे मसान-घाट के नट का नाम सुनते ही बाघ हो गये !

एक दूसरा ओझा बड़े घमंड से बोल उठा—भलेमानुस की तरह बात मान जाओ, नहीं तो जलाकर भसम कर दूँगा !

करामाती तिवारीजी की देह पर आया हुआ नकली नट गरजकर बोला—तुम क्या, तुम्हारे परदादा अगर नरक से निकलकर आवें, तो भी मेरा एक रोआँ टेढ़ा नहीं कर सकते। मैं कई-एक देवघर से हुकुम लेकर आया हूँ। हरसू-ब्रह्म और सुरीठ ब्रह्म मेरी पीठ ठोक चुके हैं। आज इस देवघर के ब्रह्मबाबा ने भी मेरे सिर पर हाथ फेर दिया है। अब कौन माई का लाल मेरे सामने टिकेगा ?

इतना कहकर तिवारीजी दाँत पीसते और जोर से गुर्राते हुए बोले—खसी लूँगा, भेड़ा लूँगा, सुअर-छौना लूँगा, मुर्गा लूँगा !

फिर हाँफते और कटकटाते हुए गरजकर बोले—जल्दी दे, न मानूँगा, सात लबनी ताड़ी, पाँच भर गाँजा, दो बोतल तपावन, फौरन लूँगा रे दद्दा !

बड़े-बड़े ब्रह्म के पीठ ठोकने की बात सुनते ही मेठ-ओझों के देवता कूच कर गये। सबके पैरों के नीचे से धरती सरक गई। चौकन्ने होकर डरी निगाहों से एक दूसरे को देखने लगे।

गोबरी के लिलार में सिकुड़न पड़ गई। उसने खेदू की ओर झेंपी नजरों से देखा। बहुत जोर लगाने पर बेचारे खेदू के मुँह से इतना ही निकला—बड़े बिकट से काम पड़ा !

पेड़ हाँकनेवाला डकैत-ओझैत लुगरी भगत अभी चुप बैठा रंग-ढंग देख रहा था। वह अपनी जान की बाजी लगाकर बोला—ब्राह्मन कभी नट को पूजा नहीं दे सकता !

लुगरी की हिम्मत देखकर भुलोटन राउत ने भी हाथ फटकारते हुए कहा—ब्राह्मन की दी हुई पूजा इसके बाप के बाप से भी नहीं पचेगी, इसकी कौन गिनती ?

तिवारीजी ने दाँत कटकटाते और आँख तरेरते हुए कहा—खबरदार, तुमलोगों की सारी भगताई और रौताई नीचे की राह से निकाल दूँगा। मुझे ऐसा-वैसा नट मत जानो।

चारों मेठ, नट की धमकी सुनकर, फिर एक-दूसरे का मुँह ताकने लगे। पर गोबरीराम मुँह-ही-मुँह में ताबड़तोड़ कुछ बुदबुदाने लगा।

तब तक थोड़ी ही देर में लुगरी भगत एक मुट्ठी राख लेकर खड़ा हो गया। नाक-भौं चढ़ाकर नट को डपटते हुए बोला—अच्छा तो अब तू सम्हाल, मैं तुझे गलीज के गड़हे में गिराता हूँ।

बस, इतना कहना था कि तिवारीजी बेतरह चिल्ला उठे ! झट लुगरी भगत को उठाकर जमीन पर दे मारा ! फिर लुगरी पर गोबरी को, गोबरी पर भुलोटन को और भुलोटन पर खेदू को, तले-ऊपर रद्दा जमाकर लगे आटा गूँधने !

चारों मेठों की ऐसी कुन्दी की कि बेचारे बड़े जोर-जोर से चिल्लाने लगे—आह रे बाप ! जान गई रे माइ !!

अगर पाँड़ेजी वहाँ न होते, तो तिवारीजी चारों मेठों का मलीदा कर देते, जैसे भीम ने कीचक का किया था !

11
नमक का बदला

जो पर-नारिहिं लावे दीठ,
लोह लाल करि दागो पीठ।

जेठ का महीना था। भूखे गरीब के पेट की तरह धरती जल रही थी। लू की लपट से ऐसी आँच निकलती थी, मानों नवयुवती विधवा गरम साँस

छोड़ रही हो। लम्बी जीभ निकाले कुत्ते हलप-हलपकर हाँफते थे, जैसे जाड़े में कोई दमा का पुराना रोगी।

हम बाबूजी के साथ पालकी पर मूसन तिवारी के एक भतीजे की बरात में जा रहे थे। साथ में एक लदुआ टट्टू पर बाबू रामटहल सिंह के दरबान घूरन सिंह भी थे। उनके पीछे-पीछे खेदू बहँगीदार।

पालकी के कहार 'हुँः हाँः' करते अपनी बोली बोलते चले जाते थे। बबूल के काँटे देखने पर कहते थे–रुपहला है ! भँटकँटैया और नागफनी देखने पर कहते थे–सुनहला है ! कहीं बहुत ऊँच-खाल देखने पर कहते–कमरतोड़ है !

पालकी की पिछली खिड़की से बाबूजी ने कहारों से कहा–रास्ते में जहाँ कहीं प्याऊ मिले, ठहर जाना, मारे प्यास के तालू चटक रहा है।

हाँफते हुए कहार बोले–वह आगे ताड़ के पेड़ोंवाला गाँव दिखाई देता है। बस वहीं हमलोगों को एक-एक लबनी ताड़ी पिलाइए और आप भी दुपहरी गँवाइए। तब देखिए रास्ते का मजा ! फिर ऊपरी बेला में ठंडे-ठंडे निकल चलेंगे। साँझ ही से अँजोरिया रात पड़ेगी, लूक की तरह पालकी लेकर उड़ जायँगे। गरमाये कंधे से ही बरात दरवाजे लगाते हुए जनमासे में जाकर ठंढायेंगे।

पालकी के पीछे-पीछे टट्टू दुलकाते हुए घूरन सिंह ने कहा–जब तक तुमलोग ताड़ीखाने में जाकर ताड़ी घटोरोगे, तब तक हमलोग घड़ी-भर घाम निवारेंगे। मगर बिना ताड़ी पिये तो तुमलोग मेरे टट्टू को अपने पाँवों नहीं लगने देते, फिर ताड़ी पीने पर तो तुमलोग और आँधी हो जाओगे–दौड़ते-दौड़ते टट्टू की लीद निकल जायगी।

पीछेवाले कहारों ने हाँफ भरी हँसी हँसते हुए कहा–लीद तो बेचारे की यों ही निकल रही है–सखुआ की सिल्ली ऐसी देह लादकर आप उसकी रीढ़ तोड़ रहे हैं ! सचमुच हमलोगों के ताड़ी पी लेने पर इस टुटुरूँ-टूँ चाल से आप पिछड़ जाइएगा। लेकिन एक उपाय है। हमलोग में जो कंध-छूट रहेगा, वह थोड़ी-थोड़ी दूर पर उसके पीछे से सोटा जमाता चलेगा। तब साथ न छूटेगा। इस आगेवाले गाँव में चलकर पहले उसको भर-पेट दाना खिलाइए।

यह सुनकर आगेवाले कहार बोले–वाह भाई वाह ! टटुए बेचारे की जान लोगे क्या ? ऐसी दवा मत बताओ कि बेचारा इसी गाँव में छेरने लगे और घूरन सिंह को टाँग घिसियाना पड़े। अभी आधा रास्ता बाकी है।

इस पर खेदू ने काँवर का कंधा बदलते हुए कहा–दाना के बिना और खायेगा क्या ? सतुआ हमलोग के पेट से बेसी है नहीं–घास-भूसा इस गाँव में मिलने का नहीं–चारों ओर तो ऊसर रेहचट है।

घूरन सिंह–मैं जानता हूँ, इस गाँव के पूरब एक छोटी-सी नदी है। जब तक कहीं बैठकर हमलोग जुड़ाएँगे, तब तक छान लगाकर इसको नदी के कछार पर चरने के लिए छोड़ देंगे। वहाँ चरी होगी।

एक कंध-छूट कहार ने दुलककर आगे बढ़ते हुए कहा–भैयाजी, ऐसा काम भी न कीजिएगा। बेचारे की ठठरी तो यों ही डोल रही है। नदी-तीर निराले में पाकर कहीं गीध न नोच डालें।

उसकी बात सुनते ही घूरन सिंह चिढ़कर गाली बकने लगे ! वह हँसते-हँसते पालकी के आगे-आगे दौड़ने लगा। कहार और बँहगीदार भी हँस पड़े। बाबूजी और हम पालकी में कुछ-कुछ ऊँघ रहे थे, सो इस हँसी के कारण ऊँघाई जाती रही !

इसी तरह के गँवारू विनोद में लहर लेते हुए कहार बस्ती के पास पहुँचे। रास्ते पर ही एक प्याऊ थी। वहीं अपना-अपना सोटा पटककर कहारों ने पालकी रख दी। पालकी रखते हुए जोर से चिल्लाकर बोले–

जय बजरंग-बली धजाधारी,
कसो लँगोट, उठाओ गदा भारी।
खबर लो हमारी, सरन तिहारी।
लँगोट का पक्का मर्द औ सत की पक्की नारी,
बात का कच्चा भड़ुआ नेद की कच्ची छिनारी।

पालकी रखते ही हमलोग बाहर निकले। देखा, हरसंकरी का बड़ा ही छतनार पेड़ था। घनी पाकड़ के साथ गलबहियाँ डालकर मानों बर और

पीपर सुख-छहियाँ लूट रहे हों ! मालूम होता था, चारों ओर धू-धू करती हुई लू के डर से भागकर दसों दिसा की छाया यहीं आ सिमटी है।

खेदू ने एक कम्बल बिछा दिया। हम और बाबूजी उसी पर बैठ गये। वहीं पड़ी हुई एक चटाई पर लेटते हुए घूरन सिंह बोले–आजकल रास्ता चलने लायक दिन नहीं होता। कहीं बिना पेड़-रूख के टप्पे में पड़ने पर लू लग जाय, तो अन्तकाल में तुलसी-गंगाजल भी नसीब न हो। एक कहावत है–

सावन साग अरु भादो दही,
क्वार करैला कातिक मही,
अगहन जीरा पूसे धना,
माघ मिसरी फागुन चना,
चैते गुड़ बैसाखे तेल,
'जेठे पंथ' असाढ़े बेल,
इन बारह से बचे जो भाई,
ता घर बैद न सपनेहू जाई।

यह सुन खेदू ने पेड़ की जड़ में घूरनसिंह के टट्टू का पघा अटकाते हुए कहा–जेठ-बैसाखी का रास्ता इस तरह डाक नाधने से नहीं कटता। लोग कहते हैं–

कोस-कोस पर पैर धोना,
चार कोस पर खाना,
जहाँ जहाँ मन में आवे,
तहाँ तहाँ जाना।

घूरन सिंह ने खेदू को डाँटते हुए कहा–अरे तू कथनी कथेगा कि भोलानाथ को जल्दी पानी पिलायेगा ? लड़का कभी का प्यासा है। मुन्सीजी तेरा मुँह देखने के लिए तुझे साथ लाये हैं ? रामसहर-भर में तू ही बड़ा सुघर था ? बड़े आदमी की खिदमतगारी ठट्ठा नहीं है।

उसे डाँटकर फिर बाबूजी से बोले–मुन्सीजी, बरात में खेदू की बाग

कड़ी रखिएगा, नहीं तो यह ओझों का मेठ है, अपनी ही ठकुराई में भूला रहेगा। ब्राह्मन की बरात है, सब लोग कहने लग जायँगे–

कायथ का गुलाम, चलनी का चाम,
घोड़े की लगाम, तीनों बेकाम।

बेचारे खेदू ने कंधे से काँवर उतारकर अभी तनिक कमर भी सीधी नहीं की थी और ऊपर से यह डाँट-फटकार पड़ने लगी ! मन-ही-मन बेचारा कलपकर रह गया ! हमलोगों को खिलाने-पिलाने के बाद ही उसे सुस्ताने का मौका मिला।

इसी समय एक बूढ़ा आदमी, जो वहीं अँगोछा बिछाकर रास्ते की थकावट मिटाने के लिए एक तरफ साये में लेटा हुआ था, बाबूजी के हाथ में एक तार देता हुआ बोला–लालाजी, तनिक इसको बाँचकर सुना दीजिए कि इसमें क्या लिखा है। इसके पीछे आज बड़ा हैरान हुआ हूँ। अपने जवार के तीन-चार गाँवों में घूम आया, कहीं कोई रंगरेजी जाननेवाला नहीं मिला। डाक-मुन्सी से भी इसका कुछ मतलब नहीं खुला। अब थाने पर जा रहा था। भले ईश्वर के भेजे आप मिल गये। कहाँ का तार है ?

तार को पढ़कर बाबूजी ने पूछा–नवाब किसका नाम है ?

बूढ़ा–हमी को लोग नवाब कहते हैं।

बाबूजी–गंगिया तुम्हारी कौन है ?

बूढ़ा चौंककर बोला–हमारी लड़की है। पहले सब बाँचिए, तब हम पूरा हाल बतायेंगे। किसने भेजा है ?

बाबूजी–नथुनीराम। वह तुम्हारा कौन है ?

बूढ़ा–हमारा साला है। चट-कल में काम करता है। हबड़े से भेजा होगा। क्या लिखता है ?

बाबूजी–हाँ, हबड़े से भेजा है। लिखता है कि गंगिया मिल गई, हड़बड़ाना मत, चिट्ठी देखो।

बूढ़ा–कहाँ है चीठी ?

बाबूजी ने हँसकर कहा–इसमें कहाँ है ? डाक से आती होगी। डाकघर में गये थे, पूछा क्यों नहीं ?

बूढ़े ने रुआँसे मन से कहा–हमको क्या मालूम था कि डाक-मुन्सी तार दे देंगे और चीठी रख लेंगे ? अब फिर तीन कोस टाँग घसीटते हुए जाना पड़ेगा।

बाबूजी तार को उसके हाथ में देते हुए बोले–चिट्ठी को डाक-मुन्सी क्यों रख लेंगे ? अभी आई ही न होगी ! तार की तरह चिट्ठी नहीं चलती। यह जल्दी आता है, उसके आने में देर लगती है। दो-चार दिन में वह भी आ जायगी।

बूढ़ा–नथुनी ने तो दोनों को एक साथ ही 'चिट्ठी के बम्बे' में छोड़ा होगा, फिर यह कैसे चला आया और वह उधर ही रह गई ?

बाबूजी ठठाकर हँसते हुए बोले–अरे गँवार कहीं का ! तार भी कहीं लेटर बक्स में छोड़ा जाता है ? रेल की लाइन पर जो तारबर्की लगी है–सो देखा है ?–उसी से यह तार आता है।

बूढ़ा–ऊपर-ही-ऊपर कि नीचे-नीचे ?

बाबूजी अब पेट फुलानेवाली हँसी को किसी तरह रोक न सके। बूढ़ा उनका मुँह ताकते हुए फिर पहले ही की-सी सरलता से बोला–हमको निपट गँवार समझकर हँसिए मत लालाजी, सब हम जानते हैं–तार जमीन के भीतर-ही-भीतर आता है और चिट्ठी मालगाड़ी पर। तार बरखी को कई बार देखा है। एक दफे रेल पर ठाकुरदुआरा भी हो आये हैं। पैदल तो चारों धाम कर आये हैं। तब रेल नहीं थी। वह तो हाल में आई है। उसकी सड़क बनाने के लिए हम अपनी जवानी में कौड़िया खेप माटी ढो चुके हैं। अब न सब लोग रेल-रेल बौआने लगे हैं, पहिले के लोगों का तो पैर ही रेल था–किरिन फूटते-फूटते घर से निकलते और चक्का डूबते-डूबते तीस-तीस कोस पैदल ही धुन देते थे। वे लोग जितनी दूर झाड़ा फिरने जाते थे, अब के लोग उतनी दूर के लिए भी रेल खोजते हैं, तो भला कोढ़ियों के दुआरे-दुआरे दौड़ने के लिए सरकार बहादुर रेल कहाँ पावे ?

नवाब के इस रेल प्रसंग में टाँग अड़ाते हुए घूरन सिंह बोले–आज जब कि परगने-परगने रेल है, तब तो बैल-बछरू और घी-अनाज देसावर चला जाता है और जिस दिन दुआरे-दुआरे रेल हो जायगी, उस दिन तो घर-घर के कोठिले में चुहिया डंड पेलेगी। छेरी-सुअरी का दूध भी ढूँढ़े न

मिलेगा–गदहे का हल चलाना पड़ेगा–

घूरन सिंह की बात अभी पूरी नहीं हुई थी तब तक गले में सत्तू का पिंड अटकने से खेदू ओकने लगा ! उन्होंने झट उठकर उसकी गरदन पर ऐसा घिस्सा जमाया कि गले के भीतर से छटककर सत्तू का पिंड तीन-चार गज आगे ढुलक गया !

घूरन सिंह का घिस्सा सह लेना खेदू का काम नहीं था। उसकी आँखों से चिनगारियाँ निकलने लगीं। घूरन सिंह ने नाक-भौं सिकोड़कर कहा–अधिरजी कहीं का ! सतुआ कहीं भागा जाता था ? धीरे-धीरे खाता, तो क्या पेट में न जाता ? सोनिया बेचारी आज नाहक राँड़ हो जाती !

बाबूजी उस पर नाराज होकर कहने लगे–जब रास्ते में यह सत्तू पर इस कदर टूटता है तब बरात में तो खुरमा-बुन्दिया पर जान दे देगा !

नवाब ने इसी बीच में बाबूजी को अपनी ओर ध्यान दिलाते हुए कहा–इस तार का खुलासा हाल एक बार और हमको समझा दीजिए लालाजी, हमको अभी बड़ी दूर जाना है।

बाबूजी झुँझलाकर बोले–अब क्या समझावें भाई ? दो-चार दिन के बाद जाकर डाकघर में चिट्ठी तलाश करना।

नवाब–आठ दिन से तो डाकघर में यह तार आया हुआ था, चिट्ठी अब तक आने से बाकी होगी ? मगर न जाने डाक-मुन्सी ने कब की अदावत का बदला लिया है। आज अगर हम अपने गाँव के महाजन का रुपया पारसल करने नहीं जाते, तो यह तार अभी कई दिन तक 'चाम के थैले' में सड़ता रहता ?

बाबूजी ने पनबट्टा खोलकर पान पर कत्था लगाते हुए पूछा–तुमने पूछा नहीं कि आठ दिन तार क्यों रोक रक्खा ? चिट्ठी तुम्हारे गाँव में कितने दिन पर मिलती है ?

नवाब–सुक और सोमार बिट है; मगर चार-चार बिट की चिट्ठी एक साथ ही मिलती है ! गाँव-जवार का कोई आदमी कभी हाट-बजार करने उधर चला जाता है, तो डाक-मुन्सी उसी के हाथ सबकी चिट्ठी भेज देते हैं। जब कोई भारी रकम का मनिआडर होता है, तब फी दहाई एक दुअन्नी लेने के लिए खुद आते हैं और उसी दिन अपनी बही पर कई जगह एक

साथ ही गाँव के किसी आदमी के अँगूठे का ठाप ले लेते हैं। देखिए न, अपने गाँव-जवार की एक दरजन चीठी तो हम ही लिये जा रहे हैं।

बाबूजी ने पान का बीड़ा अपने मुँह में डालते हुए तार को लेकर देखा—उस पर एक हफ्ता पीछे की मुहर पड़ी थी ! फिर एक चुटकी जर्दा मुँह में डालते हुए चिट्ठियों को भी लेकर देखा—उन पर भी दस-पन्द्रह दिन तक के ठापे पड़े थे !

तारीफ यह कि उन्हीं में से एक चिट्ठी नवाब के नाम की भी निकल आई। उसे अलग निकालकर नवाब के सामने फेंकते और पनबट्टे को बन्द करते हुए बाबूजी बोले—यह क्या है तुम्हारी चिट्ठी ! बेकार डाक-मुन्सी बेचारे पर तुम इतना दोष थोप गये।

नवाब का चेहरा खिल उठा। उसने चिट्ठी को अपने हाथ में लेकर उलटते-पलटते हुए कहा—कहिए न, इतनी दूर से हम अपने अँगोछे के खूँट में इसको गठियाए हुए आ रहे हैं, और हमको पता ही नहीं है कि इसमें हमारी भी चीठी है। सचमुच बे-पढ़ा आदमी अन्धे के बराबर है। अच्छा, अब आप ही इसको भी बाँचकर सुना दीजिए। नहीं तो आज साँझ तक हम गाँव-गाँव मारे फिरेंगे, गँवई के लोगों से हबड़े की चीठी सुद्ध चलती भी नहीं—आप से साफ उचरेगी।

बाबूजी ने मन-ही-मन चिट्ठी पढ़कर उसका खुलासा कर दिया। इस पर नवाब ने गिड़गिड़ाकर कहा—एक दफे सोसती सिरी से बाँचकर हमको सुना दीजिए।

बाबूजी झुंझलाकर बोले—सोसती सिरी से सुनने पर क्या कुछ अधिक मतलब निकल आवेगा ? सिर्फ इतनी ही तो बात है—जो फकीर यहाँ से गंगिया को फुसलाकर वहाँ ले गया था, वह पकड़ा गया है, उस पर मुकदमा चल रहा है, गंगिया आराम से नथुनी के पास है।

नवाब—यह तो ठीक है न कि वह ठग फकीर पकड़ा गया है—उस पर मामला चल रहा है ?

बाबूजी—हाँ, ठीक लिखा है। मैं झूठ कहूँगा ?

नवाब—साइत नजर बिचलने से—

बाबूजी कुछ रोष में आकर बोले—तू तो अजब आदमी मालूम होता

है ! नजर कैसे बिचलेगी ?

नवाब ने हाथ जोड़कर दाँत दिखाते हुए कहा–अच्छा, एक दफे फिर बाँचकर आप ही देख लीजिए कि उस चोर फकीर के पकड़े जाने का पक्का हाल लिखा है न ?

बाबूजी मारे क्रोध के आपे से बाहर होकर बोले–हाँ, हाँ, लिखा है, लिखा है ! कै दफे रटाओगे ?

नवाब का चेहरा उतर गया। बहुत डरकर बोला–कसूर माफ कीजिए, अब नहीं रटावेंगे। हमको तो खाली इतना ही पक्का जानना था कि वह ठग फकीर पकड़ा गया या नहीं, सो आप कहते हैं कि पकड़ा गया है, और उस पर मामला भी चल रहा है, तो बस यही चाहिए। हम तो गोसैयाँ से रोज मनाते हैं कि वह सात बरस जेहल काटे। हमारे मुँह में तो कारिख लग ही गया, अब क्या–मर्द की मूँछ एक बार नीची होकर फिर ऊँची नहीं होती।

घूरन सिंह ने उठकर बैठते हुए पूछा–तुम्हारी लड़की उस फकीर के फँदे में फँसी कैसे ?

नवाब अपने घुटनों पर केहुनियाँ रखकर हाथों से सिर थामे हुए बैठा था। रुँधे कण्ठ से झींखता हुआ बोला–कैसे बतावें कि कैसे फँसी ? संजोग की बात, और सबसे बढ़कर हमारा अभाग !

घूरन सिंह–लड़की की उमर क्या है ? ब्याही है ?

नवाब ने लम्बी साँस खींचकर कहा–उमर बीस की हुई होगी। ब्याही थी, बेवा हो गई !

बाबूजी ने उठकर पेड़ के साये से बाहर पान की पीक फेंकते हुए पूछा–बेवा कब हुई ?

नवाब एक छोटे ठीकरे से जमीन में धीरे-धीरे रेखाएँ बनाता हुआ बोला–चौदह-पंद्रह बरस हो गये।

घूरन सिंह–तुमलोगों में सगाई भी तो होती है ?

नवाब–हाँ, होती है। हुई भी थी; मगर उसका दूसरा आदमी भी जाता रहा। जब बिधाता बाम होता है, तब कितना भी सँवारिए, बात बिगड़ती ही चली जाती है।

ताड़ी पीकर आये हुए कहारों से चलने की तैयारी करने के लिए कहते हुए बाबूजी ने नवाब से पूछा–अच्छा वह दूसरी बार कब बेवा हुई ?

नवाब की डबडबाई आँखों से झर-झर आँसू ढरने लगे। बिलखकर बोला–उस समय दस बरस की थी !

घूरन सिंह ने भी खेदू से अपना टट्टुआ कसने के लिए कहते हुए नवाब से फिर पूछा–तो वह इतनी सयानी होकर फकीर के हाथ कैसे लगी ?

नवाब–वह डकौतिया बनकर गाँव में आया था। घर-घर बेटी-बहुओं का हाथ देखता फिरता था। कितने घरों से रुपये-पैसे ठगकर ले गया। हमको तो इस लोक से ही बिदा कर गया।

इतना कहने के बाद नवाब अपने मुँह पर अँगोछा देकर रोने लगा। बाबूजी ने उसे बहुत तोष-बोध देकर चुप किया। बेचारा अपनी कमर पकड़कर आह भरता हुआ उठा और चुपचाप बस्ती की ओर चला गया !

कहारों ने डीहवार को गुहराकर पालकी उठाई। घूरन सिंह एक ऊँचे ढूह पर खड़े होकर टट्टुए पर चढ़ने लगे; क्योंकि दबीज बलगमी देह होने से उचककर चढ़ना कठिन था; पर बेचारे ज्यों ही उसकी पीठ पर जाने के लिए उचके, त्यों ही वह तनिक बगल में हटकर मूतने लगा, सो पैर के झूठा पड़ जाने से कुम्हड़े की तरहलुढ़ककरनीचे आ रहे–चोट भी लगी, देह भी अशुद्ध हुई !

कहार और बँहगीदार उनके चिढ़ने के डर से मुँह में अँगोछा देकर मन-ही-मन हँसते हुए आगे बढ़े। बाबूजी जब अपनी हँसी को ओठों के भीतर जबरदस्ती दबाने लगे, तब वह आँखों की राह आँसू बनकर निकल आई ! हम तो हँसते-हँसते लोट गये। कोई चिढ़े या रूठे, हमें तो हँसने का मसाला मिलना चाहिए !

पालकी के दरवाजे से पीछे की ओर देखने पर बाबूजी की हँसी और भी उभड़ी; क्योंकि घूरन सिंह अपने सोटे से बेचारे टट्टुए की खबर ले रहे थे।

थोड़ी ही दूर आगे बढ़कर बाबूजी के कहने से कहारों ने पालकी रख दी। जब घूरन सिंह का टट्टू पहुँचा, तब पालकी उठी। इस बार कहारों ने हवा-गाड़ी का मजा दिखाया। हमलोग सूरज डूबने से पहले ही बरात

में पहुँच गये। पर घूरन सिंह और खेदू का कहीं पता नहीं!

बस्ती के बाहर एक घने बाग में पड़ाव पड़ा हुआ था। हमें देखते ही मूसन तिवारी की प्रसन्नता का ठिकाना न रहा। हमारी ही धुन में बाबूजी के पा-लागन के बदले में असीस भी न दे सके। रोएँ-रोएँ से हँसकर बोले—आओ जी भोलानाथ, तुम तो ननिऔरे क्या गये, ननिऔरे के ही हो रहे! कभी गंगा नहाने के बहाने भी नहीं आये। तुम्हारी नानी क्या खिलाती है कि अपने गाँव की भी याद नहीं आती।

हमको अपने साथ लेकर तिवारीजी के पास बैठते हुए बाबूजी ने पूछा—अब दरवाजे बरात लगने में क्या देरी है?

तिवारीजी हँसते-हँसते हमको अपनी गोद में बैठाते हुए बोले—बस आपकी ही देर थी। देखिए, सब लोग बन-सँवर के बैठे हैं। भोलानाथ को यहाँ से वर की पालकी में चलने दीजिए। आप घोड़े पर चलिए। आपके लिए दुबेजी का घोड़ा तैयार है। पहिले आप कुछ पानी पी लीजिए—चार कौर भीतर, तब देवता-पीतर।

तिवारीजी की बात पर कहार बड़े प्रसन्न होकर बोले—हाँ, देवानजी, आप घोड़े पर ही बरात दरवाजे लगाइए, तब तक घूरन सिंह का अरबी घोड़ा भी पहुँच आता है। उसके ऐसा तो एक भी घोड़ा इस बरात में नजर नहीं आता। वह घोड़ा है कि राजा बिकरम का 'उड़न-खटोला' है।

कहारों की बात पर हँसते-हँसते बाबूजी घोड़े के पास गये। उन्हें देखते ही आम के पत्तों की तरह उसकी कनौतियाँ खड़ी हो गईं। हिनहिनाकर मोर की तरह ठुमुक-ठुमुक नाचने लगा। उसके पैरों में पड़े हुए छड़े उसकी थिरक पर छमछम का ताल देने लगे।

तब तक तासे-तम्बूरे और सिंगे एक साथ ही तड़तड़-गड़गड़ और धुँ-धुँ-पुँ-पुँ करके बज उठे। बाजे-गाजे की आवाज से घना बगीचा गूँज उठा। बरात चल पड़ी। आगे-आगे बाबूजी का घोड़ा एक-एक पुचकार पर आठ-आठ उड़ान भरता हुआ चला। बरातियों की अगवानी के लिए इधर से सरातियों का भी एक सजीला दल बस्ती से बाहर निकला।

दो इतराई हुई नदियों की तरह मिलकर बराती और सराती गाँव में घुसे। बस्ती में घुसते समय उसके किनारे-किनारे आस-पास घूर और

गोबर-गलीज का गाँज देख नाक पर अँगोछा देकर कहार कहने लगे–सुना जाता है कि रामजी की बरात के जनकपुर पहुँचने पर राजा जनक ने खोरी-खोरी चोवा-चन्दन छिड़कवा दिया था, तो यहाँ भी बेटीवाले ने पहले ही से बिलायती चोवा-चन्दन छिड़का रक्खा है। बढ़िया-से-बढ़िया चीज खाकर भी अगर कोई इस रास्ते निकले, तो उल्टी हुए बिना न रहे–रामदुहाई, समूची अंतड़ी उझल जाय !

जब गाँव के अन्दर बरात पहुँची, तब देखा कि दरवाजे-दरवाजे स्त्रियों का झुंड खड़ा है। जो नई-नवेली थीं, वे अपने-अपने मुँह पर आँचर दिये वर की पालकी की ओर निहुरकर झाँकतीं और मुस्कुराती हुई कहने लगीं–हाय रे राम ! ताड़ बराबर कनिया का वर यही है ! इसको तो वह अपने लहंगे में छिपा लेगी ! यह उसका दूध पियेगा कि माँग भरेगा ! धिया का अभाग है कि इस उमर में वर भी मिला तो ऐसा कि अपने हाथ से धोती भी न पहिर सके। अब तक बेचारी ब्याही होती, तो इतने बड़े लड़के की महतारी कहलाती। छिः छिः ! बाप जीता होता, तो आज इतने पर कुएँ में ठाढ़े गिर पड़ता। बेचारी पुरनिया महतारी क्या करे ! पितिया ने बिना मोह-माया के सूखे कुएँ में भठा दिया। जस-जस यह जवान होगा, तस-तस वह बुढ़ायेगी !

इस तरह की बोलियाँ सुनकर भला कहार कब चुप रहनेवाले थे ! आवाज कसते हुए बोले–वर को छोटा मत जानो, साल भर के भीतर ही पेट फुलायेगा। कलजुग है–अब इतने ही बड़े टाबर अंडा देने लगे। ब्याह हुआ होता, तो यह भी अब तक एक चुहिया निकाले होता। देखने ही भर को छोटा जानो–बन्दूक की टोपी है, घोड़ा पड़ते ही फैर दागेगा !

इसी तरह की गँवारू मसखरी करते हुए हँसोड़ कहार धीरे-धीरे गाँव की साँकरी गलियों में पालकी लिए चले जा रहे थे। कहीं-कहीं जब मोरी-पनाली में सड़ी कींच में घुटने तक, उनके पैर धँस जाते थे, तब वे हाँफ-भरी हँसी हँसते हुए कहते थे–यह देसावर का चालानी चोवा-चन्दन है। राम-राम ! यह गाँव है कि नरक है ! जान पड़ता है, यहाँ आदमी नहीं बसते, खाली केंचुआ ही रहते हैं !

इतने में बरात दरवाजे लग गई। दोनों ओर के शास्त्रार्थी पंडित 'द्वारस्य

पूजा द्वार पूजा किमर्थम्' और 'अशुद्धं किं वक्तव्य' कह-कहकर जूझने लगे। आखिर बिना बीच-बिचाव किये वे न हटे–न हटे–न हटे !

उनके हटने पर द्वार-पूजा होने लगी। उस समय गौरी-गनेस की पूजा में 'उहाँ गच्छ, इहाँ तिष्ठ' का अच्छा रंग रहा ! उस पर ऊपर से संकल्प का और भी गाढ़ा रंग चढ़ गया–'कलजुगे कली प्रथम चरने जम्बु दीपे भारत खंडे माँसानां माँसोत्तमे माँसे जेठे माँसे' इत्यादि !

द्वार-पूजा होते ही जनवासे की ओर बरात चली। स्त्रियाँ झूम-झूमकर गाली गाने लगीं। लहरी बराती उस रसीली गाली के जवाब में लाल-हरी दियासलाई जलाकर दिखलाने लगे–रंगीन फुलझड़ियाँ छोड़ने लगे !

जनवासे पर पहुँचकर सब लोगों के जलखावा कर चुकने के बाद मजलिस बैठी ! हमने देखा कि एक तरफ शामियाने में घूरन सिंह भी कत्ती पगड़ी पहने बैठे मूँछें ऐंठ रहे हैं–खेदू भी एक कोने में शामियाने के एक बाँस के सहारे उठँगकर एक टक से नाच देख रहा है। नाच वाली गा रही थी–

पिराय मोरी अँखियाँ, हमसे न बोलो···

शामियाने को घेरकर खड़े हुए तमाशबीनों में से एक बूढ़ा बोल उठा–तनिक बताती चलो बीबी, कैसे 'पिराय मोरी अँखियाँ !'

सब लोग एक साथ ही बूढ़े की ओर देखकर हँस उठे। एक नौजवान बोला–वाह बाबा, कितनाहू तो आखिर पुराना हाड़ है, रहा न गया !

बूढ़ा बेचारा लजाकर भीड़ में छिप गया। नाचवाली भी एक बार तबलची की ओर मुँह मोड़कर फिर हँसती हुई भाव बताने लगी।

इसी समय शामियाने में आकर दसौंधी ने ज्यों ही लय के साथ उठाया–'खेलत गेंद गिरी जमुना जल कूदि परे बृजराज कन्हैया'–त्यों ही उधर 'हर-बोलवा' का हुड़क बज उठा ! बस फिर क्या, देखते-ही-देखते तमाशबीनों की भीड़ हूह करके उधर ही को टूट पड़ी। हम भी उधर जाने के लिए बाबूजी से हठ करने लगे। लाचार होकर उन्होंने हमें खेदू के सिपुर्द किया।

वहाँ चारों ओर से भीड़ जमा हो गई थी। इसलिए खेदू हमें अपने कन्धे पर चढ़ाकर भीड़ में घुस गया। भीड़ के बीच में एक साधु बना बैठा

था। उसके हाथों में अनेक गाँठोंवाली एक मोटी रस्सी थी। उसी को ताबड़तोड़ सरका-सरकाकर वह माला जप रहा था ! बगल में एक कनकटा कमण्डल रक्खा था। एक ने आकर उससे पूछा–ए बाबा, आपका अस्थान कहाँ है ?

बाबा अपनी दाढ़ी पर हाथ फेरते हुए बोले–हमारा अस्थान ? हमारा अस्थान तो बच्चा, यहाँ से बहुत दूर है–बहुत दूर पहाड़ी की तराई में !

–उस पहाड़ का नाम क्या है ?

–कंचनजंघा !

–कंचनजंघा-पहाड़ कहाँ है ?

–मानसरोवर के पास। गँगोतरी जानते हो ?

–हाँ-हाँ, जहाँ नहाकर लोग तर जाते हैं।

–बस-बस, वहीं-वहीं !

–भला उतनी दूर से आप यहाँ कैसे आये ?

–चेला ढूँढ़ते-ढूँढ़ते !

–चेला क्या कीजिएगा ?

–रात को लँगोट खराब होने पर खुद कचारना पड़ता है।

–हुः ! लँगोट कचारने के लिए कौन चेला बनेगा !

–बनेगा जिसको जिन्दगी की लहर लेने की गरज होगी।

–चेला होने से हम क्या लहर लेंगे ?

–सो बिना चेला बने कैसे जानोगे ?

मूँड़ मुड़ाये तीन गुन, मिटे सीस की खाज,
खाने को लड्डू मिले लोग कहें महराज।

–ऐसा ? तब तो हम जरूर बनेंगे ! अच्छा, सिखाइए मंत्र !

–हमारी जाँघ पर बैठकर घोखो–

चेला साला कभी न मूँड़ो, जब मूँड़ो तब चेली,
चेला कभी न देवे धेला, चेली खोले थैली।
चेला साला निगुड़ा होता, चेली करती सेवा,
चेला आकर बात न पूछे, चेली लावे मेवा।

–हमको गाली क्यों देते हैं बाबा ?

–यह गाली नहीं है बच्चा, गुरू का आसिरबाद है।

–'साला' आसिरबाद है ?

–हाँ बच्चा, 'साला' साधू का आसिरबाद है।

–रखिए अपना आसिरबाद, बाज आये ऐसे गोरू से।

यह कहकर चेला एक फटे बाँस से गुरु-दच्छिना देने लगा। भीड़ के बीच में साधु आगे-आगे भागता, चेला खदेड़े फिरता, पीछे-पीछे हुड़क और झाल बजाकर गरोहवाले गाते चलते–

सइयाँ भइले जोगिया, बजवले गाजर-संख,
फुर उड़ि चलु जोगिनियाँ, न लासा लगे पंख।

खेदू के कंधे पर बैठे-बैठे हँसते हुए हम नाच देख ही रहे थे कि घूरन सिंह ने जोर से खेदू को पुकारकर कहा–भोलानाथ को ले चल, मुन्सीजी बुलाते हैं, मुहफिल में घराती आ गये।

बाबूजी की बुलाहट सुनकर खेदू का रुकना बड़ा कठिन था। फिर खेदू के बिना देहाती तमाशबीनों के रेले में हमारा गुजर कहाँ था ! लाचार हमको मुहफिल में आना ही पड़ा।

मुहफिल में आकर देखा, दोनों ओर के पंडितों में यहाँ भी 'बहुबचने-झल्लेट' का झमेला चल रहा है। एक तरफ इत्र-पान भी हो रहा था। पान-मसाले पर घराती टूट पड़ते थे, जैसे सराध के कंक !

जब तक इधर ये रस्में पूरी हो रही थीं, तबतक उधर दुलहे के बाप–सुक्खू तिवारी–बिगड़ खड़े हुए–घोड़ों के वास्ते एक मन चना लिए बिना हम मड़वे में लात नहीं धरेंगे !

उनके जवाब में एक घराती भी गरमाये सुर से बोल उठा–दाना के लायक बस एक घोड़ा है। दो पसेरी उसके वास्ते काफी है। गदहों के वास्ते हमारे यहाँ दाना नहीं है। भूसा चाहे गाड़ी लदवा लीजिए।

गदहों की बात सुनकर सुक्खू तिवारी और भी भभक उठे–जब हम गदहे लाये हैं, तब तो हम धोबी हुए। अब तो हम हरगिज ब्याह नहीं करेंगे। कोई है रे, बुलाओ कहारों को ! इसी रात को दुलहे को घर पहुँचा दें। हो चुका यहाँ ब्याह। रक्खें अपनी लड़की अपने घर–अचार डालें ! हमारे

लड़का है, तो बहुत कनिया मिलेगी। दुनिया में कनिया का अकाल थोड़े है।

घरातियों में से एक आदमी आगे बढ़कर बोला—किसका ऐसा कलेजा है कि दुलहे को इस गाँव के सिवाने से बाहर ले जायगा ? उसके धड़ पर हमलोग सिर रहने देंगे ? लड़का तो अब हमारा हो चुका; ब्याह किसी के बाप के रोके नहीं रुक सकता। लड़की के अचार डालने की चाल आप ही के गाँव में होगी ! हमारे यहाँ आपके गाँव-जैसी छुटखेली नहीं होती !

इसी तरह बात-ही-बात में बहुत बढ़ गई। मूसन तिवारी अपने छोटे भाई को मना करते ही रह गये, बाबूजी बीच-बचाव करते-करते थक गये, मगर कोई समझदार न निकला !

तब तक गाँववाले लठ लेकर आ जुटे। बाबूजी झगड़े को तूल पकड़ते देखकर सुक्खू तिवारी की बाँह पकड़े हुए छोलदारी के अन्दर खींच ले गये।

एक घराती ने कहारों को डाँटकर कहा—लगन की घड़ी बीत रही है। भले आदमी की तरह तुमलोग वर को मँड़वे में ले चलो, नहीं तो मूँज की तरह यहीं थूरेंगे।

दुलहे को ले जाने की बात सुनते ही सुक्खू तिवारी को घूरन सिंह के जिम्मे कर बाबूजी झटपट रावटी से बाहर आ गये। किसी-किसी तरह उजड्डों को समझाया। वह उनकी दाढ़ी धरकर निहोरा करते-करते झुँझला उठे। मूसन तिवारी के पास जाकर बोले—सुक्खू तिवारी ने सब गुड़ गोबर कर दिया !

बेचारे बूढ़े ने कलपकर जवाब दिया—मैं क्या करूँ बबुआजी ! मेरी बात का यहाँ कुछ मोल-तोल नहीं है। लड़के-लड़कियों के ब्याह करते-करते बाल पक गये; मगर ऐसी थूका-फजीती कभी नहीं हुई थी। जाने दीजिए जो लिखन्त था सो हुआ। चुपचाप उन्हें वर को ले जाने दीजिए, नहीं तो अभी और टंटा बढ़ेगा। अच्छा तो होता अगर आप भी दुलहे के साथ चले जाते, मैं भोलानाथ को खिला-पिलाकर अपने साथ सुलाऊँगा।

बाबूजी हमें समझा-बुझाकर, दुलहे की पालकी के साथ, ब्याह कराने के लिए चले गये। तिवारीजी हमको अपने डेरे पर ले जाकर बोले—पहिले

सोहारी और दही-चीनी खा लो, तब तुम्हें कहानी सुनाऊँगा।

कहानी सुनने के लोभ से हम ताबड़तोड़ दही-पूरी भकोसने लगे। चटपट खाकर उनके पास जाकर लेट गये और कहानी के लिए उन्हें बार-बार उकसाने लगे। वह हमारी देह को सहलाते-सहलाते बोले—कहानी तो कहवाते हो; मगर हुँकारी भरते चलना।

हमने कहा—अच्छा। मगर बढ़िया कहिएगा।

तिवारीजी—बस तुम्हारे ही लायक है, सुनो—एक गड़ेरिया था। वह जंगल में अपनी भेड़ों को चरा रहा था। एक कंधे पर कम्बल और दूसरे पर एक लाठी में पीछे की ओर भर मटका पानी लटकाये हुए था। हाथ में बाँस की एक छिकुनी लेकर भेड़ों को हाँकता चला जाता था। इतने में आगे से एक राजा घोड़े पर आ पहुँचे। बेचारे शिकार खेलते-खेलते मारे प्यास के बेहाल हो रहे थे। गड़ेरिये के पास जल देखकर और भी व्याकुल हो गये।

बीच ही में हमने टोका—प्यासे थे, तो जल देखकर व्याकुल क्यों हुए ?

तिवारीजी—प्यासा आदमी जल के पास पहुँचकर और भी अधीर हो जाता है।

तब हमने पूछा—फिर क्या हुआ ?

तिवारीजी कहने लगे—गड़ेरिये ने राजा को बहुत प्यासा जानकर बड़े आदर से जल पिला दिया। राजा का रोआँ-रोआँ जुड़ा गया। उन्होंने उस पर खुश होकर उसके नाम साठ गाँव माफी लिखकर दे दी।

फिर हमने टोका—वहाँ कलम-कागज कहाँ मिला ?

तिवारीजी हँसकर बोले—पीपर के पत्ते पर बबूर के काँटे से लिख दिया।

हमने आकाश की ओर ताकते हुए पूछा—अच्छा, तब ?

तिवारीजी—गड़ेरिये ने उस पत्ते को एक झाड़ी के पास माटी के ढेले से दबाकर रख दिया।

हम—जंगल में माटी का ढेला कहाँ से आया ? वहाँ तो धरती जोती नहीं जाती ?

तिवारीजी—तुम्हारे ही ऐसा कोई बन्दर कहीं से उठा लाया होगा।

हमने खिल-खिलाकर हँसते हुए पूछा—अच्छा, फिर ?

तिवारीजी–भेड़ चराते-चराते बेचारा उस पत्ते की सुध भूल गया। उसकी भेड़ों में कई बकरियाँ भी थीं।

हम–यह आपने पहिले क्यों नहीं बताया ? पहिले तो आपने खाली भेड़ ही का नाम लिया।

तिवारीजी–पहिले बकरी का प्रसंग कहाँ आया था ? कहानी में जब जिस चीज का प्रसंग पड़ता है, तब तिसका नाम लिया जाता है। चुपचाप सुनते जाओ। कहानी के बीच में टोकटाक नहीं करना चाहिए।

हम–अच्छा, आगे कहिए। अब न टोकेंगे।

तिवारीजी–हाँ, तो मैं क्या कह रहा था ?

हम–भेड़ों में कई बकरियाँ भी थीं।

तिवारीजी–हाँ, एक बकरी उस पत्ते को खा गई ! बेचारा अफसोस करता हुआ साँझ को घर पहुँचा। गड़ेरिन ने उसके हाथ-पैर धोने के लिए भर लोटा जल देते हुए उसे उदास देखकर पूछा–आज मन मलिन क्यों है ? सब भेड़ें तो घर आ गईं न ? कोई जंगल में तो नहीं छूटी ? बेचारा कपार पीटता हुआ बोला–

कहा कहों कुछ कहा न जाय,
कहे बिना अब रहा न जाय।
एक बात जंगल में भई,
साठ गाँव बकरी चर गई।

अभी शायद तिवारीजी की कहानी का सिलसिला खतम नहीं हुआ था कि नाचवाली की घोड़ी के खुलकर पास आ जाने से दुबेजी के घोड़े ने बड़े जोर से हिनहिनाकर अगाड़ी-पिछाड़ी के खूँटे उखाड़ डाले–मचा हल्ला ! दौड़े लोग लाठी-सोटा लेकर ! आगे-आगे घोड़ी, पीछे-पीछे घोड़ा, उसके पीछे बराती, सबके पीछे समाजी !

पर खेदू हमें छोड़कर कहाँ जाय–हमारे पास ही बैठकर कहारों से बतियाता था। बेचारी नाचवाली की बुढ़िया महतारी को छाती पीटते देखकर एक कहार बोला–बिहान खेदू से अपनी घोड़ी की ओझाई कराओ बीबी, नहीं तो ऐसी चसकेगी कि लगाम न लेगी !

सुक्खू तिवारी भी, जो इतनी देर से रावटी में उदास बैठे थे, बाहर

निकलकर बुढ़िया पर लाल-पीले होते हुए बोले—अपनी दमड़ी की घोड़ी के लिए जो इतना गला फाड़ रही है, और हमारा जो पाँच सौ का बँधुआ घोड़ा खराब हो गया सो कुछ नहीं ? हम सट्टे का एक पैसा नहीं देंगे !

मूसन तिवारी भी अपने छोटे भाई के सुर में सुर मिलाने लगे।

बेचारी दबककर चुप बैठ गई। उस समय आधी रात के धुँधले अँधेरे में बड़ी दूर से आती हुई बरातियों की डरावनी ललकार सुनकर माँ-बेटी ने घोड़ी के लौटने की आशा ही छोड़ दी !

फिर हमने भी दूसरी कहानी की आशा छोड़ दी ! क्या करें, निगोड़ी घोड़ी ने दूसरी ही कहानी छेड़ दी !

सुबह सोकर उठे, तो देखा कि अभी तक बाबूजी घराती के यहाँ से नहीं लौटे हैं। हम उनके पास जाने के लिए मचलने लगे। तिवारीजी के कहने से खेदू उनको बुलाने के लिए गया।

उनके आते ही तिवारीजी ने वहाँ का हाल पूछा। वह घबराये हुए-से बोले—पहले मुझे पान खा लेने दीजिए। रात-भर पान बिना जान निकल गई। पहुँचने पर अपने पानदान की याद आई। एक भले आदमी से वहाँ माँगा, पैसे भी देने लगे, तो जवाब मिला—

ई ह दरिदर गाँव बाम्हन की बस्ती,
खान पान की बात नहीं नमस्कार की सस्ती।

तिवारीजी बोले—रात की मुहफिल का बचा पान तो है—मँगाऊँ, खाइएगा ?

बाबूजी—वह भी कोई पान में पान है, उससे तो घास अच्छी ! और बासी पान खाना भी न चाहिए। तमोली आया है न ?

तिवारीजी—यह कायथ की बरात थोड़े है कि तमोली आवे ? मुहफिल के लिए रास्ते के एक गाँव में दो-चार आने का पान बनवा लिया था।

बाबूजी हँसकर रह गये। खेदू ने पानदान लाकर रख दिया। ज्यों ही वह पान लगाने लगे, अल्हैत ने शामियाने में आकर अपनी ढोलकी पर थप्पे देते हुए कहा—ठननन ! ठननन ! जोड़ा रुपैया। गादी बनी रहे !

बाबूजी ने हाथ उठाकर कहा—ठहरो।

वह फर्शी सलाम करके बैठ गया। बरातियों ने उसे घेरकर बढ़ावा

देना शुरू किया। अब भला कड़खैत से कैसे रहा जाय, घुटने के नीचे दबाकर ढोलकी ठोकता हुआ गाने लगा–

दगी सलामी दोऊ ओर ते, दल में रही अन्हरिया छाय।
गोला ओला के सम छूटें, गोली मघा बूँद अरराय।
झुरमुट होइगा दूनो दल का, ज्वानन खेंचि लई तलवार।
खट खट खट खट तेगा बाजे, बोले छपकि छपकि तरवार।
चले कटरिया मानासाही, और तरवारि पिहानी क्यार।
तेगा चटकें बर्दमान के कटि कटि गिरें सुघरुआ ज्वान।
ऐसी फौज कटी छत्रिन की, गिरि गई डेढ़ लाख मैदान।

हाथ के इशारे से भीड़ हटाते हुए बाबूजी ने अल्हैत के आगे एक रुपया फेंककर कहा–बस कर, यहाँ तो आप ही दोनों समधियों में तलवार खिंच गई है, आल्हा गाकर आग में घी मत डाल। तू नेगी है, अपना नेग लेकर राह देख। उठती बरात है। जो कुछ मिल गया, उसी को लाख समझ। दान-दहेज मिला नहीं, जाचकों को घर से कहाँ तक दिया जाय ?

अल्हैत ने सोलह आने पर ही संतोष किया। बाबूजी ने तिवारीजी से सलाह करके बरातियों को बुलाकर कहा–समधी-समधी में लड़ाई हो गई है। दाना-पानी का यहाँ जुगाड़ नहीं लग सकता। सबको अपना-अपना रास्ता पकड़ना चाहिए। तिवारीजी भी दूसरे ही के भरोसे हाथ हिलाते हुए आये हैं। बेटीवाले ने भी गाँव के कुम्हार और बनिये को बरज दिया है कि बरातियों को एक पतुली और एक खिल्ली तमाकू तक न देना। ऐसी हालत में किसी तरह यहाँ रसोई-पानी का टंट-घंट नहीं हो सकता। चलिए घर पर। एक बेला न खाने से जान थोड़े निकल जायगी ?

बरातियों ने एक स्वर से कहा–नहीं देवानजी, हमलोगों की जान क्या चिड़िया की जान है ? ओस की बूँद है कि ढरक जायगी ? काम पड़े तो हमलोग एक अठवारा उपास कर सकते हैं। चलो भाइयो घर, यह गाँव ससुरा साल के भीतर ही डीह पड़ जायगा। इतने ब्राह्मन रास्ते-भर डहकते हुए जायँगे, तो आप ही भगवान का कपार ठनकेगा, खोर-खोरकर गाँव-भर को डाहेंगे।

घरातियों को सरापते हुए बरातियों ने अपनी-अपनी राह ली। खेदू

ने अपनी बहँगी उठाई और कहारों ने पालकी। घूरन सिंह भी साथ चले।

हमलोग चिराग-बत्ती होते-होते गाँव पर पहुँच गये। बरसों बाद अपने गाँव के लँगोटिया यारों से भेंट हुई। पर गुरुजी नहीं मिले ! पाठशाला उठ गई थी ! गाँववालों के यहाँ बहुत दरमाहा और सीधा बाकी पड़ जाने से बेचारे ऊबकर चले गये थे !

बाबूजी के बहुत दिनों पर आने के कारण गाँव के लोग रोज ही कुछ दिन और रहने के लिए आग्रह करने लगे। आज-कल करते-करते चार दिन बीत गये। आज भरनी है, कल भद्रा है, परसों दिशा-शूल है–इसी तरह टाल-टूल होने लगा ! पाँचवाँ दिन भी कट गया। छठा दिन आ धमका !

आज बाबूजी ने चलने का निश्चय कर लिया। पर गाँव के लोगों ने बाबाजी के पत्रा देखने का अड़ंगा लगा दिया। उसी समय बाबाजी बुलाये गये। बेचारे काँख में पत्रा दबाये उस जलती हुई दुपहरिया में ही पहुँचे। बैठकर अँगौछे से हवा करते हुए बोले–इतनी दूर आते-आते मालूम हुआ है कि देह को किसी ने पुराने खुरपे की तरह बिना मोह-माया के लोहार की भट्ठी में घुसेड़ दिया ! अब इसी पर रहता एक लोटा ठंडा जल और एक भेली गुड़, तब न कलेजे पर तरावट पहुँचने से जोतिष उचरता ! कलेजे पर तो बत्ती जल रही है, पत्रा का कोठा कैसे सूझेगा ? और जहाँ कोठा बिचला कि जात्रा बिगड़ी !

बाबाजी की बात सुनते ही कई जजमान उठ खड़े हुए। कोई पानी लाया, कोई भेली, कोई खड़ाऊँ ! दो लोटा भरपूर खींचने के बाद बाबाजी ने साँस ली !

चारों ओर से प्रश्न और इशारे होने लगे। बाबाजी बोले–पत्रा को अभी किनारे रहने दीजिए। पहिले लोकाचार को देखिए। जात्रा-बिचार की पोथी में लिखा है–

न माने भरनी दृगशूल, कहे ब्यास सब चकनाचूर।

–फिर जात्रा में असुभ-दरसन पर भी लिखा है। यह सब निखेद माना गया है–

रवि के जटा, सोम के जोगी,
मंगल बनिया, बुध के रोगी,

गुरु के तेली, शुक्र कुम्हार,
बार सनीचर मिले सियार,
इतना बात न माने जोई,
घर को लौट न आवे सोई।

अगर जाना बहुत ही जरूरी हो, तो उसके लिए भी निकास कर दिया है। जात्रा बनाने की विधि बता दी है–

रवि के पान सोम के दरपन,
मंगर के गुड़ करिये अरपन,
बुध के धनिया गुरु के जीरा,
सुक्र कहे मोहि दधि की पीरा,
कहे सनीचर अदरख पाऊँ,
कुसल-छेम से घर पहुँचाऊँ,
जो परदेश चहो कुसलाई,
तो यह बाँचि चलो चौपाई,
रथ चढ़ि सिया सहित दोउ भाई,
चले बनहिं अवधहिं सिर नाई।

बाबूजी ने हाथ उठाकर बाबाजी को रोकते हुए कहा--जरा थम जाइए। वह रामसहर का हजाम आता है। शायद कोई चिट्ठी हो। मैं बाबू साहब को बीमार छोड़कर आया था। समाचार के लिए कई दिन से चित्त अटका हुआ है।

हजाम ने सलाम करके चिट्ठी दी। वह पढ़ते ही यकायक चौंक उठे। लोगों ने कुशल-मंगल पूछा, तो और-का-और बता दिया। बस उसी समय चलने की तैयारी हुई। पत्रा और यात्रा की सुध जाती रही !

शाम होते-होते हमलोग रामसहर पहुँच गये। बाबूजी अपने घर पर न उतरकर पहले 'बड़ी देवढ़ी' पर उतरे, और हमारा हाथ पकड़े हुए सीधे चले गये बाबू रामटहल सिंह के पास। बाबूजी को देखते ही वह पुक्का फाड़कर रो उठे !

बहुत समझाने-बुझाने पर चुप होकर सिसकते-सिसकते बोले–अब मैं न जीऊँगा दीवानजी ! इस शोक से मेरा बचना कठिन है ! स्त्री तो गई

ही, जान भी गई ! मैं नहीं जानता था कि गोबरधन ऐसा दगा करेगा। उलटी छुरी का घाव मार गया। इस समय वह मिल जाता तो मैं बिना गोली मारे नहीं छोड़ता। जैसे एक ब्रह्म पूजता हूँ, वैसे एक और सही, मगर मार ही डालता। क्या कहूँ, दिल की कसक मेरे साथ ही चार आदमियों के कंधे पर लदी चली जायगी ! जिस पत्तल में वह ज़िन्दगी-भर खाता रहा, उसी में छेद कर गया ! नमक का बदला बुरी तरह चुकाया। अच्छा, उसके रोम-रोम में मेरा नमक पैठ गया है, जहाँ कहीं रहेगा, मेरे आँसुओं की धार में वह नमक का पुतला गल जायगा !

बाबूजी कुछ कह न सके। लम्बी साँस खींचकर हाथ पकड़े बाहर चले आये। फ़ाटक पर घूरन सिंह बोले—मेरे चले जाने से ही यह गोलमाल हुआ है। रात को चट्टान-सा फाटक कोई अच्छी तरह बन्द न कर सका होगा, बस गोबरधन को घात लग गई !

यहाँ भी बाबूजी कुछ न बोले। चुपचाप अपने घर की ओर चले। रास्ते में सिर्फ एक बार जोर से साँस लेकर कहा—हरे राम ! हरे राम !!

□□□

देहाती दुनिया : एक परिचय

देहाती दुनिया हिंदी का प्रथम आंचलिक उपन्यास है। यद्यपि 'आंचलिकता' की धारणा हिंदी कथा-साहित्य में सर्वप्रथम फणीश्वरनाथ 'रेणु' के उपन्यास *मैला आँचल* के प्रकाशन (1953 ई.) के साथ प्रचलित हुई—रेणुजी ने उपन्यास की भूमिका में प्रथमतः इसका विशिष्ट उल्लेख किया था—किंतु इस विधा का सूत्रपात *देहाती दुनिया* के प्रकाशन (1926 ई.) के साथ हुआ यह सर्वमान्य है।

देहाती दुनिया के प्रकाशन का संक्षिप्त किंतु रोचक विवरण यहाँ उद्धृत उपन्यास के 'प्रथम संस्करण की भूमिका' में स्वयं लेखक के शब्दों में उपलब्ध है। फिर भी लगभग अर्द्ध-शताब्दी बाद प्रकाशित होनेवाले इस नवीन संस्करण की प्रस्तावना में इस उपन्यास के प्रणयन एवं प्रकाशन से संबद्ध पूर्णतर ऐतिहासिक परिप्रेक्ष्य का नवालोकन आवश्यक माना जायेगा।

देहाती दुनिया के प्रणयन एवं प्रकाशन की कहानी का प्रारंभ शिवजी के 'मतवाला-मंडल', कलकत्ता-प्रवास से होता है। हिंदी साहित्य को 'मतवाला-मंडल' की सबसे बड़ी देन हैं 'निराला'। बिहार और उत्तर प्रदेश के मसिजीवी साहित्यकारों का एक अनूठा जमघट कलकत्ते में 'मतवाला-मंडल' काल में लगा था। गाँधीजी के असहयोग आंदोलन (1920-21) में आरा की के. जे. अकाडमी से त्यागपत्र देकर 'राष्ट्रीय विद्यालय' में छः महीने शिक्षण के उपरांत शिवजी आरा से प्रकाशित *मारवाड़ी सुधार* के संपादन-मुद्रण के लिए कलकत्ता चले गये। बाद में, अगस्त

1923 ई. में महादेवप्रसाद सेठ और नवजादिकलाल श्रीवास्तव ने *मतवाला* का प्रकाशन प्रारंभ किया, जिसका मुख्य संपादन-भार शिवजी ने सँभाला और इस हास्यरस-प्रधान हिंदी-साप्ताहिक को नवीन काव्य-चेतना से सँवारा 'निराला' के गीतों ने। *देहाती दुनिया* का प्रणयन-प्रारंभ इसी *मतवाला*-काल में हुआ।

कलकत्ते में उन दिनों हिंदी साहित्यिकों का सचमुच अपूर्व जमघट लगा था : सकलनारायण शर्मा, ईश्वरीप्रसाद शर्मा (शिवजी के शिक्षक एवं साहित्यिक गुरु), जगन्नाथप्रसाद चतुर्वेदी, चंद्रशेखर शास्त्री, कार्त्तिकेयचरण मुखोपाध्याय, रामगोविंद त्रिवेदी, नवजादिकलाल श्रीवास्तव, सूर्यकांत त्रिपाठी 'निराला', शिवपूजन सहाय—ये कुछ प्रमुख नाम हैं। *वे दिन, वे लोग* एवं *शिवपूजन रचनावली* (खंड 4) में कलकत्ता-प्रवास के शिवजी के अनेक सस्मरणों में *मतवाला*-काल का साहित्यिक इतिहास चित्रित हुआ है।

इस सघन साहित्यिक मंडली के वातावरण में *देहाती दुनिया* का प्रणयन 1922-23 में प्रारंभ हुआ। रामगोविंद त्रिवेदी कूसी (जिला गाजीपुर), उत्तर प्रदेश के रहनेवाले थे। वहाँ से सटे सात कोस पूरब सीमांत बिहार प्रदेश के उनवाँस (जिला शाहाबाद) गाँव के थे शिवजी। दोनों का संपर्क *मतवाला*-काल में ही सधा, जो आजीवन मधुर निभा। त्रिवेदीजी ने कलकत्ते में अपना 'भारती प्रेस' खोला। उन्होंने ही शिवजी को *देहाती दुनिया* लिखने की प्रेरणा दी और उपन्यास को यह नाम भी उन्होंने ही दिया। शिवजी ने 'प्रथम संस्करण की भूमिका' में इसका स्पष्ट संकेत दे दिया था। शिवजी के निधनोपरांत प्रकाशित त्रैमासिक *साहित्य* के स्मृति-अंक में रामगोविंद त्रिवेदी के संस्मरण 'हिंदीभूषण शिवपूजन सहाय' में इस प्रसंग की विशद चर्चा है :

"शिवजी कहा करते थे—'देहात ही वास्तविक देश है। देश देहात में बसता है, शहर में नहीं।' एक दिन मैंने कहा—'देहात के आप इतने भक्त हैं, तो देहात का सच्चा चित्र दिखाने और यथातथ्य संस्कृति तथा सभ्यता बतानेवाली पुस्तक लिखिए; मैं उसे प्रकाशित करने को तैयार हूँ।' यह बात उनके मन में बैठ गई। निश्चय किया गया—पुस्तक का

नाम *देहाती दुनिया* रखा जाय। यही हुआ। सामग्री जुटाई जाने लगी। देहात में प्रचलित अशुद्ध संस्कृत और हिंदी के पद्य, कहावतें, उदाहरण आदि एकत्र कर मैंने भी उन्हें दिये। उन्होंने बड़ी योग्यता से ग्रंथ लिखना प्रारंभ किया। एक-एक फार्म लिखकर देते जाते थे और मैं 5000 की संख्या में (भारती प्रेस में) छापता जाता था। 5 फार्म छप जाने के बाद शिवजी लखनऊ चले गये। मैं *देहाती दुनिया* के लिए चिंतित हो उठा। (शिवजी ने लखनऊ से पत्र लिखा; 21-11-24)···'मेरे आने की देर है। *देहाती दुनिया* का काम हरगिज नहीं रुकेगा।··· मैं शीघ्र कलकत्ता आता हूँ।··· वहीं आने पर *देहाती दुनिया* में प्रतिभा काम करेगी।' "

त्रिवेदीजी के संस्मरण के इस अंश में *देहाती दुनिया* के जिस आदि संस्करण के मुद्रण की चर्चा है उसके बस 5 फर्मे ही छप सके। इस बीच 1926 में शिवजी अंतिम रूप से कलकत्ता से काशी चले गये 'पुस्तक भंडार', लहेरियासराय (दरभंगा) के प्रकाशनों का मुद्रण-संपादन कार्य संभालने। 'पुस्तक भंडार' ने *देहाती दुनिया* को प्रकाशित करने में पर्याप्त अभिरुचि दिखाई। आदि संस्करण के छपे 5 फर्मों की फाइल शिवजी के संग्रहालय में उपलब्ध है। प्रत्येक पृष्ठ पर 'भारती पुस्तक माला' छपे होने के कारण 'पुस्तक भंडार' ने त्रिवेदीजी के छपे फर्मे (5 रीम कागज) खरीदना स्वीकार नहीं किया, और पुस्तक का 'प्रथम संस्करण' स्वयं प्रकाशित किया (1926)। त्रिवेदीजी ने उपर्युक्त संस्मरण में आगे लिखा है :

"*देहाती दुनिया* का प्रकाशन तो हुआ; परंतु प्रकाशक ने न तो मुझे एक पैसा दिया, न क्षतिपूर्त्ति की। आखिर शिवजी करते ही क्या ? उन्होंने कोई कोताही नहीं की–घनघोर परिश्रम किया।"

देहाती दुनिया का चतुर्थ संस्करण, 'ग्रंथमाला कार्यालय' (पटना) से मई 1950 में प्रकाशित हुआ था। शिवजी 1950 में पटना, बिहार राष्ट्रभाषा परिषद् के मंत्री-पद पर आ चुके थे। *देहाती दुनिया* को हिंदी संसार में सुनिश्चित मान्यता प्राप्त हो चुकी थी। हिंदी का यह प्रथम आंचलिक उपन्यास हिंदी के दस श्रेष्ठ उपन्यासों की कोटि में परिगणनीय माना जाने लगा था।

बिहार राष्ट्रभाषा परिषद् ने 1956 में *शिवपूजन रचनावली* का प्रथम खंड प्रकाशित किया, जिसमें शिवजी का कहानी-संग्रह *विभूति* तथा यह उपन्यास *देहाती दुनिया* संकतिल हुए। अतः वस्तुतः *देहाती दुनिया* के 'चतुर्थ संस्करण' (ग्रंथमाला कार्यालय) के बाद पहली बार यह नवीन संस्करण स्वतंत्र पुस्तकाकार प्रकाशित हो रहा है। इसका पाठ *रचनावली* से ही लिया गया है। *रचनावली* के चारों खंड शिवजी की देखरेख में छपे थे, अतः उनके पाठ प्रामाणिक माने जाने चाहिए।

देहाती दुनिया के साहित्यिक महत्त्व की चर्चा हुई है और होती रहेगी। *देहाती दुनिया* का 'रामसहर' गाँव केवल भोजपुर अंचल का ही नहीं, देश के किसी ग्रामीण अंचल का प्रतीक है। बाबू रामटहल सिंह, पसुपत पाँड़े, गुदरी राय, दारोगाजी, सुगिया, बुधिया, महादेई–भारतीय ग्रामीण समाज की मूलाकृतियाँ हैं। उपन्यास के शिल्प एवं भाषा-शैली के विषय में 'प्रथम संस्करण की भूमिका' में लेखक के शब्द स्पष्ट संकेत देते हैं।

देहाती दुनिया का यह सर्वथा नवीन संस्करण हम इस आशा के साथ प्रकाशित कर रहे हैं कि विश्वविद्यालय पाठ्यक्रमों के इस विकसित चरण में उनके माध्यम से यह 'ठेठ देहात का औपन्यासिक चित्र' शिवजी के संपूर्ण वाङ्मय का नया अभिज्ञान प्रस्तुत करेगा।

–मंगलमूर्ति

क़ुर्रतुल ऐन हैदर

क़ुर्रतुल ऐन हैदर का जन्म 20 जनवरी, 1927 को अलीगढ़ में हुआ। उन्होंने लखनऊ विश्वविद्यालय से अंग्रेज़ी में एम.ए. किया। अंग्रेज़ी पत्रिका 'इम्प्रिंट' और 'इलस्ट्रेटेड वीकली ऑफ़ इंडिया' में कई वर्षों तक कार्य किया।

उनकी प्रकाशित कृतियाँ हैं–'मेरे भी सनमख़ाने', 'सफ़ीन-ए-ग़म-ए-दिल', 'आग का दरिया', 'कार-ए-जहाँ दराज़', 'निशान्त के सहयात्री' ('आख़िर-ए-शब के हमसफ़र' का रूपान्तर) 'गर्दिश-ए-रंग-ए-चमन', 'चाँदनी बेगम', 'चाय के बाग़' और 'अगले जनम मोहे बिटिया न कीजो' (उपन्यास); 'सितारों से आगे', 'शीशे के घर', 'पतझड़ की आवाज़', 'रौशनी की रफ़्तार', 'यह दाग़-दाग़ उजाला' (कहानी); 'कोहे दमावन', 'गुलगस्त', 'सितम्बर का चाँद', 'जहान-ए-दीगर' (रिपोर्ताज़)।

उन्हें 'साहित्य अकादेमी पुरस्कार', 'सोवियत लैंड नेहरू पुरस्कार', 'पद्‌मश्री', 'ग़ालिब मोदी अवार्ड', 'इक़बाल सम्मान', 'ज्ञानपीठ पुरस्कार' आदि से सम्मानित किया गया। 1994 में वे साहित्य अकादमी की 'फ़ेलो' बनीं।

निधन : 21 अगस्त, 2007